U0568594

冯　翀 / 著

南极视察制度研究

A RESEARCH ON ANTARCTIC OBSERVATION AND INSPECTION SYSTEM

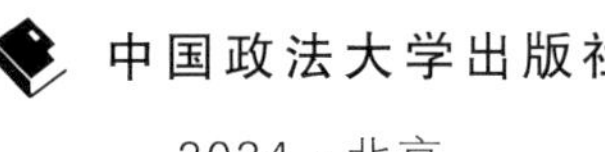

2024 · 北京

图书在版编目（CIP）数据

南极视察制度研究/冯翀著. —北京:中国政法大学出版社, 2024. 5
ISBN 978-7-5764-1507-0

Ⅰ. ①南… Ⅱ. ①冯… Ⅲ. ①南极条约(1959)－研究 Ⅳ. ①D816

中国版本图书馆 CIP 数据核字(2024)第 108029 号

出 版 者　中国政法大学出版社
地　　址　北京市海淀区西土城路 25 号
邮寄地址　北京 100088 信箱 8034 分箱　邮编 100088
网　　址　http://www.cuplpress.com (网络实名：中国政法大学出版社)
电　　话　010-58908586(编辑部) 58908334(邮购部)
编辑邮箱　zhengfadch@126.com
承　　印　固安华明印业有限公司
开　　本　880mm×1230mm　1/32
印　　张　11.375
字　　数　300 千字
版　　次　2024 年 5 月第 1 版
印　　次　2024 年 5 月第 1 次印刷
定　　价　66.00 元

总 序

博士研究生教育是我国国民教育的顶端，肩负着培养高层次人才的重要使命，在国民教育体系中具有非常重要的地位。相应地，博士学位是我国学位制度中的最高学位。根据《中华人民共和国学位条例》的规定，在我国，要获得博士学位需要完成相应学科博士研究生教育阶段的各项学习任务和培养环节，特别是要完成一篇高水平的博士学位论文并通过博士学位论文答辩。

博士学位论文是高层次人才培养质量的集中体现。要写出好的博士学位论文，需要作者定位高端，富有思想；需要作者畅游书海，博览群书；需要作者术业专攻，精深阅读；需要作者缜密思考，敏于创新。一位优秀的博士研究生应该在具备宽广的学术视野和扎实的本学科知识的基础上，聚焦选题、开阔眼界、深耕细作、孜孜以求，提出自己独到、深刻、创新、系统的见解。

为提高中国政法大学博士学位论文的整体质量，鼓励广大博士研究生锐意创新，多出成果，中国政法大学研究生院设立校级优秀博士学位论文奖，每年通过严格的审评程序，从当年授予的200多篇博士学位论文中择优评选出10篇博士学位论文作为学校优秀博士学位论文，并对论文作者和其指导教师予以表彰。

优秀博士学位论文凝聚着作者多年研究思考的智慧和指导教师的思想，是学校博士研究生教育质量的主要载体，是衡量一所大学学术研究和创新能力的重要指标。好的哲学社会科学博士学位论文，选题上要聚焦国内外学术前沿问题，聚焦国家经济社会发展基础命题和重大问题，形式上要符合学术规范，内容上要富有创新，敢于提出新的思想观点，言而有物，论而有据，文字流畅。中国政法大学评出的优秀博士学位论文都体现了这些特点。将中国政法大学优秀博士学位论文结集，冠名“中国政法大学优秀博士学位论文丛书”连续出版，是展示中国政法大学博士研究生的学术风采，累积法学原创成果，促进我国法学学术交流和繁荣法学研究的重要举措。

青年学子最具创造热情和学术活力。从中国政法大学优秀博士学位论文丛书上可以看到中国政法大学博士研究生的理性睿智，沉着坚定，矢志精进的理想追求；可以看到中国政法大学博士研究生的关注前沿，锐意进取，不断创新的学术勇气；可以看到中国政法大学博士研究生的心系家国，热血担当，拼搏奋进的壮志豪情。

愿中国政法大学优秀博士学位论文丛书成为法学英才脱颖而出的培育平台，成为繁荣法学学术的厚重沃土，成为全面推进依法治国的一块思想园地。

李曙光

中国政法大学研究生院院长、教授、博士生导师

前言

南极视察制度是南极法律体系中的一项履约监督和执法监督制度，是维护南极法律制度整体得到遵守的基石。无论是国际法还是国内法，一项保障法律得到遵守、执行的制度均意义重大，而南极视察不仅在国际法层面保障各种国际条约得以遵守，国内法层面也从各国的南极活动出发保障其行为符合一系列标准。南极视察制度由不同的南极视察机制共同组成。不同的南极视察机制可以按照有无法律拘束力、依据国内法还是国际法或是南极区域治理的不同领域等标准进行划分。由于各种南极视察机制经历了较长时间的创立和发展，虽然单一的条约宗旨并未改变，但却形成了数个条约合并后的南极视察机制，换言之，一项南极视察的开展背后可能有数个相关联的国际条约作为国际法渊源；也有部分南极视察机制依然由单一的条约所规定并开展，或是由主权国家根据国内立法开展。为全面深入研究南极视察制度，本书共分为六章，其中第一章、第二章和第六章主要探讨理论和概括性问题，第三、四、五章研究具体的南极视察机制内容及存在的法律问题。本书的研究目的有二：一方面是介绍整个南极视察制度，弥补学界空白；另一方面是将南极视察放入更大的国际法履约监督制度下，将其作为具体制度进行“案例分析”。南极视察制度的存在对保护南极环境、维持南极局势稳定、增进各方互信具有积极意义，然而无论是国内学界还是国际学界对其研究都匮乏且陈旧。

本书首先对基础性问题进行研究，通过研究不同条约的作准文本，可以归纳出南极视察是《南极条约》当事方根据条约规定对其他在南极区域开展活动的国家进行检查以确认其是否存在违反条约义务的活动。作为国际法履约监督机制的一种，南极视察实际上最早脱胎于军事视察，而后又在环境保护、资源开发等领域被逐渐完善，不同机制的法律依据不同，因而存在复杂、嵌套的情况，其法律依据存在国际法、国内法两方面，此外还存在非政府组织的视察规定。理论基础上，南极视察作为国际法履约监督机制的一种，效力源于国际法的法律性，而主权国家自愿的承诺构成法律性的成因，而承诺后则必须遵守国际义务，出现违约情况则承担国际责任，这是立法、司法、执法、守法在国际法层面完整性的体现；而南极视察作为南极区域制度由和平原则和环境保护原则所决定。整个南极视察制度的存在保障了保护南极环境各制度的效果，实现了对南极资源的有效利用，为整个履约监督制度提供了发展思路。

第三、四、五章介绍三种南极视察机制。《南极条约》下的南极视察是南极视察制度的开端，脱胎于军事视察，原本仅用于和平目的，但由于其他环境保护内容的完善，因而目前成了国际环境法层面的视察，内容包括科考站、载具、其他场地及各种活动，由《南极条约》协商国开展并最终向南极条约协商会议提交报告。《南极海洋生物资源养护公约》下的南极视察根据是该公约第 24 条，其独立于《南极条约》，着眼于对南极区域渔业资源的养护开发。《南极海洋生物资源养护公约》将视察机制划分为“Observation”和“Inspection”，且拥有不同的基础文件作为指导。该种南极视察的一大特点就是其视察地点是南极陆地外的海域，关注点在于南极海域进行的商业捕捞活动。本书通过研究全球渔业视察制度的发展，得出《南极海洋生物资源养护公约》下的南极视察是全球最早的国际性渔业视察，脱胎于美国国内的渔业执法活动并最终被其他全球性、区域性渔业组织引入。由于渔业视察的特殊性，其科学研究职能与渔业执法职能分开，并列规定了两种独立的视察机制。此外，南极条约体系外还存在一系列国际性的视察，部分国家国内法中规定了独立的国内南极视察。其他国际性南极视察由区域性国际组织或全球性专门国际组织所开展，除极个别政府间南极区域的国际组织外，南极区域非政府组织的南极视察本身并无国际法效力，仅仅是自行组织的公益性视察活动。而针对相关国家国内法的南极视察是一些国家单方面进行的国内法执法监督活动。由于我国南极立法再次推迟，其中有关南极视察的规定存在较大不确定性，因此各类具体的南极视察分类方式，特别是国内南极视察的性质依然存疑。

本书第六章为南极视察制度的法律问题与完善建议。在不同机制的背景下，不同种类的南极视察在不同的履约监督方面发挥着不同作用。然而，作为南极视察制度的组成部分，这些南极视察机制均具有一定的共性，在实践中均体现出一些法律问题，也可以针对其提出一些具有共性的完善建议。南极条约体系下的两种南极视察在南极条约秘书处中对其进行了部分关系安排，在具体的视察中由于其区域差异较大，因而冲突性较低。而南极渔业视察由于海域存在部分重叠，且存在国内执法、国际执法两层内容，因此实践中存在部分冲突。而目前南极视察法律责任依然不明确，南极事务的属人管辖权要求南极视察只有履约确认权却无处罚权。针对视察独立性的问题，本书提出要设立“国际观察员候选名单”；针对视察过程中观察员行为的规制，本书提出要对视察行动进行监督，并要求观察员自我监督；针对视察的程序性问题，本书提出应将多国联合视察常态化；针对国际合作问题，本书提出要促进非政府组织发挥作用，促进南极法律体系的协调；最后，针对南极视察制度的性质和发展方向，本书认为要构建南极区域独立的履约监督机构，并与全球层面的履约监督机制衔接。

目录
CONTENTS

绪 论

一、研究目的与意义

南极视察制度是南极相关的国际法、国内法文件规定的以实现南极环境保护、资源合理利用、和平使用为目的的履约、执法监督活动，其要求相关的国家、国际组织、自然人、法人在南极活动中遵守相关规定，否则将承担相关的法律责任。通过梳理国际法、国内法两方面内容，根据不同的分类标准，可将南极视察分为不同的类型。本书将各种规范性文件中对于南极视察制度的规定进行了概括分析，将整个南极视察制度细分为几种南极视察机制，分别是：《南极条约》下的南极视察、《南极海洋生物资源养护公约》下的南极视察、南极条约体系外的国际性南极视察及国内法的南极视察，其分类标准是根据不同的法律依据进行的，兼顾了不同南极视察机制在整个南极视察制度中的地位和完整性。虽然分类标准各异，但均是在南极开展的履约监督活动，具有相同的性质和内容，依据不同的法律依据，视察目的包括环境保护、资源开发、和平利用三方面，均由观察员对相关的设施、载具、文件、获取的资源及相关活动进行视察。因而本书将首先概括性地介绍南极视察制度，并探究其背后的理论根据，之后分别介绍核心性、代表性的南极视察机制，最后总结分析其中的法律问题并提出可行建议。

南极视察制度自在《南极条约》中被首次规定后，迄今为止已经存在了60多年。与其他既有的国际法制度相比，南极视察制度在南极活动治理中发挥了很大作用，这得益于南极视察制度设计的初衷及南极区域特殊的地理环境。回顾现代国际法的发展以及正视目前当代国际法所面临的诸多挑战，分析南极视察制度中的诸多特点，并将其与国际法中现有的履约监督机制进行对比，可以更好地改进现有的国际法机制，推动国际法理论的发展。而随着我国在南极事务中发挥更重要的作用，国内越来越多的主体开展各项南极活动，无论是国家主导的南极科考还是渔业捕捞、旅游，大量的南极活动要求更高标准的环境保护和履约、执法监督制度，因而进一步研究南极视察制度有利于我国在南极活动中处于主动地位，避免西方国家或主权声索国的掣肘，以在南极事务中发挥更大的话语权争取相关权益。随着规范性文件的不断完善和实践的不断推进，南极视察制度还在不断发展。具体而言，南极视察已经由单纯的非军事化、非核化视察转变为以环境保护、资源开发为主的履约监督活动，而不同法律依据的南极视察机制之间关系如何也值得进一步研究。

南极条约体系中，南极视察制度一直是重要一环，这也体现在南极条约体系中各个国际法文件对其的规定。可以说，正是南极视察制度的存在才让南极条约体系运转良好，南极环境才能受到极高标准的保护，南极的资源才实现了有序利用。首先，南极视察的存在切实保护了南极环境。南极正是在人类探索世界的发展阶段被发现的，而自南极被发现后，人类也开启了工业时代。工业时代是人类剧烈破坏生态环境的开端，然而南极的生态环境却没有被人类的工业化所破坏，间接遭受的破坏只有南极地区空中的臭氧层，冰雪融化问题也是由于排放温室气体所导致的，甚至一系列气候变化问题至今在科学界仍有争议。20世纪60年代以来，随着科技革命以及《南极条约》的生效，各国在南极的活动明显增多、规模增大，对南极的环境产生了实质的威胁和影响。但随着南极条约体系的不断完善，《南极条约》之外的国际条约逐渐生效，其中也规定了完善的南极视察机制。而经过多年的实践，至20世纪90年代初，南极视察制度已经逐步规范化，其内容根据新生效的国际法文件逐步扩充，有效增强了对南极进行环境保护的力度，提高了视察的标准，对南极环境的保护意义重大。其次，南极视察实现了南极资源的有序利用。南极的资源主要包括矿产资源、生物资源、旅游资源三大类。虽然人类发现南极的时间不长，但自人类发现南极之初就将资源利用作为南极活动的重心。随着科技的发展，对南极资源的利用重心逐渐发生转变，从发现之初对矿产资源的考虑，再到20世纪对生物资源的利用，直至今日对旅游资源的有序开发，随着人类对南极认识的加深，南极也有越来越多的资源被发现和利用。但与其他大陆不同，由于南极恶劣的气候环境，南极的资源一直没有得到大规模开发。随着人类科技的进步，开发南极资源已经逐渐具备可能性，但环境保护观念的发展又使人类放弃了大规模利用南极资源的想法，甚至暂时放弃了对南极矿产资源的开采，并针对生物资源和旅游资源利用订立了新的国际条约和其他协议加以规制。目前，人类对南极资源的利用主要集中在生物资源和旅游资源，其利用状态并非失控，反而越来越有序、节制。南极虽然气候条件恶劣，但生物资源丰富。在南极陆地只有少数陆栖脊椎动物，大多数都是无脊椎动物，诸如括虱、线虫动物、缓步动物、轮形动物、磷虾、弹尾目和螨类。而南极海洋中的动物种类更加丰富，其中包括企鹅、蓝鲸、虎鲸、大王酸浆鱿、海狗以及各种鱼类虾类等。18 世纪南极被发现后，南极海域的海豹曾被大规模猎杀，但由于当时人类的科技程度有限，在南极地区尚未进行大规模的捕捞作业，因而其他生物资源保存完好。除了动物，由于南极的极端气候，南极大陆没有大量植物，主要以藻类等浮游植物为主。随着人类科技的发展，第二次世界大战后，人类开始着手利用南极的生物资源，其中尤以捕捞活动为主。由于存在过对磷虾的过度捕捞，一些国家开始制定相关的渔业法规加以规制。由南极海洋生物资源养护委员会所制定的《南极海洋生物资源养护公约》要求所有南大洋渔民考虑自身行动对整个南极生态系统的潜在影响。但即使落实了这些新的国际条约，缺乏监管和不合法规的捕捞行为仍然存在，尤其是对小鳞犬牙南极鱼（在美国作为智利鲈鱼出售）的捕捞行为。南极海洋生物资源养护委员会下的南极视察正是对渔船和海洋活动的视察，随着南极海洋保护区的设立，该种南极视察对于非法捕捞的打击力度会更大，这有效保护了南极的海洋生态环境，促进了生物资源的有效利用。南极的旅游资源也非常丰富，目前在国内，各式各样的“极地游”在各旅行社都是热卖项目。南极大陆自 1957 年起开始发展小规模的“探险旅游”，但这类旅游亦受《关于环境保护的南极条约议定书》（又称《马德里议定书》）所限制，并且实际上是由国际南极旅游组织协会（IAATO）进行自我管理。虽然并非所有开往南极的旅游船只都属于 IAATO 成员，但是 95%的南极洲旅游活动都是由 IAATO 成员组织的。大部分旅游活动是乘小型或中型船前往，并主要前往一些较易抵达、独特野生动物集中的特定景点。据 IAATO 统计，2015 年至 2016 年间总共有 38 478 名游客赴南极旅游。目前，学界对游客大量涌入可能对环境及生态系统产生的有害影响表示担忧。一些环保人士和科学家呼吁应针对旅游规模和旅游设施制定更为严格的规定。针对这一点，南极条约体系下各缔约方的主要回应是由其环保委员会与IAATO进行合作，共同对登陆进行约束，并且限制或关闭一些访问频繁的旅游景点。另外，南极不着陆观光航班也曾发生过严重事故，1979年新西兰航空901号班机发生空难就导致机上257人全部遇难，航班也随即停飞，直至20世纪90年代中期澳大利亚航空才恢复了从澳大利亚到南极的商业观光航班。〔1〕目前而言，《南极条约》下的南极视察以及其他几种南极视察已经对旅游活动进行了全面的视察工作，IAATO下的南极视察甚至在旅游团中派驻观察员，这也保障了近30年以来南极旅游资源的有序利用，虽然旅游人数逐年上升，但极少发生过严重破坏南极环境的事故。最后，南极视察为国际法的发展提供了新思路。现代国际法制度存在一些固有缺陷，而理想的国际法制度在当今比较难实现。南极视察制度虽依然有完善的必要，但却为国际法的发展提供了新思路。其一，南极视察制度要求以履约监督中的实地视察作为国际法约束力的保障制度之一，这保证了南极条约体系下国际法文件得到有效的遵守，防止了有关活动者对南极环境的破坏，有效保护了南极的生态环境；其二，南极视察制度开创了国际合作的新模式，最大限度保证了南极条约体系下的国际合作效率，防止了各国出于自身考虑对国际法的抵制和消极履行；其三，南极视察制度的诸多限制性条件为国际法制度的准入门槛提供了新参考，拥有常年科考站作为成为南极条约协商国的门槛可以作为各国投身于南极事业的热情和兴趣程度的标准，这也为相

〔1〕 赵宁宁：《对当前澳大利亚南极政策的战略解析及其借鉴》，载《华东理工大学学报（社会科学版）》2017年第6期，第78页。

关国际组织提供了参考。目前，国际法下的各类制度应该通过广泛协商，逐步建立起相应的履约监督机制，该机制的建立并不需要彻底颠覆已有的国际法机制，仅需根据现有的制度结构补充相应的履约监督机构即可。与南极视察类似，由于目前各种国际法制度依然存在于现实世界，网络、电子等领域的国际法制度不多且不成体系，因而这种依托国际合作进行组团式履约监督的模式具有一定的可行性。

基于此，对南极视察制度进行研究具有实践和理论的双重意义。从实践上说，南极视察制度经过几十年的实践，已经成为南极治理体系中的重要一环，研究好南极视察制度能为其更好地发挥作用作出贡献，也能为我国今后更好开展南极视察奠定基础；从理论上说，南极视察制度作为国际法制度中的履约监督机制，以其为模板进行分析可以更好地从理论层面研究国际法基础问题，解决目前国际法发展中面临的困局，推动世界和平发展。

二、国内外研究现状

经过自 2015 年以来的前期研究，笔者目前共搜集、研究到著作、译著、中外文期刊、网页资料等共计近 400 本、篇，此外还有大量的官方原始资料。根据参考文献的特征，本书的参考文献可以分为著作及译著、中文期刊、外文期刊和参考网站。具体而言，根据内容的不同，大致可以将所有材料划分为两部分，分别是直接有关南极视察制度的相关材料及有关国际法基础和国际法理论的相关材料。具体而言，本书的文献综述如下：

首先，整体而言，本主题在国内和国外的研究都比较匮乏。在国内，专门研究南极视察制度的文章不超过 3 篇，其中邹克渊教授曾在《在南极矿物资源法律中的视察制度》一文中对

《南极矿物资源活动管理公约》中的视察制度进行了介绍，屠景芳教授曾在《南极视察机制探究》对《南极条约》下的视察制度作了介绍。此外，除笔者在硕士阶段的研究外，学界还有一篇来自中国海洋大学关于南极视察制度的硕士学位论文。因而目前国内学术界仅有 4 篇关于南极视察制度的学术成果，均不同程度对整个南极视察制度的一部分进行了介绍，而目前并没有一篇文章对南极视察制度进行整体、成体系的介绍，因此急需对南极视察制度进行一个完整细致的分析。国外方面，目前专门对南极视察制度进行介绍的文章主要有 6 篇，分别是 Finkelstein 和 Lawrence S. 教授于 1963 年发表的“Arms Inspection”，James Simsarian 教授于 1966 年发表的“Inspection Experience Under the Antarctic Treaty and the International Atomic Energy Agency”，Hanevold 和 Truls 教授于 1971 年发表的“Inspections in Antarctica”，Rayfuse 和 Rosemary 教授于 1998 年发表的“Enforcement of high seas fisheries agreements：Observation and inspection under the Convention for the Conservation of Antarctic Marine Living Resources”，Jabour 教授于 2013 年发表的“The Utility of Official Antarctic Inspections：Symbolism Without Sanction?”，Tamm 和 Sune 教授于 2018 年发表的“Peace vs. compliance in Antarctica：inspections and the environment”。这些介绍南极视察制度的文章比较陈旧，集中于 20 世纪 60 年代和 70 年代，近十年中仅发表了两篇关于南极视察制度的学术成果。在这些国内外研究中，这些学术成果对南极视察制度内容进行了比较细致的介绍，并与其他的国际法履约监督制度进行了一定程度的对比，但由于年代久远，因而大部分内容比较陈旧；而一些比较新的文章，内容主要与《南极条约》下的南极视察相关，缺乏对南极视察制度下的所有规范的梳理，因而较为片面。

其次，在一般国际法层面，笔者主要在前期研究阶段阅读了马呈元主编的《国际法》，奥本海著、王铁崖等译的《奥本海国际法》，王铁崖主编的《国际法》，格劳秀斯著、马呈元等译的《战争与和平法》（第1卷），博登海默著、邓正来译的《法理学：法律哲学与法律方法》，汉斯·摩根索著、徐昕等译的《国家间政治：权力斗争与和平》，塞缪尔·亨廷顿著、周琪等译的《文明的冲突与世界秩序的重建》。这些文献整体性地对国际法或国际问题进行了论述，其中，国际法的书籍从国际法角度对国际法实施、遵守问题进行了论述，理论上论述了国际法的有效性及效力的来源，这是南极视察制度的理论基础，部分书籍涉及南极问题，点明了南极问题的特殊性和复杂性，奠定了研究南极视察制度的方向和背景。非国际法学的书籍从国际关系、全球文化及哲学角度研究了国际事务的发展，特别是从全球局势变化、全球不同文化交流与发展等角度进行了论述，揭示了国际法上一些冲突产生的原因及具体国际法安排的背景。

再次，在一般南极问题研究层面，笔者在前期研究阶段主要阅读了 Essen Alfredvander 教授发表的 *Protection de l'Environemnt dans l'Antarctique*，Gianfranco Tamburelli 教授发表的 *The Antarctic legal system: the protection of the environment of the polar region*，Beck 和 Peter J. 发表的 *The International Politics of Antarctica* (*Routledge Revivals*)，邹克渊教授发表的《南极矿物资源与南极环境的法律保护》，陈力和屠景芳教授发表的《南极国际治理：从南极协商国会议迈向永久性国际组织?》，李仁真发表的《关于加快推进南极活动立法的思考和建议》，吴宁铂发表的《CCAMLR 规制 IUU 捕鱼的措施评估与反思》，黄硕琳和邵化斌发表的《全球海洋渔业治理的发展趋势与特点》。这些文章是有关南极生态环境保护、海洋资源养护及南极治理、南极立法直接相关的学术成果，内容涉及了南极环境保护的各个环节，部分内容涉及南极条约体系下南极视察的条文内容，但仅是对这些条文进行简要摘选、分析，并无任何理论和实践研究。一些文章从历史角度对南极大陆自发现后至今进行了回顾，并回顾了南极条约体系，特别是其中海洋和矿产资源管理的发展历程，并分析了政府间条约组织和非政府间条约组织对于南极区域治理的影响；国际政治方面，一些书籍从 1982 年马尔维纳斯群岛战争及 20 世纪 80 年代美苏关系变化的角度对南极区域法律体系变革进行了分析，从立法背景角度提供了南极条约体系谈判期间各方进行谈判的立场变化和交锋，为笔者寻找南极视察制度在南极区域形成的原因提供了支持。中文文献从南极区域治理和南极立法角度进行了论述，特别是从我国国家利益角度出发，从国际法推进南极条约体系完善和我国南极立法方面进行研究，为本书的相关观点和建议提供了支持。此外，一些有关渔业执法的文章详细论述了 CCAMLR 下的渔业执法内容，部分涉及南极视察机制。其中有关渔业执法在国内法、国际法变化的文章详细回顾了 20 世纪 80 年代以来国际社会对可持续渔业和海洋生态环境保护所采取的各项措施。文章从一系列相关国际条约和国际文献分析，得出全球海洋渔业治理的发展趋势是聚焦海洋脆弱生态系统、强调在海洋生物资源管理中生态系统方法的应用、强化对国家管辖范围外海域海洋生物多样性保护、加强对深海渔业的管理、促进渔业可持续发展。文章特别分析了在我国“一带一路”建设的背景下如何提高海洋生态系统的保护意识，提高履约能力，履行船旗国的责任和义务，是我国海洋渔业发展面临的主要挑战之一。该文章并未直接涉及南极问题，但由于全球海洋渔业治理机制与南极渔业规制存在关联性，部分南大洋渔业组织也属于海洋渔业治理的重要环节，因而文章对于研究 CCAMLR 下的南极视察制度具有一定参考意义。

最后，在本书研究的南极视察制度方面，笔者竭尽所能搜集了目前可获得的一切有关南极视察的文章，主要包括邹克渊教授发表的《在南极矿物资源法律中的视察制度》，James Simsarian 教授发表的 Inspection Experience Under the Antarctic Treaty and the International Atomic Energy Agency，Lamus 和 Fernando Villamizar 发表的 Antarctic Treaty and Antarctic Territory Protection Mechanisms，Auburn 和 Francis 发表的 Conservation and the Antarctic Minerals Regime，Finkelstein 和 Lawrence S. 发表的 Arms Inspection，Hanevold 和 Truls 发表的 Inspections in Antarctica，Tamm 和 Sune 发表的 Peace vs. compliance in Antarctica：inspections and the environment。这些文章中鲜有直接涉及南极视察制度层面的内容，大多数是较为详细的介绍和分析。其中，我国著名国际法学家邹克渊教授撰写的《在南极矿物资源法律中的视察制度》是目前笔者在国内找到的最早涉及南极视察制度的学术文献，该文章对《南极矿物资源活动管理公约》中的南极视察制度进行了研究，并将其与《南极条约》下的南极视察制度进行了对比。该文章并没有详细研究视察制度的由来、渊源以及效果，其仅是对视察制度本身的规定进行了梳理，但依然具有开创性地将南极视察制度引介至国内学界。在国外层面，一些文章将履约监督机制进行了对比，特别是从国际原子能、军控等方面的履约监督机制入手，将其与南极视察制度对比，但重点并非南极治理，而是对防扩散、军控等领域履约监督机制的完善建议。Finkelstein 和 Lawrence S. 所写的 Arms Inspection 是笔者目前找到的最早的一篇与南极视察制度直接相关的学术成果，题目为武装视察，顾名思义，该文对南极视察的最初规定、最初实践进行了分析和研究。南极视察制度在被设立伊始并非用于环境保护目的，而是纯粹用于非军事化视察。文章对于美国第一次开展南极视察的相关内容进行了介绍，但由于年代久远且缺乏实践，文章非常简单，仅对相关规定和视察报告作了一定介绍。而 Tamm 和 Sune 所写的 Peace vs. compliance in Antarctica：inspections and the environment 是目前已知的国内外学界最新的一篇关于南极视察制度的学术文献。该文章关注了目前南极区域的诸多热点，特别是和平利用和环境保护问题。文章中将南极视察制度单独作为南极环境保护的一个重要制度构成，首先将南极视察制度在南极条约体系中的规定进行了明确，随后介绍了目前南极视察制度对于南极环境保护的实践及意义所在。但是该文缺少对于南极视察制度的梳理，主要关注点还是在于《南极条约》。

总体而言，文献综述中本书涉及的主要参考文献存在以下特点：其一，中英文文献对于南极视察的介绍比较简略，缺乏对一手材料的深入分析与研究，缺乏对南极视察制度近几年实践的最新总结，缺乏对南极视察中相关文件的梳理；其二，中英文文献对于南极视察的介绍集中在《南极条约》，对于《南极生物资源养护公约》《马德里议定书》等相关条约的介绍相对匮乏，对于南极地区的国际组织和相关国家的国内法规定也均没有涉及；其三，中英文文献内容比较陈旧，大部分直接与南极视察制度相关的文章写作时间集中在 20 世纪 60、70 年代，彼时的状况和现在比不尽相同，需要根据最新的理论、实践，特别是现行的各种规范性文件重新对南极视察制度进行梳理；其四，中文文献在近几年逐渐关注到了该问题，但缺乏深入研究；其五，所有的学术成果均没有考虑到南极视察的性质，即作为国际法履约监督机制的南极视察制度在国际法理论中的地位和发展趋势。基于此，本书的写作方向主要是对南极视察制度进行全面的梳理、分析，并对南极视察制度作为国际法履约监督机制本身的理论问题进行深入研究。

三、研究方法

本书拟采用以下研究方法：

第一，法条分析法。本书研究南极视察制度，以南极条约体系下的国际法文件为基础，并分析各类国际组织中的规范性文件以及相关国家国内立法中的规范性文件中关于南极视察制度的规定，将相关的国际法、国内法及相关规定进行全面的梳理。南极视察制度依托于《南极条约》体系运行，而相关国家和国际组织进行的南极视察也均依托相关法律规定或规范性文件，因而如所有的法学学术论文一样，法条分析法是本书研究的基础。

第二，案例分析法。除研究南极视察制度的法律规定外，本书精选了60多年以来南极视察实践过程中的典型视察报告。根据不同的南极视察种类，笔者尽力从国际法、国内法等角度选择不同的视察报告进行分析。其中，在《南极条约》下的南极视察中，笔者选择了几十年前的视察报告、近几年的视察报告；单独国家的视察报告、多国联合视察的视察报告；外国的视察报告、中国进行视察时上交的视察报告。在其他种类的南极视察中，笔者也从多方面搜索出相关的视察报告，以及相关的违法案件进行分析，充分从实践案例角度对南极视察制度进行阐释。

第三，多语种对比分析法。本书为明确南极“视察”的概念，从《南极条约》不同的作准文本入手，分析了该词汇在中、英、法、西、俄语中的含义。在写作过程中，笔者通过阅读大量外文文献，从多语种角度对比分析了不同语言环境下对南极视察制度的理解，更精确地得出了相关结论，为推动理论发展贡献了微薄之力。此外，本书涉及众多国家的国内法规定和众多国际组织的规范性文件，文本翻译量较大，部分内容需要对不同语言中的用词进行分析后才可以得出结论。

第四，文献研究法。本书通过梳理国内外的学术成果，穷尽性地对已有的有关南极视察制度的学术成果进行了研究，对其中有益的部分进行了总结归纳，对其中不足的部分进行了专门标注。除了学术成果外，笔者还对南极区域的政府间和非政府间国际组织，南极区域活动当事国等的各类文件进行了分析，从国家政策、国际组织的政策等方面进行了研究，梳理出部分有关南极视察制度的内容。

第五，历史分析法。笔者以南极视察制度为切入点进行研究，分析了整个南极视察制度的由来、国际法层面履约监督机制的由来等，通过分析该制度讨论、出台的过程，从历史资料中分析了南极视察制度出台背后各方所考虑的因素，更清晰地了解了南极视察制度的目的和法理基础。

第六，比较研究法。笔者研究南极视察制度，其中涉及了国际法层面其他的履约监督机制，比如国际原子能机构的核查机制、《联合国海洋法公约》1995 年协定中的渔业视察机制等。笔者将这些机制与南极视察制度的关系进行了对比分析，更清晰地了解南极视察制度在国际法层面的性质和意义。

第七，统计分析研究法。根据资料的情况，笔者全面梳理了南极条约体系下南极视察制度的资料，通过统计 60 年以来的视察内容，基于不同的国别、时间、参与主体、视察对象等方面进行了统计分析，更清晰地得出了南极视察制度的主要参与方及其背后的因素。

四、研究创新与不足

本书具有以下几个创新之处。首先，本书是国内外第一篇系统性梳理南极视察制度的博士学位论文，之前并未有任何博士学位论文对该制度进行详细介绍分析，目前也仅有一篇硕士学位论文和笔者写作的一篇硕士学位论文对该问题进行过研究，其他国内外的学术文章要么较为陈旧，要么没有涉及南极视察制度层面的问题；其次，本书特别结合了法学逻辑理论、国际法理论、国际政治理论等内容，从政治、经济、地理、生物、历史等相关学科方面对国际局势、南极、地球气候环境的现状及变化发展进行了分析，并回顾了国际法发展的历程，直击目前国际热点问题及深层挑战，不回避国际法的固有缺陷，并希望以履约监督制度推进国际法理论层面的发展；再次，本书明确了南极视察的定义，并全面分析了之前学术成果中对南极视察制度的争议，不仅对南极视察制度的理论进行了研究，而且明确了整个的制度框架和内部结构，分析了其他主流国家的南极立法内容，为今后我国南极立法提供了技术性支持；最后，本书运用了多语种，在条约解释上，笔者运用了中文、英文、法文、西班牙文、俄文文本，从多角度证实了南极视察相关概念的真实含义，在文献阅读方面，针对南极区域部分南美国家及法国的主权声索事实，本书借鉴了法文、西班牙文等文献进行研究，保证了资料搜索的全面性。

但同时，本书也存在一些不足，具体包括以下内容：首先，本书在研究过程中一直等待国内的南极立法，希望基于官方南极立法对于南极视察及其他履约监督及执法监督机制的安排进行理论探讨，但相关草案并未公开且南极立法计划的再次停滞为本书的理论架构增加了不确定性，希望能在我国南极立法出台后对本书的理论部分作出进一步完善；其次，本书目前研究的国际法履约监督机制理论不够深入，由于内容立足南极问题下的南极视察制度，因而相关一般国际法层面的理论问题探讨并非重点，对国际法履约监督机制的整体把握还需要提高，今后若有机会从一般国际法理论角度进行完善，将会对南极视察的理论作进一步研究；再次，本书对于南极视察制度下视察机制的分类方式存在争议，因为具体的分类需要基于一些标准，但由于部分内容缺乏资料且内容混乱，因而主要采用了有法律依据的分类方式，缺乏一定的内在逻辑；最后，本书中一些有关南极视察机制的资料搜集还不充分，部分章节的内容较少，其中固然有客观原因存在，但本书依然有可完善的空间。

第一章

南极视察概述

南极视察制度是南极法律体系中的一项履约监督和执法监督制度，是维护南极法律制度整体得到遵守的基石。无论在国际法还是国内法中，一项保障法律得到遵守、执行的保障性制度均非常重要，而南极视察不仅在国际法层面保障各种国际条约得以遵守，国内法层面也从各国的南极活动出发保障其行为符合一系列标准。但南极视察制度目前在国内外学界并没有得到充分研究，有关南极视察制度的学术成果极少且陈旧，无论是从南极法律制度层面还是从国际法履约监督制度层面均缺乏充分的实践和理论研究。为全面深入研究南极视察制度，本章需先对基础性问题进行确定，明确南极视察的定义、分类及法律依据，并将其放入南极法律制度和国际法履约监督制度的双重背景下进行研究。

本章共分为两节，一方面从南极视察的概念入手，通过对比在中文及其他语言作准文本中的含义对南极视察进行定义，之后介绍南极视察的履约监督性质，然后介绍其特征和一系列一般性要素，最后辨析南极视察与南极检查、南极监督的关系；另一方面介绍南极视察的分类和法律文件，通过不同的分类标准明确各种南极视察机制在国际法和国内法层面的法律文件，从整体把握整个南极视察体系。

第一节　南极视察的概念

在国际法层面，南极视察作为一项国际法下的条约履行和监督制度，对其本身概念的分析要结合国际法自身的性质和南极区域法律制度的特点进行。目前，规定南极视察制度的一系列国际条约仍未将中文作为作准文本，因而对南极视察的定义需要从语意、用词等多方面进行条约解释，明确不同词汇的内涵和外延后才能确定。南极视察是履约监督机制的一种，而南极视察相较其他履约监督机制具有一定特征，其视察对象、依据、人员构成也存在一定特点。同时，在整个南极履约监督、执法监督机制方面还需要辨析南极视察与南极检查、南极监督的关系。

一、南极视察的定义

从广义上说，南极视察囊括了南极条约体系下的两种视察机制以及南极区域国际组织和条约机构的视察机制，也包括部分国家国内法中规定的视察机制，但最早规定“南极视察”的规范性文件是《南极条约》。[1] 1959 年签订并于 1961 年生效的《南极条约》第 7 条是对“南极视察”最早的直接规定，在仅有 14 条的《南极条约》中，第 7 条“南极视察”的内容共由 5 款构成。但《南极条约》及南极条约体系其他的国际法文件中并没有对“南极视察”作出定义，部分国家国内法规定的南极视察内容也没有对其作出定义。而且与其他国际条约不同的是，条约并未采用和联合国一致的六种官方语言。根据《南极条约》

〔1〕 Hemmings, A. D., *Antarctic Treaty System: An Assessment*, National Academy Press, 1986.

第14条的规定，条约共由英、法、俄、西四种文字版本构成作准文本且效力相同。[1]其并未将中文作为作准文本，而南极条约体系其他的国际法文件以及其他国际组织的规范性文件也未规定中文为作准文本，目前中国亦没有法律级别的南极立法。通过阅读不同语言的作准文本，对于"南极视察"的表述存在比较大的差异，这就无法直接对"南极视察"进行分析，而需要通过《维也纳条约法公约》的规定进行条约解释。

（一）南极视察的中文翻译

"南极视察"（Antarctic Observation or Inspection）是对该制度的中文表述，但时至今日并非官方、权威表述。根据一般的中文网络搜索引擎[2]，无论是"南极视察"还是"南极检查"，在搜索引擎中采用一般搜索方式进行检索均无法查到相关结果，并最终会被自动"更正"为"南极考察"，但无论是"南极视察"还是"南极检查"，其概念与"南极考察"均不存在任何混淆之处，本书所研究的"南极视察"并非科学考察中的视察行为。而在中国外交部、海洋局网站上出现的有关本制度的新闻及翻译文件，以及在中文学术搜索引擎中出现的有关本制度的学术成果，均被表述为"南极视察"。通过人工数据搜索，目前可以获得的有关本制度的所有中文搜索结果共有5个，分别是一篇中国外交部的新闻——《中国代表团成功开展南极视察》，三篇学术论文——董跃：《我国〈海洋基本法〉中的"极地条款"研拟问题》、屠景芳：《南极视察机制探究》、邹克渊：《在南极矿物资源法律中的视察制度》，一篇硕士学位论文——王阳雪

---

〔1〕 Article 14 of Antarctic Treaty , The present Treaty, done in the English, French, Russian, and Spanish languages, each version being equally authentic, shall be deposited in the archives of the Government of the United States of America, which shall transmit duly certified copies thereof to the Governments of the signatory and acceding States.

〔2〕 百度、360、搜狗、Bing中文。

子：《南极条约体系下的视察活动及其国际法效力研究》。将“Antarctic Observation or Inspection”称为“南极视察”最早可见于国家海洋局极地考察办公室中对于《南极条约》的翻译，其中将进行“南极视察”的人员称为“观察员”。[1]因为《南极条约》并未将中文文本作为作准文本，所以极地考察办公室将《南极条约》归类于“法律法规”一栏以供参考，但究竟为何翻译者将“Antarctic Observation or Inspection”翻译为“南极视察”，将“Observer”翻译为“观察员”则无从知晓。而中国目前正在讨论的南极立法在学界又将南极视察称为“国家视察”，这进一步增加了该制度在中文用语上的不确定性。

基于外交部新闻链接与国家海洋局极地考察办公室对其翻译的分歧以及在实际使用中的现象，本书认为，“Antarctic Observation or Inspection”的翻译可暂定为“南极视察”，而“Observer”也可暂时翻译为“观察员”。虽然该翻译并没有完全体现该制度的内涵，甚至会产生歧义，但由于中国立法将使用该翻译，因而为统一用语暂时将“Antarctic Observation or Inspection”翻译为“南极视察”，将“Observer”翻译为“观察员”。对于“视察”和“观察员”的用词，从中文字面意义上理解并不能完全展现出南极视察制度的含义。在《南极条约》中，有关“Observer”“Inspection”“Observation”的词汇共出现过数次，其中在第7条第1款中既出现了“Observer”也出现了“Inspection”，而第4款又出现了“Observation”特指空中视察。这就让读者对视察机制和观察员的用词产生了疑问。而第9条第3款提及观察员进行视察活动后的视察报告应提交到南极条约协商国，因而视察活动包括了视察行为本身及之后的报告活动。在《现代

〔1〕 国家海洋局极地考察办公室：《南极条约》，载 http://www.chinare.gov.cn/caa/gb_ article.php? modid=07001，最后访问日期：2021年3月15日。

汉语词典》(第7版) 中,“检查”的含义为: 为了发现问题而用心查看[1];“视察”的含义具有两个, 分别是: 上级人员到下级机构检查工作和查看[2];“观察员”也具有两个含义, 分别是: 观察并报告情况的人员及特指一个国家派遣的列席国际会议的外交代表, 依照国际惯例, 观察员只有发言权, 没有表决权[3]。而剑桥辞典将“Inspection”解释为: 一是仔细查看某物, 或对建筑物或组织进行正式访问以检查一切是否正确和合法的行为[4]; 二是由受过专门训练的人检查建筑物的结构[5]。将“Observation”解释为: 一是观察某事或某人的行为[6]; 二是注意到或看到的东西[7]; 三是对于注意到的事情的评论[8]。将“Observer”解释为: 一个人观察发生了什么, 但没有积极参与其中[9]。首先, 本书研究的该制度并非上级视察下级, 双方地位是平等的, 该制度包含了检查和报告两个行为, 并不能简单解释为“查看”, 因此翻译为“视察”并不妥当。实际上,“检查”更能体现视察制度的真正含义, 无论是从字面翻译还是根据视察制度实践的人员关系判断,“检查”对应为“Inspection”均更加合理; 其次,“Observer”与“观察员”的含义相互对应, 应

〔1〕 中国社会科学院语言研究所词典编辑室编:《现代汉语词典》, 商务印书馆2016年版, 第635页。

〔2〕 中国社会科学院语言研究所词典编辑室编:《现代汉语词典》, 商务印书馆2016年版, 第1196页。

〔3〕 中国社会科学院语言研究所词典编辑室编:《现代汉语词典》, 商务印书馆2016年版, 第479页。

〔4〕 The act of looking at something carefully, or an official visit to a building or organization to check that everything is correct and legal.

〔5〕 An examination of the structure of a building by a specially trained person.

〔6〕 The act of observing something or someone.

〔7〕 The fact that you notice or see something.

〔8〕 A remark about something that you have noticed.

〔9〕 A person who watches what happens but has no active part in it.

使用“检查员”与“检查”对应更为合适；最后，考虑到《南极条约》签订时的科技水平，将“空中检查”用词与一般陆海检查区分开也是有可能的，但由于科技发展，陆海空检查的形式逐渐平常化，因而这种区分再后来也失去了作用。由此可见，目前在南极条约体系中或是国内法层面，中文里面的“Inspection”和“Observation”均应被翻译为“检查”，而“Observer”应被翻译为“检查员”，上文提及的一些翻译方式虽然出现在官方通告和公约翻译中，但都是不准确的翻译，并不能恰当地表现该制度的意义，应该予以更正。事实上，下文《南极海洋生物资源养护公约》中南极视察相关的观察员身份证明文件中文版本也已将“Observer”翻译为“检查员”。[1]但由于目前中国的官方通稿和立法将其翻译为“视察”和“观察员”，因而在立法中将该用词作出变更之前，本书将沿用官方用语，使用“南极视察”和“观察员”指代本制度中的“Inspection”“Observation”及“Inspector”“Observer”。

（二）国际法作准文本的表述

在本书涉及的众多南极视察机制中，《南极条约》下的视察具有比较充分的实践经验，再加上其资料获取较为充分、便捷，因而在该条约下的“南极视察”（Antarctic Observation or Inspection）是指当事方根据《南极条约》规定的内容对其他在南极区域开展活动的国家进行检查以确认是否存在违反相关国际条约内容并向南极条约协商会议及当事方报告的行为。而在南极条约体系下的不同国际条约对“南极条约”的表述在不同作准文本中又出现了很大不同。

在英文版《南极条约》下，有关“南极视察”的单词存在

〔1〕 根据英文原文翻译：The bearer of this card is an authorized inspector under the CCAMLR system of Observation & Inspection.

三种形式，分别为“Inspection”“Observer、Observers（复数形式）”和“Observation”〔1〕，在中国于2015年开展南极视察活动后，外交部在其官网登出新闻，并将整个“南极视察”（“Inspection”“Observation”）活动翻译为“视察”以指代视察机制本身，而进行视察的人员（“Observer”）被翻译为“代表”以指代上文中提及的“观察员”，外交部新闻还将整个中国“观察员团体”（“Observers”）称为“代表团”〔2〕。除英文文本外，上述几个英文单词在其他语言文本中均可以找到对应的单词，“Inspection”“Observer、Observers（复数形式）”和“Observation”分别为法文中的“Inspection”“Observateur、Observateurs（复数形式）”和“Observation”〔3〕，西班牙文中的“Inspección”“Observatores（复数形式）”和“Observación”〔4〕，俄文中的“Инспекции”“Наблюдатель、Наблюдателей（复数形式）”和“Наблюдение”〔5〕。在《南极条约》拟定过程中，无论四种文字的作准文本是分别单独拟定还是基于某一种语言进行翻译，相关人员一定对四种作准文本的语言进行过润色、对应，因而《南极条约》才规定四种文字的作准文本效力一致。但在《南极条约》第7条第4款中，英文版、西班牙文版、俄文版本用的是“Observation”，法文版本用的是“Inspection”，出现了不一致现象，这就产生了对于“Observation”和“Inspection”的不同适用。仔细分析可以看出，《南极条约》将“Observer”赋予了两重含义——一是进行“南极视察”的“观察

〔1〕 Article 7 of Antarctic Treaty.

〔2〕《中国代表团成功开展南极视察》，载 http://www.fmprc.gov.cn/web/wjbxw_673019/t1328941.shtml，最后访问日期：2021年3月15日。

〔3〕 Article 7 de la Traité sur l’ Antarctique.

〔4〕 Artículo 7 de Tratado Antartico.

〔5〕 Статья 7 Договор об Антарктике.

员”；二是《南极条约》的观察员（部分国际法主体）。由此就产生了两个问题：其一，无论是英文还是中文，对于使用“Observer”和“观察员”一词均具有歧义和不便；其二，“视察”对应的单词究竟应是“Observation”还是“Inspection”也不清楚。

《南极条约》各作准文本对词汇的不同适用在南极条约体系逐步丰富的过程中持续存在。对于南极视察制度中的“Inspection”和“Observer”，南极条约体系下其他的国际条约或是南极条约体系外其他的国际条约均没有对照《南极条约》使用相同的单词。比如：《南极海洋生物资源养护公约》中出现了“Inspectors”（复数形式）指代观察员[1]，《南极和南大洋联合会宪章》中使用“Inspectorates”（复数形式）指代观察员[2]。究竟“Observation”与“Inspection”“Observer”与“Inspector”或“Inspectorate”的关系是什么？他们仅是英文用词中的不同表现形式还是存在实质含义的区别从字面上并不得而知。按照正常的语法构成，适用“Inspection”则对应的“观察员”用词应为“Inspector”或者“Inspectorates”，若适用“Observation”表示“视察”则应适用“Observer”对应“观察员”。如上文所述，“Observer”在《南极条约》中具有两个含义，分别是南极视察机制下的“观察员”及南极条约协商会议（Antarctic Treaty Consultative Meetings，ATCM）的“观察员”，这里的观察员指代参与会议却不具有表决和通过决议权利的非协商国和国际组织，在其他的国际组织中也存在使用“观察员”一词进行指代。

在国内的国际法研究中，大部分学者仅探讨有关条约内容的实质问题，中文文本如果是作准文本则会被直接引用，如果

---

〔1〕 Article 9 of Convention for the Conservation of Antarctic Marine Living Resources.

〔2〕 Chapter Two of Institutions of Antarctic and Southern Ocean Coalition.

中文文本不是作准文本则会直接依据英文文本进行研究，其他语言作准文本并不会作为研究对象。[1]然而，无论是不同语言作准文本之间还是一个条约组下均可能出现用词不一致的现象，纵观国内外学术界研究成果并没有涉及该问题。本书中有关南极视察、观察员的用词不一致现象实际上对各国视察活动造成了影响进而产生了混用的情况，甚至在南极条约协商会议的最终报告中，相关国家在评价南极视察制度时也用到了其他不同的词，如“Inspectorate”[2]。上文所述的诸多争议也可以概括为下表所列内容：

表 1　不同作准文本中“视察”对应的英文表述

中文	英文	《南极条约》第 7 条第 1 款	《南极条约》第 7 条第 4 款	《南极海洋生物资源养护公约》
视察	Observation Inspection	Inspection	Inspection Observation	Observation Inspection
观察员	Observer Inspector Inspectorate	Observer	Observer	Observer Inspector

时至今日，《南极条约》最初文本存在的不一致现象已经成了南极条约体系，甚至南极区域其他国际法文件普遍存在的问题，但因时间久远，究竟为何不同作准文本将“视察”一词翻译为不用单词已经无法考证。通过上述分析，最有可能的情况是《南极条约》最初将“Inspection”作为“视察”，而将对应的“观察员”翻译为“Observer”，但在法文作准文本的起草过

〔1〕 薛伊文：《浅议国际条约在法律英语中的语言特点——以〈联合国国际货物销售合同公约〉为例》，载《现代语文（语言研究版）》2015 年第 7 期，第 114 页。

〔2〕 Final Report of 38th Antarctic Treaty Consultative Meeting, Antarctic Treaty Secretariat, p. 86.

程中将“Observer”的翻译对应为“Observation”以实现文本平衡。而《南极海洋生物资源养护公约》的作准文本又将“Inspection”的翻译对应为“Inspector”以实现文本平衡，并试图消除将“Observer”译为南极视察的“观察员”和条约“观察员”时的歧义，因而才出现了各词混用不一致的现象。基于此，本书将“南极视察”的英文翻译为“Antarctic Observation and Inspection”，并将根据不同规范性文件作准文本的适用确定其对应的观察员应为“Inspector”或应为“Observer”。

（三）“南极视察”

南极条约体系和其他南极区域的规范性文件存在对“Inspection”和“Observation”的混用。对“视察”“观察员”等用词含义的确定需要基于南极视察机制具体运作的程序及实践，甚至包括对立法历史及整个南极视察制度发展历程的研究。由于南极视察存在于不同的南极区域国际法文件和部分国内法中，因而对于南极视察的定义可以从广义和狭义层面进行区分。狭义层面，南极视察（Antarctic Observation or Inspection）是指《南极条约》协商国根据《南极条约》，指派观察员对南极活动进行视察并进行报告的活动。而在广义层面，南极视察的主体包括除协商国外的其他国家、国际组织，甚至国内法层面的执法机构等具有履约、执法监督职能的主体，其法律依据包括南极条约体系下的其他国际条约、规范性文件及其他国际条约、规范性文件和国内法。由于根据不同的视察目的、实施主体等标准又可以将南极视察分为多种，因而狭义上的定义又相互区别。比如，作为整个南极视察制度的基石，最早在《南极条约》中规定的“南极视察”（Antarctic Observation）是指当事方根据《南极条约》规定的内容对其他在南极区域开展活动的国家进行检查以确认是否存在违反相关国际条约内容并向南极条约协商会议及当事方报告的行为。

南极视察的存在是由于南极区域特殊的历史。在南极被人类发现以后，西方国家即对南极宣称主权，并利用其独特的地理位置进行开发利用。〔1〕第二次世界大战期间，德国曾占领挪威的南极领地，这引起了其他国家的担忧。〔2〕为防止一些国家利用南极进行军事活动进而威胁世界安全，20 世纪 40 年代末，以美国为主的西方国家计划在南极区域构建一套相对独立的国际法制度约束相关国家的活动，最终《南极条约》于 1959 年签订并于 1961 年生效，而南极视察作为第二次世界大战后建立的国际法履约监督机制，最初的目的就是检查在南极进行活动的国家是否遵循和平使用、非军事化和非核化条约义务。自 1962 年至 1963 年新西兰派遣代表团开展南极视察以来〔3〕,《南极条约》下的南极视察至今已经实践了 59 年、59 次〔4〕。南极视察由单纯的针对和平使用、非军事化和非核化逐渐转变为以保护南极环境、合理进行科考活动为目的的活动。通过南极视察，科考活动规范化得到了明显加强，各国对于南极环境保护的意识逐渐提高，南极环境得到了妥善的保护，南极资源得到了有序地开发和利用，各国在南极视察的过程中也增进了合作。

二、南极视察的性质

南极视察制度是国际法中履约监督机制的一种，虽然在南

〔1〕 吴慧、张欣波：《国家安全视角下南极法律规制的发展与应对》，载《国际安全研究》2020 年第 3 期，第 3 页。

〔2〕 Larrain, Mc Prieto, “El Tratado Antártico, vehículo de paz en un campo minado”, *Revista Universum* (*in Spanish*), University of Talca, Vol. 19, Issue 1, 2004, pp. 138~147.

〔3〕 “1962-1963 New Zealand”, ATS, http://www. ats. aq/devAS/ats_governance_listinspections. aspx (Last visiting date: 15 March 2021).

〔4〕 “Inspections Database”, ATS, https://www. ats. aq/devAS/ats_governance_listinspections. aspx (Last visiting date: 15 March 2021).

极区域适用存在特殊性，但依然具有履约监督的性质。作为国际法履约监督机制的一种，南极视察制度依然具有国际法履约监督制度的诸多特征，其发展也是借鉴了国际法不同领域中的履约监督机制，并结合南极区域的特殊性发展而来。南极视察制度已经成为南极法律制度重要的组成部分，作为履约监督制度的一种，南极视察制度也推动了国际法履约监督制度的发展，其背后是对和平利用南极原则和保护南极环境原则的适用和发展。

南极视察作为国际法履约监督机制的一种，具有独特的表现形式，而国际法中并不存在普遍的履约监督机制。不同的国际法领域存在一些不同的履约监督机制，还有一些国际法领域仍未建立履约监督机制。目前，国内所有能获得的研究国际法履约监督机制的文章大多是国际关系学者或者外交学者所作，在中国知网上共有 7 篇关于“履约监督”机制的著作，除王明国、蒲昌伟、卓振伟 3 篇文章发表在学术刊物外，剩余 4 篇均为博士学位论文，论述重点囊括当下国际法领域的履约监督机制实践、对履约监督等概念的辨析、国际法院判决履行等问题。在国外层面，目前涉及国际法履约监督机制的文章大致包括几种，第一种是一般性论述履约监督机制的文章，如 Kal Raustiala 教授，在“International Law, International Relations and Compliance”一文中对国际法的履约监督机制进行了一定评述；[1]第二种是在国际法某个领域对相关问题进行的论述，如 Christian Tietje 教授在“The Role and Prospects of International Law in Financial Regulation and Supervision”一文中对国际法金融监管问题的研

〔1〕 Raustiala Kal, Anne-Marie Slaughter, “International law, international relations and compliance”, *Princeton Law & Public Affairs Paper*, Vol. 2, 2002.

究；[1]第三种是直接与本书相关的内容，但并非直接与南极区域履约监督制度有关，而是与国际军控问题直接相关，如 Guido Den Dekker 在 "The Law of Arms Control：International Supervision and Enforcement" 一文中专门对国际法军控问题进行了研究，其中的内容直接与南极区域最初的和平利用问题相关。[2]这些文章和书籍从理论和实践上部分论述了履约监督机制的历史发展和实践，但均未涉及本书研究的南极视察制度，研究国际法履约监督实践的文章并未囊括国际法领域所有的履约监督模式。履约监督机制作为国际法的组成部分，其背后蕴含着丰富的法理基础，随着国际法的发展而逐步完善，也形成了不同的表现形式。

（一）履约监督的概念

履约监督机制是国际法制度中的保障措施，是指国际法主体参与国际法，承担国际法义务后履行相关义务，相关主体（如其他国际法主体、国际条约机构、国际组织及其他主体）对其是否履行这些条约义务通过一定的方式进行监督，以确定相关主体履行、遵守国际法义务。[3]实践中，该机制包括了履约和监督两部分，分别从遵守国际法角度强调了对其的履行和从其他主体角度强调了对其的监督。[4]在中文学界，一些文章将国际法的履约监督机制称为"遵约"或"守约"机制。通过研

---

〔1〕 Tietje Christian, Lehmann M., "The Role and Prospects of International Law in Financial Regulation and Supervision", *Journal of International Economic Law*, Vol. 13, Issue. 3, 2010.

〔2〕 Nishimura M., "The Law of Arms Control：International Supervision and Enforcement", *Journal of Conflict and Security Law*, Vol. 7, Issue. 2, 2002.

〔3〕 张弛：《国际法遵守理论与实践的新发展》，武汉大学 2012 年博士学位论文。

〔4〕 Raustiala Kal, Anne-Marie Slaughter, "International law, international relations and compliance", *Princeton Law & Public Affairs Paper*, Vol. 2, 2002, p. 55.

究发现，实际上履约监督与遵约、守约指的是同一个内容，即对国际义务的履行和监督，而履行中就包括了对消极义务的遵守和积极义务的履行，在此不作进一步论述。[1]履约、遵约、守约，即对条约的遵守、履行，虽然存在细微差别，但在国外学界，对于条约的遵守、实施和执行却有着清晰的区分。遵守、实施和执行，分别对应英文的“compliance”“implementation”“enforcement”[2]。一般而言，国际法的遵守是指承担国际法义务的国际法主体自身实施国际法，以实现其国际法承诺；[3]国际法的实施是指为使国际法规则发生效力或在社会生活中得以实现而采取的各种措施，其中既包括义务主体自身的实施措施，也包括来自他方的强制性措施；[4]国际法的“执行”（enforcement）通常多指他方为防止或消除国际法规则不被遵守而对义务主体采取的强制性措施。[5]在实践中，虽然这三个词在中文语境中区分不明显且都强调使国际法的效力得到有效发挥，但实际上“实施”主要是侧重措施的施行，而“执行”则侧重国际法效力的保障，“遵守”则强调国际法主体主观上的守法。[6]实际上，由于国际法上不存在完整的司法体系，因而在国际法语境中“执行”一词很少被使用，在国际司法机构判决后，当

---

〔1〕 易卫中：《论后巴黎时代气候变化遵约机制的建构路径及我国的策略》，载《湘潭大学学报（哲学社会科学版）》2020 年第 2 期，第 94 页。

〔2〕 Raustiala Kal, Anne-Marie Slaughter, “International law, international relations and compliance”, *Princeton Law & Public Affairs Paper*, Vol. 2, 2002, p. 52.

〔3〕 Rüdiger Wolfrum, “Means of Ensuring Compliance with and Enforcement of International Environmental Law”, *Recueil des Cours*, 1998, p. 29.

〔4〕 饶戈平主编：《国际组织与国际法实施机制的发展》，北京大学出版社 2013 年版，第 4 页。

〔5〕 饶戈平主编：《国际组织与国际法实施机制的发展》，北京大学出版社 2013 年版，第 4 页。

〔6〕 Andrew Guzman, “A Compliance-Based Theory of International Law”, *California Law Review*, 2002.

事国的行为主要是“履行”“遵行”而非“执行”。[1]因此，本书探讨的国际法履约监督机制，即上文提及的对国际法义务的遵守、实施、履行。

实际上，国际法作为一项国际关系层面的治理安排模式一直受到其他国际学科学者的质疑，特别对于履约监督机制本身，古老的“条约必守”原则并不能说服很多学者对于国际法效力的疑问。[2]有关国际法履约监督理论的学说有很多，观点均不一样，分为多种流派，一种比较常见的标准是将其分为执行学派和管理学派，这种方法以“强制措施”是否作为履约必要因素为标准。[3]另外一种划分标准是工具主义和规范主义，与实在法学派和自然法学派类似，前者将履约归纳为法律的效力，相关国际法履行国际法的主观层面为其次；而后者认为国际法主体主观上对国际义务的认同作为履约原因。[4]而实际上，这种划分方法依然是国际法传统自然法学派和实在法学派衍生出的，研究国际法制度依然要以国际法理论为基础。[5]众多的履约学派探讨国际法主体遵守履行国际法义务背后的因素，而作为国际法学者必须首先承认国际法的效力是毋庸置疑的，无论国际法主体遵守国际义务出于何种原因，其遵守了《国际法院规约》第38条规定的国际法渊源，若违反国际义务会产生国际

---

〔1〕 Raustiala Kal, Anne-Marie Slaughter, “International law, international relations and compliance”, *Princeton Law & Public Affairs Paper*, Vol. 2, 2002, p. 56.

〔2〕 Andrew Guzman, “A Compliance-Based Theory of International Law”, *California Law Review*, 2002.

〔3〕 Jonas Tallberg, “Paths to Compliance: Enforcement, Management, and the European Union”, *International Organization*, Vol. 56, Issue. 3, 2002, p. 609.

〔4〕 Oppenheim, Lassa, “International law: a treatise”, *Longmans*, Vol. 1, Green and Company, 1920, p. 35.

〔5〕 Jonas Tallberg, “Paths to Compliance: Enforcement, Management, and the European Union”, *International Organization*, Vol. 56, Issue. 3, 2002, p. 610.

责任也是毋庸置疑的。[1]因此，具体的学派观点争议并非讨论的重点，研究制度本身及制度的意义和发展脉络才是国际法的重点。

（二）国际法各领域中的履约监督机制

虽然国际法制度中的履约监督机制并非普遍制度，但除南极法律制度外的其他国际法制度中也存在履约监督机制，南极法律制度中的南极视察机制实际上也并非最早的国际法履约监督机制。具体而言，其他国际法领域的一些履约监督机制最早产生于第一次世界大战后的国际劳工条约，在第二次世界大战后逐渐在国际人权条约、军控与防扩散条约中发展，并在国际环境条约、国际经济条约中形成体系。因此，履约监督机制作为一个具有普遍性的国际法制度在不同的国际法领域可能会采取不同的模式，但法理基础相同且具有一定互通性，可以被归纳和分类，其发展具有一定逻辑可循。

国际劳工组织于1919年成立，在第一次世界大战结束的巴黎和会上，各方拟定的《国际劳工组织章程草案》和一个包括九项原则的宣言被载至《凡尔赛和约》第13编。目前，全世界绝大部分国家均为国际劳工组织的成员国。[2]在国际法上，国际劳工组织首先建立了履约监督机制。[3]作为一个早于联合国且正值工人运动兴盛时期形成的国际组织，国际劳工组织管辖着共188个公约和199项建议书，而其中的履约监督机制架构也包括以下几种。[4]《国际劳工组织章程》第22条就规定：各成员国同意就为实施其参加公约的各项规定所采取的措施向国际劳

---

〔1〕 Jonas Tallberg, "Paths to Compliance: Enforcement, Management, and the European Union", *International Organization*, Vol. 56, Issue. 3, 2002, p. 611.

〔2〕 截至2021年3月，该组织共有187个成员国。

〔3〕 Burnett, Erin, Mahon Jr., et al., "Monitoring Compliance with International Labor Standards", *Challenge*, 2001.

〔4〕 张弛：《国际法遵守理论与实践的新发展》，武汉大学2012年博士学位论文。

工局提出年度报告。此种报告应按理事会要求的格式和具体项目编写。[1]而后国际劳工标准适用委员会将进行讨论和审查。[2]针对存在违反国际劳工组织下条约情况的缔约国，该国国内的产业雇主协会或者工会可以向国际劳工组织理事会提出抗议，该抗议将被受理并进行回应。针对未能遵守其所批准的公约的成员国，国际劳工大会代表、公约缔约国以及劳工组织理事会本身可以提起申诉程序。[3]而被诉国家政府就被诉内容发表评论和解决意见，还可以任命一个调查委员会对有关申诉进行研究并向理事会报告。[4]国际法院对该调查委员会的调查和建议有最终决定权，裁决的法律效力也具有终局性。[5]

第二次世界大战后，基于对国际人权保护的理念，各国签订了一系列国际人权条约。目前，国际人权法领域建立了比较完备的条约履行监督机制，包括条约的定期审议程序、国家间相互指控程序、个人来文申诉程序和实地调查程序等。[6]定期审议程序是指条约缔约方根据国际人权条约规定的时间和程序定期向条约机构报告实施进展、成果和障碍，条约机构对报告进行审查评估并判断其是否充分履约并提出建议的程序。[7]定期审议程序在国际人权法领域普遍存在，是最典型的履约监督机制。[8]由于国际人权条约也呈现碎片化状态，不同的国际人权条约也均规

---

〔1〕《国际劳工组织章程》第22条。

〔2〕《国际劳工组织章程》第22条。

〔3〕《国际劳工组织章程》第22条。

〔4〕张弛:《国际法遵守理论与实践的新发展》，武汉大学2012年博士学位论文。

〔5〕张弛:《国际法遵守理论与实践的新发展》，武汉大学2012年博士学位论文。

〔6〕蒲昌伟:《作为国际法实施新机制的不遵约机制新探》，载《哈尔滨师范大学社会科学学报》2016年第4期，第44~51页。

〔7〕孙萌:《论联合国人权机制的整合》，载《世界经济与政治》2017年第7期，第126页。

〔8〕Gaer F. D., "A Voice Not an Echo: Universal Periodic Review and the UN Treaty Body System", *Human Rights Law Review*, Vol. 7, Issue. 1, 2007, p. 119.

定了不同的定期审议程序，而在联合国建立人权理事会后也规定了普遍定期审议程序，以突破原有每个人权条约仅审查该条约本身的情况，对成员国人权保障的各方面进行审议。[1]然而，由于审议程序并非司法机构，所作出的意见也并非裁决，因而学界对其国际法效力提出过疑问。[2]国家间指控程序是指其他缔约国在发现一个缔约国未履行条约义务的情况下可以将该情况告知条约机构以促使其履约。[3]这种程序将缔约国之间对立起来，一方面调动了缔约国之间的监督，但另一方面也为相关国家进行政治对抗提供了理由。[4]目前，大多数规定国家间指控程序的人权条约均将程序参与权交予缔约国，即缔约国可以“任择”参与或不参与，而实践中各国也极少实行该程序。个人来文申诉程序是指缔约国国民个人有权向条约机构提交材料，反映缔约国未能履行条约义务。由于人权领域的特殊性，该程序突破了原有国际法层面国际法主体之间的关系，将个人推至国际法的主体层面，因而各国对于是否赋予个人该权利存在不同看法。[5]同样，目前以《公民权利及政治权利国际公约》为代表的规定该程序的条约也将其作为选择性内容，中国也未接受该程序。但无法否认，该程序已经成为人权领域重要的履约监督机制，并每年都有大量的实践。实地调查程序与上述三种程序不同，要求国际人权条约下的条约机构前往相关国家实地

---

〔1〕 朱利江：《试论各国议会参与联合国人权普遍定期审议》，载《法治研究》2017年第2期，第151页。

〔2〕 张弛：《国际法遵守理论与实践的新发展》，武汉大学2012年博士学位论文。

〔3〕 Whiteman J., Nielsen C., “Lessons from Supervisory Mechanisms in International and Regional Law”, *Journal of Refugee Studies*, Vol. 26, Issue. 3, 2013, p. 386.

〔4〕 Whiteman J., Nielsen C., “Lessons from Supervisory Mechanisms in International and Regional Law”, *Journal of Refugee Studies*, Vol. 26, Issue. 3, 2013, p. 387.

〔5〕 Duffy A., “Expulsion to Face Torture? Non-refoulement in International Law”, *International Journal of Refugee Law*, Vol. 20, Issue. 3, 2008, pp. 373~390.

调查是否存在侵犯人权的状况。[1]目前，实地调查程序在一些人权条约中存在，并大多采取选择性规定。

自20世纪60年代国际人权法兴起以来，国际环境法也在20世纪70年代快速发展，并成为当下最热门的国际法领域之一。1992年生效的《关于消耗臭氧层物质的蒙特利尔议定书》制定了“不遵约程序”成为国际环境法领域的第一个履约监督机制。[2]国际环境法领域的履约监督机制即由其奠定，具体模式是条约本身规定了履约监督的原则，之后各方再具体讨论其体现形式。[3]这种模式在国际环境法领域之后的多个公约中得到快速发展。在国际环境法领域，履约监督机制有以下特点：国际环境条约的缔约方会议大多建立了独立的履约监督机构以处理相关问题，被称为“履行委员会”或“遵约委员会”，属于缔约方会议的附属机构并向缔约方会议报告工作。[4]根据不同的启动主体，国际环境条约监督机制可以由当事国自身启动，向条约机构汇报自身无法履约的原因；也可以由其他缔约国启动，提请独立的履约监督机构进行审查，部分公约规定了协商前置的程序；还可以由条约秘书处启动，在发现缔约国未履行条约义务时与缔约国及时沟通，在未妥善解决的情况下启动。[5]此外，部分欧盟条约还规定了非政府组织和缔约国公民来文申诉

---

〔1〕 涂云新、Tao Y. “On the Normative Structure of International Human Rights Treaties Monitoring Mechanisms and Its Legal Challenges”, *The Journal of Human Rights*, Vol. 4, 2019.

〔2〕《关于消耗臭氧层物质的蒙特利尔议定书》第8条。

〔3〕 Kamminga M. T. , “5 Principles of international environmental law”, *Environmental Policy in An International Context*, Vol. 1, Issue. 6, 1995, p. 123.

〔4〕 Louka E. , “International Environmental Law: Compliance and Governance Mechanisms”, 2006.

〔5〕 林灿铃：《国际环境法实施机制探析》，载《比较法研究》2011年第2期，第96页。

的启动方式，但争议较大。在发现缔约国未履约时，履约监督机构成员可能通过协商一致或表决通过两种方式进行。[1]但各方对表决比例等问题依然存在很大争议。[2]针对发现的履约情况，监督机制为促使当事国恢复履约，也会施行一些惩罚性措施。为促使其恢复履约，实践中可能会对当事国提供咨询意见或建议，或提供资金或技术支持；除促进性的措施，履约监督机构可能发出警告，对不履约情况进行公开，若情况严重还可以暂停或终止该方的条约权利并进行制裁。[3]

军控与防扩散条约中运用的履约监督机制兴起于美苏争霸的20世纪60年代，特别是在防扩散领域，为防止大国争霸导致核扩散，美苏双方对于防扩散的履约监督机制达成了一致。[4]军控与防扩散方面的履约监督机制普遍存在于相关条约，中文文本中称之为“视察”“核查”机制，而英文文本用词为“Inspection”和“Verification”，指条约的缔约方有义务允许国际监督机构核查其领土上的相关设施，以确定它们是否切实履行了条约义务。[5]具体而言，机制运作模式如下：《不扩散核武器条约》和《禁止化学武器公约》作为防扩散和军控领域重要的国际条约均规定了履约监督机制，将履约监督权交予国际原子能机构和禁止化学武器组织，并根据公约内容开展核查。[6]《全面

---

〔1〕张弛：《国际法遵守理论与实践的新发展》，武汉大学2012年博士学位论文。

〔2〕Kamminga M. T.，“5 Principles of international environmental law”，*Environmental Policy in An International Context*，Vol. 1，Issue. 6，1995，p. 126.

〔3〕林灿铃：《国际环境法》，人民出版社2004年版，第45页。

〔4〕Salisbury，Daniel，“Trade controls and non-proliferation：compliance costs，drivers and challengesa”，*Business & Politics*，Vol. 15，Issue. 4，2013.

〔5〕曹胜辉、徐杰：《条约监督机制与条约义务的履行》，载《外交学院学报》2000年第2期，第56页。

〔6〕谭艳：《〈禁止核武器条约〉：特征、目的和意义》，载《国际法研究》2020年第3期，第57页。

禁止核试验条约》规定了极为详细的核查机制但仍未生效。〔1〕《不扩散核武器条约》和《禁止化学武器公约》均规定了报告机制，缔约国有义务向履约监督机构报告自身的履约情况，如本国的核设施和核活动，或是向组织提交关于拥有、控制化学武器的情况。〔2〕与南极视察一样，军控和防扩散条约普遍规定了视察制度，这是由该领域的敏感性和政治性导致的，相关缔约国往往保存实力或掩盖相关活动而不如实申报，从书面报告上也无法得知真实情况，只能由相关人员亲自前往视察。〔3〕具体而言，《不扩散核武器条约》《禁止化学武器公约》和《全面禁止核试验条约》均规定了全面的视察活动。〔4〕但与南极视察相比，《全面禁止核试验条约》规定的核查机制更为细致、全面，对视察过程中发现的一系列违法行为的后果均进行了明确，即缔约方大会可根据执行理事会的建议，要求当事国纠正不遵约行为，如当事国未能满足该要求，则可限制或中止该缔约方的权利；如违约行为严重损害了条约的目的和宗旨，缔约方大会可建议各国根据国际法对该国采取集体措施，或视情况提请联合国予以关注；〔5〕或联合国安理会可根据集体安全机制使用武力制裁未履约而对国际和平与安全构成威胁的当事方。〔6〕与南极视察不

〔1〕 胡高辰：《〈全面禁止核试验条约〉遭遇特朗普政府冲击》，载《世界知识》2020 年第 15 期，第 73 页。

〔2〕 谭艳：《〈禁止核武器条约〉：特征、目的和意义》，载《国际法研究》2020 年第 3 期，第 57 页。

〔3〕 ［美］乔治·佩科维奇：《禁止核武器条约：接下来做什么?》，孙硕、张国帅译，载《国际安全研究》2018 年第 1 期，第 78 页。

〔4〕 郭晓兵：《〈不扩散核武器条约〉50 年回顾：得失、挑战与出路》，载《世界知识》2020 年第 11 期，第 73 页。

〔5〕 《全面禁止核试验条约》第 5 条。

〔6〕 Simpson J. , "Core Non-Proliferation Regime Problems-Non-Compliance and Universality", *John Wiley & Sons*, 2002.

同的是，这种核查措施要直接进入相关缔约方的领土，因而为保证其中立性不被滥用，这些条约也规定了严格的限定性措施。[1]比如规定核查的开展需要多数成员国同意，或获得执行理事会批准，受核查成员国也可以采取必要措施防止无关机密泄露。[2]军控和防扩散的国际条约直接与敏感政治挂钩，因而在实践中可能产生诸多问题，如“朝核”问题和“伊核”问题就经历了长时间的核查至今仍未解决。[3]

除部分国际公法领域的履约监督机制外，国际经济法领域的履约监督机制相对普遍。比如在国际贸易组织（WTO）体制中，《关于争端解决规则与程序的谅解》将磋商协商、调解谈判、执行等一系列规则融入国际经济法领域普遍存在的司法裁判机制，一并为解决履约问题提供了方法。[4]但不可否认，这是由国际经济法领域贸易纠纷政治性、主权性较低的客观状态决定的，因而目前其他传统国际公法领域并不存在这种履约监督机制。

（三）履约监督的实施方式

国际法上履约监督机制的发展有着明确而清晰的历程，国际劳工组织在20世纪初首先确立了履约监督机制，在第二次世界大战后逐渐在各热门领域快速发展，最终在国际法的一些领域中形成了具有特色的履约监督方式。[5]具体而言，这些国际

---

〔1〕谭艳：《〈禁止核武器条约〉：特征、目的和意义》，载《国际法研究》2020年第3期，第59页。

〔2〕Salisbury, Daniel, “Trade controls and non-proliferation: compliance costs, drivers and challengesa”, *Business & Politics*, Vol. 15, Issue. 4, 2013.

〔3〕陶文钊：《苏联解体后美俄管理核武器扩散的经验与启发》，载《国际关系研究》2018年第5期，第6页。

〔4〕马迁：《WTO争端执行的“合理期限”：问题及对策建议》，载《郑州大学学报（哲学社会科学版）》2011年第2期，第42页。

〔5〕魏庆坡：《美国宣布退出对〈巴黎协定〉遵约机制的启示及完善》，载《国际商务（对外经济贸易大学学报）》2020年第6期，第108页。

法领域中的履约监督机制通过不同方式实现。根据不同的标准，包括书面审查、实地调查、多边调查、双边调查、政治解决、司法解决等多种方式。本书将其归纳为“会议审议”“书面评估”“实地调查”“指责控诉”“司法解决”和“武装冲突”六种，侧重点各不相同，这与各种方式所处的国际法领域的特点息息相关。

第一种会议审议机制是履约监督机制中最基础也是最广泛的实现方式。履约监督的实现必然要求包括当事方在内的缔约方参与到具体的会议中，当事方进行陈述的同时必然要求其他各方对其进行讨论、审议，并最终确定其是否充分履行了条约义务，是否需要承担相关责任。会议审议是各方行使监督权的方式，并不会产生争议，然而这种普遍的实现方式也可能令当事方消极应对，导致一些实质性的内容并不会获得披露。本书研究的南极视察制度也存在会议审议机制。第二种书面评估机制也是履约监督机制中被广泛应用的实现方式。一般而言，当事国提供材料，由其他缔约国或履约监督机构进行评估，以判断其是否充分履行条约义务等。但这种书面评估多数情况下需要当事国提供材料，因而可能出现不如实提供或作假的可能，南极视察制度中也存在相关人员前往实地检查书面材料的情况，但并不普遍，多数情况还是由当事国提交再书面评审。第三种实地调查机制仅存在于传统的军控和防扩散条约中，本书研究的南极视察也存在实地调查环节。实地调查环节从字面理解可对应为核查（核实检查）或检查，但在军控和防扩散条约中存在“核查”（Verification）和“视察”（Inspection）混用的情况，但“核查”是指该履约监督机制，视察是指实地调查的环节，而南极视察制度中的“视察”则指整个南极视察制度，这里存在对“视察”广义和狭义的解释。[1]而实地调查大多数情况是针对敏感性强、政治性强的履约监督机制，目的是防止缔约国秘密地不履行条约义务却向履约监督机构提供虚假材料，因而需要派遣国际独立调查团或其他缔约国组成的调查团前往当事国亲自调查。[2]事实上，这种实地调查的方式不仅存在于军控和防扩散条约中，也不仅存在于南极视察制度中，回顾国际法的发展历史，如一些紧急性的突发事件也可能成立临时调查团进行实地调查，比如20世纪发生的多起武装冲突或生物安全事件，但实地调查成为明确规定的常设性履约监督机制在整个国际法的履约监督机制中却是少数。[3]第四种指责控诉程序可以由不同的开展主体进行，可以包括其他缔约国、履约监督机构或当事国的个人等。[4]这种控诉程序将未履约的当事方与引发职责控诉的一方对立起来，但由于该程序依然处于议事规则中，因而并非司法裁判模式。[5]指责控诉目前存在于人权条约中，因而人权领域也成了缔约国展开激烈交锋的场所。[6]这种机制会将未履约成员的具体情况以明确、清晰的方式公之于众，具有强烈的政治色彩，目前也没有在人权领域外的其他国际法层面得到应用。第五种司法解决程序从理论上说属于广义的履约监

---

〔1〕 参见《关于禁止发展、生产、储存和使用化学武器及销毁此种武器的公约》第2条定义和标准。

〔2〕 李宝林：《信任与遵守：〈不扩散核武器条约〉无核缔约国的核政策研究》，复旦大学2011年博士学位论文。

〔3〕 权芳敏、王欣宇：《满铁接待国联调查团内幕》，载《兰台世界》2011年第S2期，第146页。

〔4〕 蒲昌伟：《作为国际法实施新机制的不遵约机制新探》，载《哈尔滨师范大学社会科学学报》2016年第4期，第44~51页。

〔5〕 Duffy A., “Expulsion to Face Torture? Non-refoulement in International Law”, *International Journal of Refugee Law*, Vol. 20, Issue. 3, 2008, pp. 373~390.

〔6〕 Whiteman J., Nielsen C., “Lessons from Supervisory Mechanisms in International and Regional Law”, *Journal of Refugee Studies*, Vol. 26, Issue. 3, 2013, p. 386.

督机制，即在制度内无法解决履约问题而利用司法手段解决。[1]事实上，这种司法解决存在内部和外部两种方式，内部方式即条约内存在一个司法性的履约监督制度，而外部方式即依靠条约以外的，诸如国际法院等方式进行解决。司法解决并非上述履约监督机制的传统方式，而是无法在条约框架内部解决的情况下而又存在一定解决可能的情况。第六种武装冲突在履约监督机制中处于最后环节，并非一般履约监督机制的组成部分，仅存在于一些重要的国际法制度中，作为维护世界和平稳定的最后一环。[2]若当事国严重违反条约义务，经上述履约监督机制的方式无法继续履约，而条约义务又是国际法的基本义务，其行为违反国际法基本原则等，根据目前国际武装冲突法的规定可以由相关机构对其使用武力以迫使其履行条约义务。[3]

（四）履约监督的必要性

国际法的一大困局就是如何避免国际法主体对国际法规则的违反。违反规则本身会产生责任，但国家责任与一般的国内法中的法律责任完全不同，对待国家责任无法采用一般的法律措施进行惩罚，而且随着现代国际法的发展，国际法层面法律措施的范围也越来越狭窄，一些传统的非和平措施因不符合现代国际法规则而无法适用。[4]而一旦国际形势发生变化，又会发生新的违反国际规则的情况。这种情况在近 400 年的国际法

---

〔1〕 王惠茹：《国际法院判决遵行问题研究——机制、困境与完善》，吉林大学 2020 年博士学位论文。

〔2〕 何志鹏、魏晓旭：《武装冲突中国家责任的归因标准探究》，载《社会科学战线》2021 年第 3 期，第 195 页。

〔3〕 涂云新、Tao Y.，"On the Normative Structure of International Human Rights Treaties Monitoring Mechanisms and Its Legal Challenges"，*The Journal of Human Rights*，Vol. 4，2019.

〔4〕 Duffy A.，"Expulsion to Face Torture? Non-refoulement in International Law"，*International Journal of Refugee Law*，Vol. 20，Issue. 3，2008，pp. 373~390.

发展历程中周而复始，无论是在和平法还是战争法中，这种违反国际规则的情况均数次重复出现。两次世界大战标志着战前的国际法体系基本破产，在两次世界大战中均宣称中立的比利时也均被侵略。[1]第二次世界大战后，新的国际法体系建立，无论是苏联干预匈牙利还是捷克斯洛伐克，还是美国违法发动科索沃战争或伊拉克战争，这都表明了新的国际法体系依然没有走出国际法的困局。[2]作为国际法的主体，国家作为无形主体无法被彻底消灭或处以自由刑，因而承担国家责任仅能通过经济赔偿、道德赔偿或限制主权的方式进行，而这种惩罚只是暂时的，无法根除一个国家的负面属性。[3]

朝鲜核问题是20世纪90年代以来的一大国际问题。朝鲜于20世纪50年代开展核能研究，并于1974年加入国际原子能机构，随后又在1985年加入《不扩散核武器条约》[4]。在20世纪80年代末，美国依据自身的情报网络向世界公开朝鲜正在开发核武器的情况，由此，朝鲜核问题才进入全球视野并逐渐引发关注。[5]随着冷战结束，朝鲜与韩国在1991年12月31日签订了《朝鲜半岛无核化宣言》，并于1992年1月签订了《保障监督协定》。[6]为解决朝核问题，1994年6月，美国与朝鲜签

---

〔1〕 汤蓓：《规则制定与联合国维和部队武力使用》，载《世界经济与政治》2015年第3期，第104页。

〔2〕 张骏：《守成则无以拂远的困局——浅议“天下”观念与当代国际法秩序的兼容性》，载《历史法学》2016年第1期，第275页。

〔3〕 Akhtar S.，“National Responsibility and Global Justice”，*Ethics & International Affairs*，Vol. 23，Issue. 3，2009.

〔4〕 朝鲜已于2003年退出该条约。

〔5〕 王帆：《中国视角：朝核问题现状及解决途径》，载《和平与发展》2020年第1期，第3页。

〔6〕 안덕근:《무역구제조사상 국내산업피해 관련 인과관계 분석》，《통상법률》2009年总86卷。

订了《关于解决朝鲜核问题的框架协议》，依照该条约，朝鲜必须彻底关闭核项目并不再展开各种核试验，甚至核设施上将安装监控以供核查，同时美、日、韩则为朝鲜提供民用核技术及物资支持其和平利用核能。〔1〕至此，朝鲜核问题开启了长达30年的“拉锯战”，其间通过的协议无数，而朝鲜也已经进行了6次核试验，并多次违反联合国安理会决议。〔2〕对于朝鲜核问题，美国在2003年意识到条约得到遵守和执行才是解决问题的关键，于是将“完全的、可查证的、不可逆”（Complete Verifiable Irreversible Dismantlement，CVID）作为朝鲜无核化的目标，其中就涉及了条约的履行和监督问题。〔3〕在2003年至2017年间，六方会谈断断续续，朝鲜的核反应堆也拆拆建建，而朝鲜也相继完成了6次核试验。〔4〕这也说明了对于当时的朝鲜核问题，一系列国际法机制的调控效果有限，并没有很好地执行条约内容，而且各方在监督机制上争论不断。2018年，美国时任国务卿彭佩奥在5月2日的就职演说中首次提及“PVID”，即“永久性的、可查证的、不可逆”（Permanent Verifiable Irreversible Dismantlement，PVID），以此作为新的解决朝鲜核问题的战略。〔5〕将“完全”改为“永久性”显示出美国将根除朝鲜未来重启核

---

〔1〕 Mibae，Taisuke，“The North Korean Issue：Points to Be Considered at This Juncture”，*Harvard Asia Pacific Review*，Vol. 9，Issue. 2，2008，p. 51.

〔2〕 马晶：《美朝新加坡峰会后的半岛局势：现状、挑战与应对》，载《东疆学刊》2020年第1期，第54页。

〔3〕 阮建平、方旭峰：《历史与社会视域下朝鲜拥核动机再探析》，载《延边大学学报（社会科学版）》2019年第6期，第8页。

〔4〕 张慧智：《特朗普政府对朝核问题的危机管理及前景研判》，载《东北亚论坛》2020年第3期，第35页。

〔5〕 Reuters，“As Trump visits State Department，Pompeo says North Korea must denuclearize”，https://www.reuters.com/article/us-northkorea-missiles-usa-pompeo/as-trump-visits-state-department-pompeo-says-north-korea-must-denuclearize-idUSKBN1I3273（Last visiting date：15 March 2021）.

开发的可能性，而这也表明了在将来达成的朝核协议必须得到永久的履行，而不能再被违反。美国在朝鲜核问题上的战略显示出对国际法困境的捕捉和修正，但接下来的朝美直接谈判却并不顺利，再加上随后在全世界范围内发生的严重疫情，美国新的朝鲜无核化目标的实现时间还不得而知。〔1〕

现代国际法的发展一直伴随着全球化的进程。〔2〕第一次世界大战开启了现代国际法的发展，同时也是全球化加快的开始。〔3〕与第一次世界大战涉及的范围相比，第二次世界大战涉及的范围扩大到全世界，而联合国和其他各个国际领域组织机构的建立则全面开启了全球化进程。〔4〕苏联解体后，以美国为首的超级大国，围绕其盟国，构成了20世纪90年代至今的世界格局，全球化也进入了快速扩张和深化时期。〔5〕进入21世纪以来，随着世界多极化趋势的不断加强，全球化带来了国际法主体之间的更多冲突，第二次世界大战以来建立的国际法体系受到了诸多挑战，尤其是在经济领域，新自由主义下的全球格局在近几年遭遇了严重危机，并已经延伸到了政治领域，并导致了一些传统的国际法制度安排正在受到削弱或质疑，更有一些制度已经存在消减或瓦解的情况，而这背后的原因实际上是世

---

〔1〕 刘天聪：《拜登政府将怎样对待朝鲜》，载《世界知识》2021年第2期，第26页。

〔2〕 Berman P. S.，"From International Law to Law and Globalization"，*Social Science Electronic Publishing*，Vol. 43，Issue. 2，2005，p. 499.

〔3〕 Aginam O.，"Bio-terrorism，human security and public health：Can international law bring them together in an age of globalization?"，*Medicine and law*，Vol. 24，Issue. 3，2005，p. 458.

〔4〕 Benvenisti E.，Hirsch M.，"The Impact of International Law on International Cooperation：Compliance with international norms in the age of globalization：two theoretical perspectives"，2004.

〔5〕 刘德斌：《国家形态与国际领导权》，载《复旦国际关系评论》2020年第2期，第4页。

界政治与经济制度内在矛盾的集中爆发，呈现出人类文明发展的“内卷化”。〔1〕

国际法的发展离不开世界形势和各国国内形势的变化，在当今主流国家中，右翼势力急剧增长，其反对开放、反对全球化、反对承担更多的国际责任。在国际法层面，右翼势力对加入国际条约或国际法体系安排持更为保守的态度，并重新审视之前已加入的国际条约或国际组织，也出现了退出的情况。〔2〕而同时，一些主流国家左翼思潮也有抬头趋势，其采取更激烈的全球环保或开放包容态度，导致了更严重的社会撕裂。〔3〕在国际法层面，新的制度安排将采用更高的标准，而具有更低的开放性和包容性，这一方面将减少新制度的成员数量，但却为新制度增加更严格履约和监督机制提供了空间。〔4〕在全球化的解构与再建构的过程中，现行国际法体系受到了前所未有的冲击，直接表现为一些国际法制度的消减、争端解决方式的失灵，从而导致目前的国际法制度面临形式化风险。〔5〕作为国际层面调整国际法主体之间关系，明确权利义务，维护世界和平稳定秩序的规则，国际法随着全球化的进行，或是人类文明的发展，需要作出及时的调整，其与国内法相比将受到更多的外在因素影响。解决国际法的现实困局，保持其长久的生命力而不被逐

〔1〕 赵思洋：《自由主义国际思想：从国际关系理论回到思想史》，载《史学月刊》2021 年第 1 期，第 15 页。

〔2〕 焦一强、王四海：《美俄退出〈中导条约〉及其对欧洲安全与地缘政治的影响》，载《俄罗斯研究》2020 年第 5 期，第 124 页。

〔3〕 林红：《“失衡的极化”：当代欧美民粹主义的左翼与右翼》，载《当代世界与社会主义》2019 年第 5 期，第 116 页。

〔4〕 彭岳：《中美贸易战的美国法根源与中国的应对》，载《武汉大学学报（哲学社会科学版）》2021 年第 2 期，第 149 页。

〔5〕 聂志红：《经济全球化的实质解构》，载《当代经济》2008 年第 15 期，第 141 页。

渐消减，这将成为国际法学界今后的工作重点，而这一过程可能将持续几十年之久。[1]目前，国际法最突出的问题就是现实规则已逐渐不被国际法主体所遵守，一方面这是由于一些国际法主体违反国际法义务却不受到制裁，另一方面则是由于一些国际法已经脱离实际。[2]南极国际法制度中的问题主要表现为前一方面原因，因而，适时调整南极条约体系中的规则，对其进行丰富和修改，继续保障现有的获得公认的南极制度得到遵守，将是南极区域国际法制度发展的重点。[3]

在现实层面，国际法的局限性也要求一个履约监督制度的存在，并要求国际法制度建立一个履约监督机制对其进行弥补和修正。[4]综合而言，现代国际法制度的一些局限性要求国际法必须存在履约监督制度，这些局限性体现在以下几个方面：首先，各大利益团体之间存在激烈对抗。不同的国家、国际组织有着不同的利益诉求，经常会以“抱团”的方式组成利益团体，而不同的利益团体互相之间又经常进行对抗，在同一问题上持不同的法律立场或解释思维，这仅仅是众多对抗形式中比较温和的表现之一；[5]而为了自身利益试图阻止国际法生效或决议、措施的通过则更加普遍，甚至一些国家会依仗自身的国际地位而对其他国家或国际组织进行威胁，以换得对自身利益的

---

〔1〕 黄惠康：《习近平关于国际法治系列重要论述的核心要义》，载《武大国际法评论》2021年第1期，第29页。

〔2〕 李鸣：《国际法的性质及作用：批判国际法学的反思》，载《中外法学》2020年第3期，第820页。

〔3〕 Rothwell D. R.，“Sovereignty and the Antarctic Treaty”，*Polar Record*，Vol. 46，Issue. 236，2009，pp. 17~20.

〔4〕 韩逸畴：《国际法中的“反事实推理”：作用与局限》，载《现代法学》2018年第1期，第172页。

〔5〕 曲双石、谭琦：《国际组织效率评价模型分析》，载《IMI研究动态》2016年合辑。

保障。[1]除了在国际会议或会面中的对抗外，“场外”的“暗斗”更加明显，相关利益团体往往会采用“超限战”的方式，在符合国际法规定的范围内进行施压或报复，这种方式不但难以和“反报措施”相关联，反而更具有隐秘性，但却从另一方面反映了各大利益团体之间在国际法制度层面的激烈对抗。[2]目前，大部分国际组织采用与民主政治类似的运作模式，以广泛协商、民主投票等已有的国内议会政治方式进行决策，其权力机关类似于国内政治中的议会，因而其优缺点也被一概移植到国际组织中。[3]政治分党派是无法避免的，而国际组织分为各大利益团体不断妥协对抗也是正常的，但目前，所有的政府间国际组织中并没有出现任何特殊的运作模式，甚至是其国内并未采取该种议会政治的国家也需要接受该套规则以同样的方式参与国际组织，因而目前这种激烈对抗会发生在各种场合，一些突发的国际冲突背后可能是各大利益集团在场外的博弈争斗。[4]其次，各国均以本国利益为核心。[5]主权理论至今依然是国际法的基础之一，国际法主体下，主权国家相对于政府间国际组织具有更重要的地位。[6]根据传统代议制民主的逻辑，

---

〔1〕 张雪：《国家与政府间国际组织的互动关系研究——基于“委托—代理”理论》，吉林大学2019年博士学位论文。

〔2〕 Yusuf Özer, “The Changing Character of War: Hybrid War in Theory and Practice”, *Güvenlik Bilimleri Dergisi*, Vol. 1, 2018.

〔3〕 罗杭：《国际组织决策的智能体计算实验——以欧盟成员构成演变与决策机制变革为例》，载《世界经济与政治》2020年第7期，第135页。

〔4〕 罗杭：《国际组织决策的智能体计算实验——以欧盟成员构成演变与决策机制变革为例》，载《世界经济与政治》2020年第7期，第137页。

〔5〕 Muthke T., Holm-Mueller K., “National and International Benefit Transfer Testing with a Rigorous Test Procedure”, *Environmental & Resource Economics*, Vol. 29, Issue. 3, 2004, p. 331.

〔6〕 葛淼：《全球化下的国际法主体扩张论》，载《政法学刊》2018年第6期，第39页。

政府作为民选代表代表人民利益，具体而言，就是以保障自身领土安全，实现社会发展为目的，而促进世界发展或其他目的则并非民选政府的主要目标。[1]而资源的稀缺和国家实力的不均就导致每个国家不可能以同样的标准维护自身利益，也不可能实现同样的理想效果。在这种情况下，各个国家将自己的利益放置于其他国家甚至全人类整体利益之上实质上是多数国家的选择。[2]主权国家虽然有人为划定的边界，但在现实中这种边界具有三重性：其一，这种边界只对人有效，而对人无法控制的物质无效，如疾病、动物、污染物等；其二，这种边界的有效性取决于政权的有效性，国内政权出现管理缺失则这种人为边界也会出现问题；其三，随着全球化的发展，部分边界出现了消解趋势。[3]因而，边界并不能有效防止危机的蔓延。事实证明，越来越多的点状危机可以演变为区域性或世界性危机，而本身就是区域性或世界性的危机则完全突破了边界。[4]主权国家的存在需要有明确的边界，无论在边界是否存在管控，但单独的主权国家无法应对区域性危机，主权国家集团也无法应对世界性危机。[5]从基本的法律理论上说，违反义务会导致责任，法律的实施应有必要的监督机制，责任的产生需要相关的惩罚机制，但由于国际的“无政府状态”，该模式不能在国际法制度上

---

〔1〕史春玉：《代议制政府作为一种混合政体——评〈代议制政府的原则〉》，载《政治思想史》2020年第3期，第185页。

〔2〕刘贞晔：《全球治理时代全球利益与国家利益的调适》，载《社会科学》2015年第1期，第16页。

〔3〕初冬梅：《西方政治地理学对边界问题的研究》，载《中国边疆史地研究》2017年第3期，第165页。

〔4〕林灿铃：《边境地区环境问题的法治之道》，载《政法论丛》2017年第2期，第105页。

〔5〕张巧运：《民族—国家的边界、中心和关系——从〈想象的共同体〉看民族主义的困境和消解之道》，载《民族学刊》2016年第1期，第56页。

完全实现。[1]

目前，国际法上缺乏行之有效的监督与惩罚机制，具体而言，全球国际法制度中目前存在的国际法院、国际刑事法院、国际海洋法法庭等一系列得到公认的国际法司法解决机制，或其他国际私法和经济法领域的争议解决机构，并不能覆盖所有国际法律制度，从空间上说，部分地理区域（地球上或地球外）的争端无法在目前的国际司法机构中解决；从领域上说，部分国际法领域的争端目前不存在司法解决途径。除司法解决机制的覆盖程度外，司法解决的权威性和完整履行也存在严重问题。[2]目前，国际争端的司法解决途径虽然获得了绝大多数国际法主体的认可，但存在的问题可以表现为以下两方面：其一，一些国际法主体作为司法案件的参与者不尊重裁判或不履行国际义务，一旦裁判结果对自己不利，则会寻找理由质疑裁判结果的合法性或正当性；[3]其二，一些国际法主体有选择性地参与或者根本不参与国际争端的司法解决机制，在现行国际法中这是普遍存在且合法的情况，但这些国际法主体主动排除国际争端解决机制中的司法解决途径依然在某种程度上对争端解决机制整体产生了影响。[4]而由于国家之间的平等关系，国际法制度无法建立一个"强制执行"程序来保证国际法的彻底实施，因此许多国际法制度为了保证国家的遵守只能以牺牲其标准作为

---

〔1〕 Kashefi, Sirus, "Legal Anarchism: Does Existence Need to Be Regulated by the State", 2016.

〔2〕 Bogdandy Armin Von, I. Venzke, "Beyond Dispute: International Judicial Institutions as Lawmakers", *German Law Journal*, Vol. 12, Issue. 5, 2011.

〔3〕 王惠茹：《国际法院判决遵行问题研究——机制、困境与完善》，吉林大学2020年博士学位论文。

〔4〕 刘衡：《论强制仲裁在国际争端解决中的历史演进》，载《国际法研究》2019年第5期，第35页。

代价，即使发生相关国家违反国际法义务的情况，如果该国不愿主动履行也束手无策。[1]针对此问题，联合国等多边组织一直试图通过国家间的合作解决问题，但大多制裁措施并不能彻底解决问题。[2]这就导致了三方面的后果：首先，一些国家利用国际法监督惩罚机制的缺失一再违反国际法义务，即使受到制裁也毫不妥协；其次，一些国家私自对违反国际法义务的国家进行军事威胁或军事行动，这种行为在某些程度上又是另一种对国际法义务的违反；最后，前两种情况的背后往往存在着各方对国际法问题的不同观点、不同理解，这更进一步加剧了后果的恶性循环，导致违反国际法义务和私力救济的剧增，在某种意义上影响了现代国际法制度的运转。[3]

三、南极视察的特征与要素

作为南极履约监督活动的重要组成部分，南极视察制度与其他的国际法制度不同，具有以下特征。根据不同种类的南极视察，要素也有所区别。

（一）南极视察的特征

南极视察的特征分别是：双重特殊性、全程国际性、监督全面性、管辖属人性、履约监督中立性、衔接复杂性。这些特征构成了南极视察制度与其他国际法制度的区别，也构成了南极履约监督活动与其他国际法领域履约监督活动的区别。

---

〔1〕 Rothwell D. R.,"Sovereignty and the Antarctic Treaty", *Polar Record*, Vol. 46, Issue. 1, 2010, pp. 17~20.

〔2〕 Bogdandy, Armin Von, I. Venzke, "Beyond Dispute: International Judicial Institutions as Lawmakers", 2011.

〔3〕 赵骏、谷向阳：《国际法中"权威学说"功能的流变与当下意义》，载《太平洋学报》2020年第7期，第3页。

1. 双重特殊性

南极视察具有双重特殊性，一方面是规制区域的特殊性。南极区域目前并非地球上的一般主权地区，也并非人类共同继承遗产，其主权处于冻结状态，主权声索各国无法完全直接依据国内法在南极进行属地执法活动，其他在南极进行活动的国家也是根据相关的国际条约进行活动，国内法只能约束本国国民，目前生效的南极区域的国际条约均排除了属地管辖，这些国家只得依靠国际法行使南极视察权检查违法行为。〔1〕南极视察制度作为南极区域法律制度的一种，其上位法为南极法，而目前国际法的领域划分大多以不同法律部门和问题为标准，并不存在纯区域层面的划分，因而南极视察制度囊括了不同的法律部门和不同的国际法问题，形成了内容庞杂的南极区域法律制度。另一方面是规制模式的特殊性。南极视察制度又属于国际法履约监督制度，但与国际法其他履约监督机制相比，南极视察不是单纯对于国际法某个领域的视察，而是囊括了和平利用、环境、资源开发等多方面内容，视察方式多种多样，与国际法中一般存在的履约监督机制相比存在特殊性。双重特殊性导致南极视察制度在学术研究层面的混乱，对于分类标准、定义等产生了很大分歧，究其原因是其上位概念的双重性导致的。

2. 全程国际性

除根据国内法由国家进行的南极视察外，其他几种南极视察均具有国际性，体现在准备、进行和审议的全程阶段。首先，对南极视察准备阶段观察员的选择具有国际性，观察员是由相关国际条约的缔约国，或者是国际组织进行选择，从选择依据到选择主体，再到选择对象均具有国际性，作为视察依据的材

〔1〕 董跃：《国际海事司法中心建设应当关注的若干海洋权益问题》，载《人民法治》2017 年第 5 期，第 50 页。

料和文件均由相关国际组织或国际条约机构拟定；其次，南极视察进行时针对不同国家的不同南极设施，并不按照国别原则进行，无论是《南极条约》下的南极视察还是其他国际组织进行的南极视察，来自不同国家的观察员均会对各国的南极设施进行视察，具有完全的国际性；最后，在南极视察的审议阶段，相关的国家或国际组织会对视察报告进行审议并提出意见，受视察的国家会接受不同国家或不同组织的问询。[1]

3. 监督全面性

南极视察作为一项履约监督、执法监督机制实现了对南极活动的全方位监督，这体现在以下几个方面：首先，南极视察在于监督相关国家的南极活动，无论是商业性的还是非商业性的，无论是官方政府进行的还是国内企业进行的，无论是企业或机构进行的还是自然人进行的，对活动种类的监督都具有全面性；其次，南极视察的对象囊括了载具、驻地及相关设施，既包括大型的设施，也包括小型的电力、废物处理系统，还包括进行相关活动的流程等，视察内容也具有全面性；[2]最后，南极视察的效力涉及了条约外的第三国，其监督对象包括所有国家或组织在南极的活动和设施，无论其国家是否是南极条约当事方。[3]

4. 管辖属人性

南极视察过程中如果发现相关违反条约义务的情况，进行南极视察的观察员仅负责记录和纠正相关的违法行为，或是事

---

〔1〕 屠景芳：《南极视察机制探究》，载《复旦国际关系评论》2017年第2期，第175页。

〔2〕 屠景芳：《南极视察机制探究》，载《复旦国际关系评论》2017年第2期，第175页。

〔3〕 高威：《南北极法律状况研究》，载《海洋环境科学》2008年第4期，第383~386页。

后将违反条约义务的情况在其官网或相关媒体进行曝光，对违法行为的管辖则由其本国根据属人原则进行管理，相关的国际机构和组织也仅负责将违法行为向相关国家通报，并无对其直接处罚的权力。[1]对于在南极活动人员的违法行为，国籍国会根据国内法对其进行惩处。南极视察在管辖方面的属人性在于其监督主体和处罚主体并不是同一个国家，甚至并非是有官方联系的条约机构或国际组织。因此，目前很难找到相关国家对在南极违反条约义务所进行处罚的案例。

5. 履约监督中立性

南极视察的履约监督活动具有完全的中立性。与其他国际法制度不同，在南极视察制度中更多的是为了实现条约目的而进行的监督和报告，其中较少地存在国家群体之间政治斗争的情况，整个履约监督过程更多地依照已有规则进行，视察方和被视察方的关系也相对融洽。履约监督中立性的原因有三个：其一，南极区域生态脆弱的特征和地理特征直接导致其无法成为一片充满国际激烈物理竞争的大陆，相关国家根据物理区域划出的“地盘”在实际管理中实用性不高，建设设施或者派驻人员看管等方式的竞争在南极区域不普遍、不实用，由于情况特殊，保护好南极环境，避免其成为一些国家利用的工具成为世界共识，南极生态环境得到妥善保护对全球生态环境甚至政治环境都极为重要；[2]其二，南极视察制度本身的机制构建比较特殊，在国际层面，视察方和被视察方均由相关的条约机构或者国际组织确定，相关国家无法凭借自身力量决策重大问题，

---

〔1〕 陈力：《论我国南极立法的适用范围》，载《复旦学报（社会科学版）》2020 年第 3 期，第 195 页。

〔2〕 刘惠荣、齐雪薇：《设立南极海洋保护区的法律困境与出路：兼谈中国的应对》，载《海洋开发与管理》2021 年第 4 期，第 2 页。

在国内层面，视察效力仅及于本国国籍人员，无法实现国际法层面的效果；其三，南极视察制度的参与要求比较高，要求相关的国家或主体有能力开展南极活动，这就已将许多国家和群体排除在外，开展南极视察的主体必然有着对南极事务相似的看法，相关的南极活动有赖于各方的合作，南极治理层面各方利益相对一致，因而也保证了履约监督的中立性。〔1〕

6. 衔接复杂性

南极视察制度与其他国际法制度具有一定的衔接，这种衔接因其制度的重合和地理界限的重叠而复杂。南极条约体系整体覆盖了南极大陆和整个南大洋区域，甚至其区域可以延伸到南纬60°以北，这就涉及与《联合国海洋法公约》等国际条约以及相关国家的专属经济区和大陆架法律的重合的问题。〔2〕总体而言，这种衔接包括两部分，一方面，在地理层面上，南极条约体系下的南极视察制度与南大洋边缘区域的国际组织或国际条约机构的视察制度存在重合，本书所研究的整个南极区域特殊的法律制度，其规制范围如何与国际法的一般性规制中有关全球海域及动植物保护的内容进行衔接是一个复杂的问题；〔3〕另一方面，在法律制度层面，国际法及其他本书涉及的南极视察机制与南大洋以内或边缘以北部分主权国家的国内法中规定的履约监督制度存在嵌套，在法律层面的规制方式类似但规制主体及效力均不相同，这些法律与南极视察制度虽然并非必然存在冲突，但是目前却没有任何的国内法或国际法对其进行区

〔1〕刘惠荣等：《“南北极国际治理的新发展”专论》，载《中国海洋大学学报（社会科学版）》2019年第6期，第10页。

〔2〕陈力：《论南极海域的法律地位》，载《复旦学报（社会科学版）》2014年第5期，第152页。

〔3〕刘唯哲：《〈联合国海洋法公约〉对南极海域争端的影响与启示》，载《中华海洋法学评论》2020年第3期，第61页。

分或剥离，因而实践中存在重叠和衔接问题。

（二）南极视察的要素

总体上，南极视察的要素主要可分为人员、依据及对象三个方面。对南极视察的人员，要分析其国籍、身份、职权等；南极视察的对象，即南极视察过程中视察的目标；南极视察的依据是指进行南极视察所根据的法律或者规范性文件。

1. 南极视察的人员

南极条约体系下的南极视察构成了整个南极视察制度的主体，而《南极条约》下的南极视察将进行视察的人员统称为“观察员”（Observer, Inspector），相关观察员组成的团体被称为“代表团（观察员团或观察团）”（Observer/Inspection team）。观察员一般由相关国家的政府官员组成，此外还包括生态环境、法律等领域的专业人士。南极条约体系下的南极视察由南极条约当事方派出本国人员进行视察，并不以国籍进行划分。南极视察观察员的选派完全由进行视察的相关国家负责。迄今为止在已进行过的59次南极条约体系下的南极视察中，共有23个国家曾派遣本国人员参与，其中对南极提出或曾经提出主权声索的10个国家均参与过南极视察，美国作为《南极条约》的主导者参与过多达16次的南极视察。[1]而相关国家依据国内法进行的南极视察大多会派出本国负责南极事务的行政官员，或者根据其国内法规定由司法机关进行指派。其他的国际组织在进行视察时也会派遣相关的人员，但更具有随意性，人员组成可能

〔1〕 23个国家包括：阿根廷、澳大利亚、比利时、巴西、智利、中国、捷克、芬兰、法国、德国、意大利、日本、韩国、荷兰、新西兰、挪威、秘鲁、俄罗斯、南非、西班牙、瑞典、英国、美国。其中，阿根廷（5次）、澳大利亚（9次）、巴西（1次）、智利（5次）、法国（3次）、新西兰（5次）、挪威（5次）、俄罗斯（3次）、英国（8次）、南非（1次）、德国（3次），其中南非和德国曾经提出过主权声索，现已收回。

由国际组织内部工作人员、专家学者、志愿者，在非政府组织中，甚至可能派遣热衷于环境事业的其他人员组成，人员派遣也不会根据国籍进行划分，具有完全的国际性。

2. 南极视察的依据

由于南极视察种类的不同，南极视察的依据也不一样，根据不同的分类方式，可以将南极视察的依据分为一般国际法文件和特殊国际法文件、有拘束力的法律和无拘束力的规范性文件，国内法律或规范性文件和国际法及相关规范性文件，政府间国际组织下的一系列具有法律拘束力的文件及非政府组织的文件等。总体上，南极视察的依据包括以下几大类：第一类，南极条约体系下的国际条约及附属的决议、措施、决定、养护措施，以及其他规范性文件；第二类，一般性的适用于南极区域的国际性的国际法文件；第三类，相关国家国内法中对南极视察制度的规定，包括将国际法规定纳入或转化为国内法的规定，国内法律形式体系下有关南极视察的规范性文件，相关管理部门内部对南极活动的管理规章和行为规范，开展南极活动群体内部的自身的有关南极视察的管理规范等；第四类，进行南极视察的国际组织内部的各类规范性文件，包括其自己制定的制度规章、视察列表等。[1]除此之外，一些并无拘束力，甚至并不明确且有争议的报告或学术成果也可能会成为南极视察的潜在依据而被相关激进的非政府组织利用。

3. 南极视察的对象

根据南极条约体系中不同的法律文件、南极视察国家国内法的相关规定，以及相关开展南极视察国际组织的文件，南极视察的对象可被分为物品、行为、文件三大类。物品主要包括

---

〔1〕 陈力：《论我国南极立法的适用范围》，载《复旦学报（社会科学版）》2020 年第 3 期，第 192 页。

相关国家和组织在南极建立的科考站，科考站内的建设材料、管道线路、废物处理设施、环保设施、燃料以及能源设施也被包含在内；还包括视察人员使用的载具，包括车辆、飞机以及船只；除了科考站及其周边的物品外，视察的对象还包括相关国家和组织在南极陆地及海域所设立的港口、避难所、遗迹、应急设施及渔获物等。行为是指相关国家、组织以及个人开展的南极活动，主要包括科研、执法、环境保护、捕捞、运输、旅游等，这些活动的开展者可能是政府，也可能是根据政府授权的国内机构，还可能是政府间或者非政府间的国际组织，还包括进行上述活动的自然人。文件是指相关国家、组织，以及在南极区域活动的相关群体人员所拥有的文字或图片材料，包括电子或非电子版本，包括数据或一般材料，包括可受视察的通信信息以及法律规章、行为规范等。

南极视察中对上述对象视察的主要目的是要求其行为符合南极条约的规定，或者符合相关国家国内法或相关国际组织的规范。具体而言，这些规范主要集中于和平利用（非军事化、非核化）、环境保护、资源开发三个方面，而随着世界局势的稳定，环境保护和渔业资源养护越来越成为各个组织和国家重点关注的问题，南极视察的内容也逐渐集中于环境保护、渔业资源养护及旅游活动规制等方面。〔1〕

四、南极视察与南极检查、南极监督

南极视察制度在国际法层面属于国际法的履约监督制度，而在国内法层面如上部分所述存在三种规定模式，这三种模式的前两种属于对国际法的纳入、转化及配套的程序性规定，而

〔1〕 李雪平：《人类命运共同体理念的南极实践：国际法基础与时代价值》，载《武大国际法评论》2020年第5期，第1页。

第三种模式并非国际法的履约监督机制，而是纯国内法层面的执法监督机制。前两种模式在国内法层面与国际法的联系并不存在争议，而第三种国际法上的南极视察存在很多理论争议，由于纯粹属于国内法，部分学者曾在中国南极立法上将其翻译为南极检查、南极监督。由于学界目前对南极履约监督缺乏研究，而且在南极视察中存在各种中文用词的混乱和不确定性，因而需要彻底从概念和法律渊源上分析这三个制度的区别和重叠，以确定南极视察在南极履约监督制度中的地位。

（一）南极视察中的履约监督与执法监督

南极履约监督活动是整个南极法律体系中除立法和司法活动外的环节，对一般的法律活动起到保障作用。同样，南极履约监督活动也保障整个南极法律的有效执行，防止相关主体违反义务，并针对违法主体进行制裁。所谓南极履约监督，实际上是国际法层面的履约监督机制，即本书探讨的南极视察，但国内法层面因为不存在国际条约，因而上文所述的国内法南极视察则被称为南极检查，并存在用词上的理论争议。本书认为，无论是南极履约监督或是南极执法监督，均属于南极视察制度，仅在国际法和国内法层面表现不同，其实施流程、目的等均一致，各国南极立法中规定的用词也均与国际法层面的南极视察一致，均为“Inspection”或“Observation”。由于南极视察大部分是指国际法层面的南极视察，因而本书提及的南极视察一般专指国际法层面的南极视察，上文将南极视察作为国际法履约监督机制在南极区域的表现也是指国际法层面的南极视察。

根据现有的南极国际法和国内法规定，南极视察主要由两方面组成，分别是国际法和国内法上的南极视察，后者又被称为南极检查。其中，国际法层面的南极视察是南极履约监督制度的体现，属于国际法层面的南极履约监督机制，规定在南极条约体系下的国际条约以及一些南极区域的政府间和非政府间组织的相关规定中，并经过了很长时间的实践。而国内法层面的南极视察被称为南极检查，在南极区域进行活动的国家根据其国内法对进行南极活动的人员和组织进行检查、监督的活动，存在于相关国家的国内法中。因此，南极视察的体系由国际法和国内法两部分组成，外部履约监督是主要组成部分，存在于国际法，而内部执法监督是次要组成部分，存在于国内法。由于大部分国家并非南极区域的主权声索国，其进行的南极视察大多集中于国际法层面，因而目前所有学界研究的南极视察均是国际法层面的南极视察，提及南极视察均会默认为是完全的国际法制度。以南极条约体系下的南极视察机制为例，目前南极条约体系下的国际法主体均参与南极视察活动，而并非均参与国内法层面的南极检查。

（二）南极检查与南极监督

南极检查与南极监督是国内法中的南极履约监督机制，国内法层面的南极视察即南极检查，该用词首见于学界对于南极立法中所有执法监督、履约监督制度的划分，将其与国际法层面的南极视察并列。总体而言，这两种南极执法监督制度是对本国进行南极活动的组织和人员进行的检查和监督，并不是对其他国家或组织进行的南极活动进行的监督，其实施主体是国家权力机关，具有完全的内部性，因而存在理论争议。本书通过研究其用词、目的等内容，发现其与国际法层面的南极视察区别仅在于实施主体，即属纯粹的国内法行为，因而将其作为南极视察制度的国内法表现。

1. 南极检查

南极检查是指相关国家的行政部门，根据本国的法律或规定，对派出进行南极活动的组织或人员进行监督，检查其活动是否符合其国内法或相关规范性文件的执法监督制度。南极检查存在于国内法中，属于相关国家国内执法监督制度的组成环节，虽然其国家的组织或人员在南极进行活动，但根据属人原则，其国内执法监督机构依然有权对其活动进行监督。虽然除国内法层面，南极检查依然存在于国际法领域，但本质上是相关国家或组织自身的执法监督机制，因而并不具有任何外部因素。目前，学术界对于该种南极履约监督制度没有任何研究，而中国目前也没有明确的规范性文件对该制度进行规定，其存在于广义上的国内法行政监督体系。

2. 南极监督

南极监督是指派出进行南极活动组织或人员的机构，对自身人员进行监督的行为。某些国外学者将其称为“自我约束检查机制”(Inspections that form part of Self-Regulation Mechanisms)〔1〕，并将其归入南极视察的一种。由于南极监督是完全封闭性的行为，属于自我监督范畴。一般而言，在中国的执法监督体系下，南极监督类似于监察或督察制度，是行政部门自查的一种形式。在南极执法监督制度下，南极监督是除国际法层面南极视察及国内法层面南极视察（南极检查）外的保证南极活动合法性的最先屏障，也是名义上普遍存在于任何南极活动组织或人员中的一种监督机制。此外，在国际法层面，部分政府间国际组织、非政府间国际组织或国际条约机构也具有自身独立的执法监督机构，以对自身的南极活动进行监督。〔2〕这种国际组织或国际条约机构根据自身规定检查自身南极活动的行为属于组织内部

〔1〕 Bastmeijer, C. J. , “Implementing the Antarctic Environmental Protocol: Supervision of Antarctic Activities”, *Tilburg Foreign Law Review*, 2004 (11), p. 352.

〔2〕 Stephens T. , Alan D. Hemmings, “The extended continental shelves of sub-Antarctic Islands: implications for Antarctic governance”, *Polar Record*, Vol. 46, Issue. 4, 2010, pp. 312~327.

运转监督的一部分，在本书中并不着重讨论。目前，国内外学界对于南极监督没有任何研究成果，基于本书的主题，在此不作深入探讨，仅将其与南极视察作明确区分。

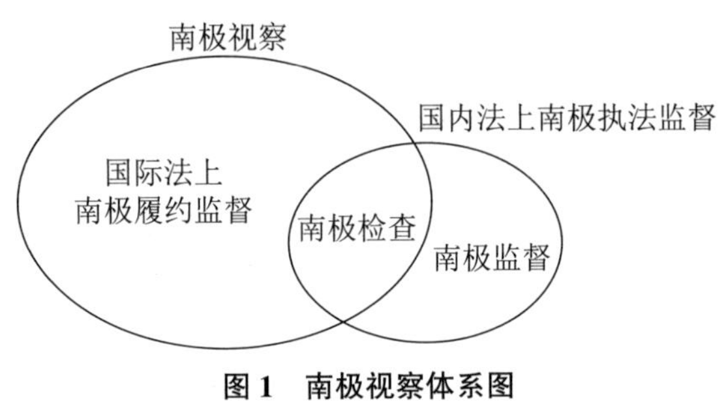

图1　南极视察体系图

第二节　南极视察的分类与法律文件

由于整个南极视察制度包括分布于不同国际条约、国内法中的多种南极视察机制，因而按不同的分类标准可以将南极视察分为不同的种类。由于国际条约往往基于对南极区域治理不同维度、领域的关注，因而在国际法层面的分类方式可以简单以南极区域的不同维度、领域进行划分，而在国内法层面由于其关注南极治理的诸多方面，南极立法往往以南极区域为准囊括不同的部门法进行编纂式立法，且不同国家立法方式、水平不一，因而不能单纯以南极治理领域为标准对其进行分类。[1]南极视察的法律文件则大致包括了国内法和国际法两个层面内容，国际法渊源主要是南极条约体系下的各类国际条约，这些国际条约组成了南极视察法律文件的核心；而国内法依据主要

〔1〕郭红岩：《南极活动行政许可制度研究——兼论中国南极立法》，载《国际法学刊》2020年第3期，第52页。

是相关国家根据国际条约对南极视察内容的纳入和转化，以及部分与南极视察配套的行政性、程序性规定，部分国家也规定了根据自身国内法进行的南极视察。此外，一些具有国际法效力的规范性文件也构成南极视察的法律文件，其中，一些规范性文件的效力还有待商榷，但本书暂且将其归为南极视察的法律文件。

一、南极视察的分类

对南极视察的分类需要根据不同的标准进行，具体而言，南极视察可以根据是否具有法律拘束力，是国内法、国际法，或根据南极治理维度的不同进行划分，第一种划分方式将南极视察制度中的非政府组织视察与其他主体进行的视察进行了区分；第二种划分方式将国际法层面的南极视察与规定南极视察相关规定的国家国内法进行了区分；第三种划分方式则以南极治理为框架，打乱不同南极视察主体，基于不同南极视察机制的关注领域进行分类。实际上，这三种分类方式并非完全不同，不同的国际条约关注南极治理的不同层面，以不同的法律文件进行分类，而不同非政府组织关注的南极治理层面也不同，因而其内部不同的南极视察机制也可以根据第三种方法进行分类。由于本书囊括了目前南极视察制度中所有主要机制及具有代表性的非政府组织南极视察机制及国内南极立法南极视察内容，因而分类将结合这三种标准，以法律文件为指引，对不同的南极治理领域进行区分、对比。

（一）依视察内容目标

如上文所述，南极治理层面上的南极视察主要包括和平利用（军控、非核化）、环境保护、资源开发三部分，这也是目前南极区域法律制度无论在国际法、国内法还是非政府组织规范性文件中的关注重点。目前，《南极条约》下的南极视察主要关注和平利用（军控、非核化），但随着除《南极海洋生物资源养护公约》外南极条约体系下的其他国际条约规定的南极视察与《南极条约》下的南极视察合并，最终《南极条约》下的南极视察关注点转到了环境保护；《南极海洋生物资源养护公约》在最初就关注海洋生物资源养护，其中主要是国际科学性视察及渔业开发视察。〔1〕而不同的国际组织、国际条约机构展开的南极视察也与其组织宗旨、目的相关，集中在环境保护、渔业资源养护、旅游资源开发等方面。此外，主权国家进行南极视察的目的也并不一样，一些主权声索国多会出于宣示主权、维护领土的目的，而其他国家则以充分履行南极国际法义务为目标，具体行为也集中在和平利用（军控、非核化）、环境保护、资源开发这三部分。〔2〕

（二）依国内法、国际法

以依据的法律文件为标准可以将南极视察分为依国际法的南极视察及依国内法的南极视察。具体而言，国际法上的南极视察最早即《南极条约》规定的南极视察，而后又在南极条约体系及南极区域的其他国际条约中规定了一系列南极视察机制，共同组成了国际法层面的南极视察，这也是本书主要的内容；而国内法南极视察存在于部分开展南极活动国家的国内法中，又存在三种不同的表现形式。这种基于国内法的活动的性质是否为南极视察存在一定理论争议，对此将在下文进行论述。〔3〕

〔1〕吴宁铂：《CCAMLR 规制 IUU 捕鱼的措施评估与反思》，载《极地研究》2019 年第 1 期，第 72 页。

〔2〕吴宁铂：《CCAMLR 规制 IUU 捕鱼的措施评估与反思》，载《极地研究》2019 年第 1 期，第 72 页。

〔3〕郭红岩：《南极活动行政许可制度研究——兼论中国南极立法》，载《国际法学刊》2020 年第 3 期，第 51 页。

（三）依法律拘束力

以是否具有法律拘束力为标准可以将南极视察分为具有法律拘束力的南极视察及不具有法律拘束力的南极视察。具有法律拘束力的南极视察主要包括一系列国际条约中规定的，由国际组织、国际条约机构所进行的南极视察机制依托于一系列有法律拘束力的国际条约，包括南极条约体系及一系列在南极区域生效的国际条约，此外还包括部分国家根据国内南极立法所开展的南极视察活动（南极检查）；而不具有拘束力的南极视察主要包括一系列在南极区域活动的非政府组织所开展的南极视察。具有法律拘束力的南极视察包括国内法和国际法两部分内容，法律效力并无争议，仅在国内法南极视察上存在分类和用词争议，对此本书将在下文进行分析，而不具有法律拘束力的南极视察并不具有国际法效力，因而并非国际法层面的履约监督机制，但由于其与南极条约体系存在联系，且在南极治理层面具有较高地位，因而本书也将对典型的南极视察机制进行介绍分析。

二、南极视察的国际法文件

南极视察的国际法依据主要包括南极条约体系下的国际条约及其条约机构所通过的一些规范性文件，及南极条约体系外南极区域的国际条约，国际条约机构或政府间国际组织发布的具有国际法效力的各类规范性文件。[1]南极条约体系作为最重要的国际法依据，在其中规定了两种南极视察，分别是《南极条约》及《关于环境保护的南极条约议定书》下的南极视察和

〔1〕 Rothwell D. R.，“Sovereignty and the Antarctic Treaty”，*Polar Record*，Vol. 46，Issue. 1，2010.

《南极海洋生物资源养护公约》下的南极视察。〔1〕

南极条约体系下两种南极视察的国际法依据主要是一系列国际条约，包括《南极条约》《关于环境保护的南极条约议定书》《南极海洋生物资源养护公约》及其他目前仍生效的国际条约中有关南极视察的条文，以及其他规范性文件。南极条约体系经历了60多年的发展，而南极视察也随着南极条约体系的发展而不断完善，衍生出不同的种类。〔2〕目前，南极条约体系下存在两种生效并持续进行的视察机制，分别是"根据《南极条约》第7条和《关于环境保护的南极条约议定书》第14条的视察"和"根据《南极海洋生物资源养护公约》第24条的视察"。南极条约体系并没有将这两种视察进行专门命名，仅将其依据的条约名称作为官方名称。从时间上而言，第一种南极视察是南极视察制度的母本，源于南极区域的独特法律地位和自然环境，但由于经历了60多年的实践，内容也与1959年《南极条约》签订之初发生了极大变化；而第二种南极视察由《南极海洋生物资源养护公约》所规定，是专门适用于南极渔业活动的视察，具体又可以分为两部分，但均与渔业活动相关。〔3〕从内容上看，第一种南极视察在条约签订之初更多是为了实现南极条约中的非军事化、非核化，但由于之后整个南极区域各种活动的发展以及《关于环境保护的南极条约议定书》的通过，这种南极视察中的环境视察逐渐增多并成为主要内容；第二种南极视察本身关注渔业活动，自20世纪80年代至今并未发生太

〔1〕 Haward Marcus, et al., "Australia, the Antarctic Treaty and the Law of the Sea", *Australian Journal of Maritime & Ocean Affairs*, 2010.

〔2〕 郭红岩：《论南极条约体系关于南极争端的解决机制》，载《中国海洋大学学报（社会科学版）》2018年第3期，第3页。

〔3〕 郭红岩：《论南极条约体系关于南极争端的解决机制》，载《中国海洋大学学报（社会科学版）》2018年第3期，第3页。

大变化。从法律层级而言，由于南极条约体系下国际条约的平行性，这两种南极视察也相互独立，分别由南极条约协商会议及南极生物资源养护委员会负责，但《南极条约》作为整个南极条约体系的基础性条约，签订之初并未规定具体的视察内容，换言之，这两种南极视察虽然目前相互独立，但第一种南极视察在内容上可能包括渔业视察，只不过目前并无实践而已。除南极条约体系中的国际条约外，南极条约体系下还有一些规范性文件直接规定了南极视察，其中部分文件具有国际法效力，部分文件仅具有指导作用。

此外，一些在南极区域活动的国际组织和国际条约机构也进行南极视察，其内部具有国际法效力的国际条约或规范性文件也属于南极视察的国际法依据，但部分非政府间组织展开的南极视察依据的规范性文件并不具有国际法效力。

（一）南极条约体系下的国际条约

南极条约体系（Antarctic Treaty System，ATS）是一系列南极国际条约的总称，最初的组成部分只有 1959 年《南极条约》，随着南极活动的不断增多，不同国际法领域的国际条约也相继在南极区域签订，因而形成了以《南极条约》为核心的条约组，条约组之间相互联系又相互独立，存在不同的国际条约机构作为行政主管机关，又具有一定的重叠，在不同条约机构的管理下形成了一系列不同领域的规范性文件，如南极条约协商会议下的措施、决定、决议或南极海洋生物资源养护委员会的养护措施等。〔1〕南极条约体系下的国际条约历经几十年变革逐渐丰富，部分原有的条约已经失效或被新的条约所吸收，一系列目

〔1〕 郭红岩：《论南极条约体系关于南极争端的解决机制》，载《中国海洋大学学报（社会科学版）》2018 年第 3 期，第 3 页。

前所熟知的国际法制度均依托南极条约体系形成并运作。[1]可以说，目前的南极法律制度是以《南极条约》为核心的南极条约体系为主要组成，包括一系列南极条约体系外的国际条约、规范性文件、国内法及非政府组织规范性文件。[2]而南极条约体系下的国际条约也对南极视察进行了细致规定，其他的国际条约规定的南极视察也均以《南极条约》为“母版”。

1.《南极条约》

《南极条约》(Antarctic Treaty，AT) 于 1959 年签订并在 1961 年正式生效，始创南极视察制度，其中规定的南极视察机制也成了整个南极视察制度的核心。《南极条约》第 7 条直接规定了当事方有权从其国民中指派观察员，观察员有权在任何时间进入南极任何地区，视察对象包括南极地区的一切驻所装置设备以及飞机、船只，视察方式包括空中视察，而当事方在南极的考察活动、占有的驻所以及带入南极的军事人员和设备应事先通知观察员。[3]《南极条约》第 8 条第 1 款还规定了观察员在南极的一切行为与不行为受所属当事方管辖；[4]《南极条约》第 9 条第 1 款第 4 项规定了在南极条约协商会议 (Antarctic Treaty Consultative Meetings，ATCM) 上应讨论便利行使视察权的内容，第 3 款规定了观察员的报告应送交南极条约协商会议上的各当事方代表。[5]

---

〔1〕 Hattersley-Smith R.，“The Antarctic Treaty Regime：Law，Environment and Resourcesby Gillian D. Triggs；Antarctica：The Next Decade. Report of a Study Groupby Anthony Parsons”，*Geographical Journal*，Vol. 154，Issue. 1，1988.

〔2〕 Hattersley-Smith R.，“The Antarctic Treaty Regime：Law，Environment and Resourcesby Gillian D. Triggs；Antarctica：The Next Decade. Report of a Study Groupby Anthony Parsons”，*Geographical Journal*，Vol. 154，Issue. 1，1988.

〔3〕 Article 7，Antarctic Treaty.

〔4〕 Article 8 of Antarctic Treaty.

〔5〕 Article 9 of Antarctic Treaty.

《南极条约》第7条直接规定了南极视察的内容，第8条规定了观察员的管辖权所属，而第9条规定了南极视察的讨论地点，给予了南极条约协商国“视察权”，而“视察权”的行使由南极条约当事方指派的“观察员”进行。观察员进行视察工作具有极高的自由度，南极区域的一系列场所、设施必须向观察员开放，观察员有权依据当事国的要求对其内容进行视察且仅受指派国管辖。除上述实体性和个别程序性内容外，无论是《南极条约》还是《南极条约》下的规范性文件均未规定南极视察的具体程序和法律责任，本书认为相关内容经过长期的南极视察实践已经形成了国际惯例，进行南极视察的当事国也均遵循该程序，将在第二章进行详细介绍。而视察活动的具体内容被规定在《南极条约》下的规范性文件中，但并非强制而是给予观察员一定的指导，当事国有权要求观察员根据指导进行视察，也可以自行进行视察，每年最终呈现的视察报告也并不一致。

2.《保护南极动植物议定措施》

1961年签订的《保护南极动植物议定措施》(Agreed Measures for the Conservation of Antarctic Fauna and Flora，AMCAFF) 于1964年正式生效，其中规定了一系列保护南极动植物的措施。该条约第1条第1款第2项是有关于南极视察制度的规定，[1]没有直接规定具体进行视察活动，而是将相关内容纳入《南极条约》的视察机制。具体而言，《保护南极动植物议定措施》规定了一系列有关动植物开发利用的限制和规定，对《南极条约》规定的南极活动会产生一定影响，因而将其纳入《南极条约》的视

〔1〕 Agreed Measures for the Conservation of Antarctic Fauna and Flora，Article 1.

察机制一并开展视察更为有效。[1]《保护南极动植物议定措施》首次将环境保护问题规定到南极条约体系中，之后开展的《南极条约》下的南极视察均增加了有关环境保护的内容。但随着1991年《关于环境保护的南极条约议定书》的制订，该公约的内容被取代并在2011年失效。[2]

3.《南极海豹保护公约》

1972年，《南极海豹保护公约》（Convention for the Conservation of Antarctic Seals，CCAS）签订并于1978年生效，其规定了对南极海豹的保护、科学利用和理性使用。[3]该公约第3条和第6条规定了南极视察机制，并计划在公约的具体规制措施中进行规定。而后，缔约方会议以2/3多数决的方式建立一种南极视察机制，[4]但该公约还未施行就被纳入《南极条约》下的南极视察。《南极海豹保护公约》生效后，《南极条约》下的南极视察均根据该公约的内容进行，每年的视察报告中也均增加了相关站点是否捕杀海豹、海狗的情况说明，因此目前《南极海豹保护公约》的相关规定已经被《南极条约》规定的视察机制所吸收。[5]

4.《南极海洋生物资源养护公约》

1980年签订的《南极海洋生物资源养护公约》（Convention for the Conservation of Antarctic Marine Living Resources，CAMLR

---

〔1〕 Bonner W. N.，"International Agreements and the Conservation of Antarctic Systems"，*Springer Berlin Heidelberg*，1990.

〔2〕 "Decision 1（2011）-ATCM XXXIV-CEP XIV，Antarctic Treaty Secretariat，Buenos Aires"，1 July 2011.

〔3〕 Sands P.，Galizzi P.，"Documents in International Environmental Law：Convention for the Conservation of Antarctic Seals"，2004.

〔4〕 Convention for the Conservation of Antarctic Seals，Article 6.

〔5〕 British Antarctic Survey，"Conservation：Convention for the Conservation of Antarctic Seals"，*Journal of Applied Physics*，Vol. 93，Issue. 10，2002，pp. 6683~6685.

Convention）于1982年正式生效，宗旨是保护南极海洋生物资源并保护南极海洋环境和生态系统的完整。[1]在公约生效的1982年，各缔约方根据该公约设立了南极海洋生物资源养护委员会（Commission for the Conservation of Antarctic Marine Living Resources，CCAMLR）。该公约第24条具体规定了南极视察机制，[2]并将其称为“Observation and Inspection”，规定该制度直接由南极海洋生物资源养护委员会负责，并遵循以下规定：其一，缔约方相互合作，并考虑国际惯例（International Practice）的情况来执行视察制度，该制度包括：根据委员会成员指定的观察员的登船和视察程序（登临权），以及根据登船和视察所产生的证据对船旗国人员起诉和制裁的程序（司法权），这种起诉和制裁的报告应列入本公约第21条所述的资料；其二，在从事科学研究或捕捞海洋生物资源的船舶上工作的观察员的工作内容根据南极海洋生物资源养护委员会的要求进行；其三，被指定的观察员受所属缔约方的管辖，直接向所属缔约方报告，而缔约方作为南极海洋生物资源养护委员会成员再向委员会报告。

该公约下的南极视察机制相对独立于《南极条约》下的南极视察机制，并作为专门的养护渔业资源的捕捞视察。公约经历了数年谈判才最终签署，各方一致同意将该种南极视察的职能进行区分并形成了两个独立的南极视察机制。而后，一般国际法层面的渔业协定借鉴了该视察机制并将其规定至《1995年协定》中。[3]

---

[1] “Commission for the Conservation of Antarctic Marine Living Resources”, CCAMLR, https://www.ccamlr.org/en/organisation/about-ccamlr (Last visiting date: 15 March 2021).

[2] Convention for the Conservation of Antarctic Marine Living Resources, Article 24.

[3] Gascon, Virginia, Rodolfo Werner, “CCAMLR and Antarctic krill: ecosystem management around the Great White Continent”, *Sustainable Dev. L. & Pol'y*, Vol. 7, Issue. 14, 2006.

5.《南极矿物资源活动管理公约》

《南极矿物资源活动管理公约》(Convention on the Regulation of Antarctic Mineral Resource Activities, CRAMRA) 签订于1988年但目前并未生效，其宗旨是规制未来南极条约当事方对南极矿物资源的开发活动。公约签订之时各方均准备在未来对南极的矿物资源进行开发，然而由于1991年《关于环境保护的南极条约议定书》签订并暂时禁止南极矿物资源的开发，该公约至今也未生效，目前的19个签署国均未批准，因而不具有实际意义。[1]但该公约规定了一套完整的视察机制且极具创新性，并成了《关于环境保护的南极条约议定书》中视察内容的借鉴。[2]

该公约的南极视察制度由两部分构成：一部分是《南极条约》下的视察，规定在该公约第11条，主要是以立法形式将《南极条约》的视察机制适用于矿物资源活动领域；[3]另一部分是该公约下的视察，被规定在该公约第12条，其在重申《南极条约》中规定的视察制度的基础上进行了细化，[4]与其他的南极条约体系文件中的规定相比，在该公约中的南极视察主要有几个特点：其一，观察员的指派不仅由当事方指定，公约总委员会和各有关南极矿物资源管理委员会也可指定；其二，公约平衡了相关的矿物作业行为与视察的关系，即在要求各当事方提供便利的前提下视察行为本身也不应对各当事方的行为造

〔1〕 Joyner R., "The Convention on the Regulation of Antarctic Mineral Resource Activities. An Attempt to Break New Ground", *Springer Verlag*, Vol. 2, 1991. pp. 7~205.

〔2〕 Yoshida Y., "The adoption of the Convention on the Regulation of Antarctic Mineral Resource Activities: Background, development and some issues", *Antarctic Record*, Vol. 32, Issue. 3, 1988, pp. 375~393.

〔3〕 Article 11 of Convention on the Regulation of Antarctic Mineral Resource Activities.

〔4〕 Article 11 of Convention on the Regulation of Antarctic Mineral Resource Activities.

成不当负担；其三，当事方指定的观察员以及公约委员会指定的是观察员均由当事方依国籍管辖。该公约中的南极视察制度与《南极条约》相比进行了一定的细化和创新，但由于公约从未生效且已经被替代，因此并没有相关的实践。

6.《关于环境保护的南极条约议定书》

1991年签订、1998年生效的《关于环境保护的南极条约议定书》(Protocol on Environmental Protection to the Antarctic Treaty, PEPAT) 一般被简称为《马德里议定书》(Madrid Protocol)，其宗旨是更高标准、更有力地保护南极环境及其生态系统，除公约外目前还有6个附件但并未全部生效。在公约中，南极视察机制被规定在第14条，该条文对《南极条约》中的南极视察机制进行了细化规定：第一，观察员由两部分构成，一部分是南极条约协商国指派的国民，另一部分是在南极条约协商会议上指派的为进行视察的任何人；第二，各缔约国应依照《南极条约》规定开放公约规定的场所以供视察，根据本公约规定，还需要开放这些场所中存放的记录以供检查；第三，视察工作应形成视察报告，并在视察后将报告送交被视察设施的所属国，这些国家有权利对报告进行评论，报告及评论应分送给其他缔约国和委员会，并由下届南极条约协商会议予以审议后公开。[1]除第14条外，该议定书第12条“委员会职能”第1款第h项亦规定议定书下的环境保护委员会应就有关视察程序，包括视察报告的格式和视察的项目清单的事宜提供咨询。[2]此外，在“《关于环境保护的南极条约议定书》附件五区域保护和管理”(Annex 5 Area Protection and Management) 第10条“信息交换”(Exchange of Information) 中也规定当事方应就南极特别保护区和南

〔1〕 Article 14 of Protocol on Environmental Protection to the Antarctic Treaty.

〔2〕 Article 12 of Protocol on Environmental Protection to the Antarctic Treaty.

极特别管理区的许可记录和视察访问记录进行信息交换。[1]

《关于环境保护的南极条约议定书》中有关南极视察的条文进一步明确了《南极条约》下南极视察的内容，改变了《南极条约》中单一由协商国派遣观察员的规定，增加了由条约机构派遣的独立观察员，但目前并未有任何实践。[2]在该公约 1998 年生效后，各方基本均按照其规定进行视察，在几个附件相继生效后可以明显看出视察报告内容得到了扩充。公约自生效后就与《南极条约》中的南极视察合并，至此，整个南极条约体系形成了《南极条约》下的南极视察与《南极海洋生物资源养护公约》下的南极视察两套系统。由于该公约的重要意义，官方又称《南极条约》下的南极视察为“根据《南极条约》第 7 条和《关于环境保护的南极条约议定书》第 14 条进行的视察列表”（List of Inspections under Article Ⅶ of the Antarctic Treaty and Article 14 of the Protocol on Environmental Protection）[3]。

（二）南极条约体系下的规范性文件

南极条约体系下的国际条约是南极视察的主要国际法依据，但国际条约机构下一系列规范性文件也对南极视察制度进行了规定。除上文提及的南极条约体系下的几个国际条约外，国际条约机构为了更好地实现南极条约体系下国际条约的目的还会通过许多规范性文件来对南极视察制度进行细化，比如南极条约体系下《南极条约》的国际条约机构——南极条约协商会议

〔1〕 Article 10 of Annex V to the Protocol on Environmental Protection to the Antarctic Treaty Area Protection and Management.

〔2〕 Cordonnery L.，“Implementing the Protocol on Environmental Protection to the Antarctic Treaty：Future applications of geographic information systems within the Committee for Environmental Protection”，*Journal of Environmental Management*，Vol. 4，Issue. 56，1999，pp. 285～298.

〔3〕 “Peaceful use and Inspections”，ATS，http://www. ats. aq/e/ats _ governance. htm（Last visiting date：15 March 2021）.

（Antarctic Treaty Consultative Meetings，ATCM）会通过一系列的决定（Decisions）、措施（Measures）和决议（Resolutions），这些规范性文件对会议确定的工作内容进行细化和确认，南极视察制度下的视察列表就是以决议（Resolutions）形式规定的；再如南极条约体系下《南极海洋生物资源养护公约》的国际条约机构——南极海洋生物资源养护委员会，通过实行一系列的养护措施（Conservation Measure，CM）作为实现公约目的的方式，这些养护措施纷繁复杂，具有特殊的编号体系，并且具有极其重要的地位，南极视察制度下的实施方式、实施主体等内容均由其直接规定，甚至在南极海洋保护区的设立过程中也是主要的法律依据。〔1〕

长久以来，对于这些规范性文件的效力问题就有许多争议和讨论，由于当下现有的国际法体系并未明确赋予国际条约外的规范性文件的国际法效力，因此对这些文件效力的讨论就集中于国际法的拘束力上，是否得到了国际法主体的普遍遵守。〔2〕由于南极地区的复杂性，在国际条约制定时无法在条约条文中规定所有的细节内容，因此南极条约体系下的国际条约条文数量都不太多，虽然随着时间的推移，条文数量在不同条约中逐渐增多，但其内容仍然无法覆盖进行各种南极活动时的所有内容。〔3〕南极条约体系下的工作大多由国际条约机构完成，并没有一个覆盖所有条约的国际组织，因此在南极条约体系下的各种规范性文件又显得更加错综复杂。由于对于该类规范性文件的争议

〔1〕 孙文文等：《区域渔业管理组织关于建立 IUU 捕捞渔船清单养护管理措施的比较》，载《上海海洋大学学报》2021 年第 2 期，第 372 页。

〔2〕 C. C. Joyner，“Recommended Measures Under the Antarctic Treaty：Hardening Compliance with Soft International Law”，*Mich. j. intl L*，1998.

〔3〕 郭红岩：《论南极条约体系关于南极争端的解决机制》，载《中国海洋大学学报（社会科学版）》2018 年第 3 期，第 7 页。

巨大，本书不进行定性，但在南极视察制度中该类规范性文件发挥的作用毋庸置疑，本书将直接对其内容进行分析。

（三）南极条约体系以外的国际法文件

此外，一些南极区域政府间和非政府间国际组织也开展了南极视察。根据不同的依据，一些政府间国际组织展开的视察具有国际法效力，还有一些未成立国际组织的国际条约机构根据其国际条约实际负责南极活动的组织协调；而一些非政府间的国际组织也根据自身定位开展了视察。〔1〕国际组织开展的南极视察活动在南极视察制度中占据重要地位，而其中非政府组织进行的南极视察没有公认的国际法效力。总体而言，这些国际组织通常会根据其内部规范性文件进行南极视察工作，而由于其本身活动的目的在于实现自身的存在目标，如保护南极环境、制止捕捞行为等，遂更重视活动本身而非规范性文件的起草或梳理，这也为分析一些非政府组织进行南极视察活动的依据增加了困难。〔2〕需要强调的是，虽然一些非政府组织并非国际法的主体，其内部的规范性文件也不具有拘束力，不属于一般意义上的国际法渊源，但由于其在南极视察活动中扮演着重要的角色，因此本书也将对其内容进行分析。〔3〕

三、南极视察的国内法规定

除国际法层面对南极视察的规定外，国内法层面也存在南

---

〔1〕 C. C. Joyner, "Recommended Measures Under the Antarctic Treaty: Hardening Compliance with Soft International Law", *Mich. j. intl L*, 1998.

〔2〕 Stephens T., Alan D. Hemmings, "The extended continental shelves of sub-Antarctic Islands: implications for Antarctic governance", *Polar Record*, Vol. 46, Issue. 4, 2010, pp. 312~327.

〔3〕 陈力：《南极治理机制的挑战与变革》，载《国际观察》2014 年第 2 期，第 22 页。

极视察的法律文件，这是由一系列因素所决定的。〔1〕首先，南极作为主权声索国的潜在领土，主权声索虽被冻结但相关国内法却依然适用，南极治理作为主权声索国维护领土主权、彰显管控能力的一个体现，因而南极视察就成为其国内开展执法监督工作的一环，具有完全的国内法效力，并为其南极国内立法所规定；其次，作为南极条约体系下国际条约及一系列南极区域国际条约的缔约国、南极区域国际组织的成员国，各国在南极立法中将国际法层面南极视察的实施内容加以补充，特别是南极条约体系下国际条约的成员国在其国内南极立法中也补充了南极视察的实施细节；最后，一些国家也将南极视察的国际法依据通过“纳入”“转化”的方式规定到南极国内立法。〔2〕这三方面的原因使得南极视察作为一项国际法履约监督制度却具有国内法依据。

（一）国内法中的南极视察

南极条约体系下的国际条约以《南极条约》为核心，绝大部分南极条约体系下其他国际条约的成员国也是《南极条约》的当事国，因而在其国内立法中均存在某种程度针对南极的立法，有一些国家以“法律”形式规定南极视察，也有一部分国家以行政命令、法令等形式规定南极立法，部分判例法国家也存在南极判例。比如澳大利亚作为南极的主权声索国很早就开展南极探险活动，并于1933年颁布了《南极领土接受法案》(Australian Antarctic Territory Acceptance Act)，其中就规定了一系列对南极主权声索和行政管辖的内容。〔3〕在《南极条约》签

〔1〕 Bush W. M.,“Australian environmental legislation and the Antarctic: the meeting of international and domestic law and politics”, 1999.

〔2〕 Bastmeijer C. J.,“The Antarctic environmental protocol and its domestic legal implementation”, *Journal of Parenteral Science & Technology*, 2003.

〔3〕 吴宁铂：《澳大利亚南极立法体系及其困境》，载《边界与海洋研究》2017年第2期，第123页。

订后，1960 年澳大利亚又颁布了《南极条约法案》并于 1980 年再次颁布了修订后的《1980 年南极条约法案》，将南极条约体系下的国际条约进行了纳入和转化，并与本身国内的南极立法进行了融合。[1]

（二）国内法中对南极视察的规定模式

各国国内法对南极视察可以分为三个模式，分别是对国际条约中所规定的南极视察的转化，对国际条约中所规定南极视察的补充规定和根据国内法所进行的南极视察。[2]有一些国家对这三部分都进行了完整规定，也有一些国家仅仅对这三部分中的某一部分或两部分进行了规定。[3]对于第一种模式、第二种模式，这是比较传统的履行国际条约所涉义务的方式，而第三种模式则争议较大，下文将进行论述。

---

〔1〕 吴宁铂：《澳大利亚南极立法体系及其困境》，载《边界与海洋研究》2017 年第 2 期，第 125 页。

〔2〕 Slaughter A. M., Burke-White W., "The Future of International Law Is Domestic (or, The European Way of Law)", *Harvard international law journal*, Vol. 47, Issue. 2, 2006, pp. 327~352.

〔3〕 Slaughter A. M., Burke-White W., "The Future of International Law Is Domestic (or, The European Way of Law)", *Harvard international law journal*, Vol. 47, Issue. 2, 2006, pp. 327~352.

第二章

南极视察的理论基础

南极视察制度是南极法律体系中的特有制度，由于其特殊性，目前对其内容进行研究的学者仅仅对其进行了大致介绍，并没有明确其性质。本书认为，南极视察制度是国际法上履约监督制度的一种，南极视察的法理基础基于履约监督机制，并结合南极法律体系而具有独特的法律基础。

本章共分为三节，首先从南极视察的法理基础方面入手，阐述国际法的法律性，基于主权原则自愿的承诺，条约必须遵守及法律实施的完整性，明确法理层面的分析；之后介绍南极视察的法律基础，从和平利用南极和保护南极环境角度介绍；最后介绍南极视察的意义，以南极治理不同领域为切入点介绍南极视察针对的各个领域及发展历程，明确南极视察在南极治理中的必要性及意义。

第一节　南极视察的法理基础

南极视察是国际法上的履约监督机制，其法理基础基于履约监督性。由于国际社会的“无政府”性质，履约监督机制并非学界的研究重心，履约监督多是出于国际法主体的承诺。〔1〕而当国际法主体违反国际法义务，绝大多数情况下只能靠协商、司法裁判去解决，而若国际法主体不遵守任何裁判结果，最终则无法解决，极端情况下只能靠武力解决。〔2〕然而，履约监督机制作为保障条约义务履行制度的背后依然存在充分的法理基础，基于主权国家自愿的承诺构成条约的基础，国际法的有效性理论构成国际条约和履约监督机制有效性的基础，国际强行法中的"条约必须遵守"就是履约监督机制的存在理由，而法律逻辑的必要组成也从逻辑上要求一个履约监督机制作为保障。〔3〕

一、国际法的法律性

虽然现代国际法制度经历了近百年的发展，取得了非凡的成就，带领国际社会走入全球化的进程，令不同级别的国家和个体取得了发展的机会，但对国际法效力的质疑一直没有停止，有些学者就认为其不是法律。〔4〕所谓国际法法律性，即国际法是否具有法律约束力，是指国际法对国际法主体的效力如何，能否因为国际法的存在而规制国际法主体的行为，国际法主体能否因为国际法的存在而克制自身的行为，隐含着对国际法主体的行为是否符合国际法的确认，如果国际法主体行为违反国

---

〔1〕 Kashefi, Sirus, "Legal Anarchism: Does Existence Need to Be Regulated by the State", 2016.

〔2〕 戴兴泓：《国际争端解决机制现状与展望》，载《社会科学家》2012年第6期，第81页。

〔3〕 李鸣：《国际法的性质及作用：批判国际法学的反思》，载《中外法学》2020年第3期，第88页。

〔4〕 高波：《国际法中一般法律原则有效性之司法维度分析》，载《哈尔滨学院学报》2010年第9期，第43页。

际法能否对其进行惩处。[1]作为国际法的一个基础讨论，国际法是否有效决定了国际法是不是“法”，关乎整个国际法学科及相关国际法制度的存活和发展。[2]由于国际法学科的法律性，大部分国际法学者并不对国际法的法律性进行探讨，而是默认其法律约束力，因而对国际法法律性的探讨大多集中在其他相关学科。[3]

第二次世界大战结束后，部分国际关系学者试图从国际机制理论的角度论述国际法的有效性，认为第二次世界大战后蓬勃建立的一系列国际机制实际上令其有效性得以确认，并将国际机制的有效性归纳为法律作用类似的几个作用，分别是“服务作用”“制约作用”“规范作用”“惩罚作用”“示范作用”“惯性作用”。[4]“服务作用”即国际机制的存在为各国际法主体提供了交流、合作的平台，而国际法的存在则是为国际法主体提供了共同的行为准则，使得各方的行为变得可预测，相关信息流通变得通畅。[5]相关的国际法主体在交流过程中利用国际机制，特别共同遵守的国际法进行各种“交易”行为，国际法的存在降低了各方成本，因而国际法主体也愿意遵守国际法。“制约作用”是指国际法的存在使国际法主体只能在共同认同的国际法框架内进行活动，各方不能超出活动范围，因而国际法

〔1〕 刘志云：《国际法的“有效性”新解》，载《现代法学》2009年第5期，第117页。

〔2〕 孙畅：《全球环境关系中国际法的有效性考辨——一种国际制度理论的视角》，载《华东政法大学学报》2011年第5期，第72页。

〔3〕 Gallagher A. T.，“The International Law of Human Trafficking: Issues of Compliance, Implementation, and Effectiveness”, 2010.

〔4〕 王明国：《机制碎片化及其对全球治理的影响》，载《太平洋学报》2014年第1期，第9页。

〔5〕 Marc A Levy, et al.，“The Study of International Regimes”, *European Journal of International Relations*, Vol. 1, Issue. 3, 1995, p. 269.

对其活动进行了制约并使得各方的交流变得可预测。[1]这种制约一方面来自国际法主体共同让渡权利形成的共同权威，同时也源于各方对于违反国际法后果严重性的认识，无论是国际声誉受损还是遭受其他国际法主体的惩罚，违法行为的后果都是严重且确定的。[2]"规范作用"是指国际法主体的行为受到了国际法的规范，且这种规范作用随着各方遵守国际法并进行交流、开展活动而不断加深，对国际法的发展形成正反馈，各方反而越来越需要国际法的发展。[3]实际上，第二次世界大战后以来国际法各领域的蓬勃发展对国际法的"规范作用"进行了佐证，无论是国际环境法还是国际人权法，各类国际机制蓬勃发展，国际法对国际活动范围的覆盖面积与日俱增。[4]"惩罚作用"是指违反国际法要承担相关的责任和后果，这点是国际法法律性的核心特征，这种惩罚可以表现为国际法主体对违反国际法主体的制裁、惩罚，也可以表现为国际组织对其下国际法主体的惩罚，更可以表现为全世界范围内对严重违法主体发动的战争，而本书所研究的履约监督即这种"惩罚作用"的实施途径，上述履约监督实施方式包括了一系列惩罚措施。[5]"惩罚作用"就隐含着履约监督机制的必要性和有效性，反推之，一个履约监督机制的存在本身也是为了维护国际法的

---

〔1〕 Gallagher A. T. , "The International Law of Human Trafficking: Issues of Compliance, Implementation, and Effectiveness", 2010.

〔2〕 Gallagher A. T. , "The International Law of Human Trafficking: Issues of Compliance, Implementation, and Effectiveness", 2010.

〔3〕 Marc A. Levy, et al. "The Study of International Regimes", *European Journal of International Relations*, Vol. 1, Issue. 3, 1995, p. 272.

〔4〕 Marc A. Levy, et al. "The Study of International Regimes", *European Journal of International Relations*, Vol. 1, Issue. 3, 1995, p. 275.

〔5〕 Marc A. Levy, et al. "The Study of International Regimes", *European Journal of International Relations*, Vol. 1, Issue. 3, 1995, p. 276.

有效性。[1]“示范作用”是指各国际法主体对国际法的遵守对其他国际法主体产生示范性，这种示范性来源于遵守国际法的主体，也来源于目前各个国际机制下国际组织对遵守规则的倡导。[2]从事实出发，目前大多数国家也均承认国际法的有效性，甚至那些违反国际法的国家也会声称其行为符合国际法并声称其他国家行为破坏国际法。[3]“惯性作用”则是指各方对于国际法的遵守形成国际关系上的“均势”，各方对于目前的稳定状态表示满意从而更愿意维护整个国际机制，也更乐意实现对国际法的遵守。[4]因此履约监督机制的存在建立在国际法的法律性上，其本身又成了国际法法律性的一个体现。

二、基于主权国家自愿的承诺

国际法法律性是履约监督机制存在目的的前提，而国际法效力的来源则具有多样性。[5]其中，国际法渊源的最主要表现形式——国际条约，就是基于主权国家自愿的承诺而产生国际法效力的，国际条约被国际法主体遵守的前提是国际法主体意识到国际条约的真实内容并自愿被约束。[6]如果相关国家主观

〔1〕 Marc A. Levy, et al., “The Study of International Regimes”, *European Journal of International Relations*, Vol. 1, Issue. 3, 1995, p. 272.

〔2〕 孙畅：《全球环境关系中国际法的有效性考辨——一种国际制度理论的视角》，载《华东政法大学学报》2011 年第 5 期，第 73 页。

〔3〕 孙畅：《全球环境关系中国际法的有效性考辨——一种国际制度理论的视角》，载《华东政法大学学报》2011 年第 5 期，第 73 页。

〔4〕 Marc A. Levy, et al., “The Study of International Regimes”, *European Journal of International Relations*, Vol. 1, Issue. 3, 1995, p. 279.

〔5〕 Alice De Jonge, “From Unequal Treaties to Differential Treatment: Is There a Role for Equality in Treaty Relations”, *Asian Journal of International Law*, Vol. 4, Issue. 1, 2013, p. 131.

〔6〕 Percy Cobbett, “The Consent of States and the Sources of the Law of Nations”, *British Yearbook of nternational Law*, 1925.

上并不认可这种规范，则对其就没有约束效果。[1]在格劳秀斯时代，现代国际法还在发展之中，传统的私法原理被用于国际法理论的构建，私法中的“真实意思表示”则成为要约的“承诺”构成要件，因而将国际条约比作“私法平等主体间的合同”，主权国家真实、自愿的承诺就成为条约有效性的构成要件。[2]回顾国际法的历史，自1648年《威斯特伐利亚和约》至今，各种双边、多边条约均建立在国家同意上，没有任何条约是两方签订而产生于第三方的，这也不符合国际条约对第三方既无损也无益的原则，而这种同意的表现则在所不问。[3]具体而言，早期现代国际法时期国家的同意可能基于国家的自愿，也可能基于胁迫后的“同意”，但无论如何，只要主权国家代表在条约上签字则代表国家同意条约并认同条约有效性。[4]而基于胁迫“同意”签署的不平等条约在签订之时依然有效，直至第二次世界大战后联合国建立，才确认了一系列有关条约签订的规则，诸如《维也纳条约法公约》等有关国际条约的国际法文件才将自愿承诺等内容以条约形式正式确定，而第二次世界大战前签订的一系列条约虽然被认定为不平等条约，但却一直有效直至当代国际法主体加以确认。[5]

---

〔1〕 梁西：《国际法的社会基础与法律性质》，载《武汉大学学报（社会科学版）》1992年第4期，第32~38页。

〔2〕 顾微微、徐慎丽：《从契约到条约看私法理念对国际法的影响》，载《南通大学学报（社会科学版）》2005年第4期，第43页。

〔3〕 骆礼敏：《国家承诺的可信性：理论争议和一个新的视角》，载《当代亚太》2016年第6期，第74页。

〔4〕 邱在珏：《不平等条约与“条约必须遵守”原则》，载《河北法学》1984年第1期，第16页。

〔5〕 Alice De Jonge, “From Unequal Treaties to Differential Treatment: Is There a Role for Equality in Treaty Relations”, *Asian Journal of International Law*, Vol. 4, Issue. 1, 2013, p. 136.

实际上，并非所有的国际法规则都基于主权国家自愿的承诺，除国际法渊源的国际条约外，国际习惯和一般法律原则作为另外两种国际法渊源并不基于国际法主体的自愿或承诺，因而如果将履约监督机制进行扩大解释，某些履约监督机制并不需要基于国际条约，而是国家“天生的权利”。[1]如自卫权或集体防卫权，其是对抗不履约国家的终局性、强烈对抗性的履约监督机制实施方式，虽然《联合国宪章》对其合法性进行了确认，但实际上其并非基于国际条约而是基于国家的固有权利。[2]但由于目前国际条约体系中具体的履约监督机制均存在于国际条约中，因而本书将履约监督机制的法律基础暂时限定于国际条约，而“履约监督机制”中的“约”也指的是“国际条约”，履约即为“履行国际条约”。[3]因此，履约监督机制存在和实施的前提需要其“履的约”基于主权国家的自愿承诺，否则条约效力有问题则履约监督机制本身也没有效力根据。

三、条约必须遵守

“条约必须遵守”是国际强行法的内容之一。[4]国际强行法是作为“国家之国际社会全体接受并公认为不许损益且仅有以后具有同等性质之一般国际法规律始得更改之规律”。[5]实际

---

〔1〕 Marc A. Levy, et al., “The Study of International Regimes”, *European Journal of International Relations*, Vol. 1, Issue. 3, 1995, p. 297.

〔2〕 Alexandrov S. A., Sohn L. B., “Self-Defense Against the Use of Force in International Law”, *American Journal of International Law*, Vol. 91, Issue. 4, 1996, p. 336.

〔3〕 孙志强、韩召颖：《国家战略选择的影响因素探析——信息不对称、行为体偏好与承诺可信性》，载《未来与发展》2016年第11期，第4页。

〔4〕 何志鹏：《漂浮的国际强行法》，载《当代法学》2018年第6期，第112页。

〔5〕 《维也纳条约法公约》第53条。

上，“条约必须遵守”对应到国际法基本原则即“善意履行国际义务”，目前所有的主权国家也都承认且必须承认该内容。[1]上文提及的主权国家基于自愿的承诺是履约监督机制的法理基础之一，而“条约必须遵守”则是针对国际条约而言的内容[2]，并未包括国际习惯和一般法律原则，因而如果对“条约必须遵守”进行扩大解释，则对应的“善意履行国际义务”指三方面内容：首先，忠实、诚信地履行国际法主体的承诺，对于出于自愿承诺签署的国际条约需要忠实履行国际法义务，对条约进行完全的履行；[3]其次，在国际条约之外，对国际习惯和一般法律原则的履行、遵守；最后，对国际法渊源之外的国际惯例、国际共识、一般共识等不具有拘束力或精神性内容的支持，比如，对于其他宣言性质的文件，国际法主体需要尽力遵守并根据文件倡导的内容进行实践。[4]

实际上，在履约监督机制上，“条约必须遵守”有两方面体现：一方面，履约监督机制本身是“条约必须遵守”的保障机制，“条约必须遵守”有赖于国家的自愿承诺，若国家违背承诺，则履约监督机制保障条约继续得到遵守；另一方面，国际条约规定的履约监督机制也需要主权国家基于自愿的承诺，若某些国家对履约监督机制条款进行“保留”则并不能适用，这也是国际法所允许的，如部分国家对“强制仲裁管辖权”的排

---

〔1〕 王庆海、李晓楠、姚玉红：《与国际法上条约必须遵守原则相悖的研究》，载《社会科学战线》2010年第3期，第186页。

〔2〕 J. H. Gebhardt, “Pacta Sunt Servanda”, *The Modern Law Review*, Vol. 2, Issue. 10, 1947.

〔3〕 Yackee J. W., “Pacta Sunt Servanda and State Promises to Foreign Investors Before Bilateral Investment Treaties: Myth and Reality”, *Fordham international law journal*, Vol. 32, Issue. 8, 2008, p. 175.

〔4〕 赵宏：《处于十字路口的国际法：国际法治的理想与现实》，载《国际贸易》2020年第2期，第7页。

除，则该种具有“强制性”的机制对其无法适用。〔1〕值得关注的是，履约监督机制作为保障条约得到遵守的制度并非意味着相关国家若对其进行“保留”就会不遵守条约，进一步讲，没有受到履约监督机制规制的国家也并不意味着更有可能不遵守条约，履约监督机制更多承担了对不主动履行国际义务国家的督促、确认、示范、惩罚，代表了国际法主体维护共同权威的保障。〔2〕对该问题进行深入分析可知，基于不同的国际法渊源，履约监督机制的表现形式也不同，对于国际条约而言，“条约必须遵守”就是保证这些条约得到履行、遵守的履约监督机制的法理基础，无论是本书探讨的南极视察制度还是上文中提及的一系列国际法其他领域的履约监督机制，这些机制的法理基础均是其所处条约内容需要得到遵守，这也是规定该机制的原因。但对于国际习惯和一般法律原则（国际法基本原则）而言，“条约必须遵守”则被扩大为善意履行国际义务，在国际习惯下这些义务可能会被大部分国家遵守而部分国家不用遵守，而所有的国际法基本原则均具有国际强行法特征，因而所有国家必须遵守。〔3〕但目前世界上并不存在特定的以条约形式保障国际习惯和国际法基本原则得到履行、遵守的履约监督机制，只存在诸如自卫等武装冲突领域最终性履约监督实现方式。有学者就对国际习惯和强行法存在质疑，华裔著名国际法学者郑斌就认为习惯国际法的要素仅仅是国家的法律确念，而并不用进行一

〔1〕王勇：《论中国对条约提具的保留及其总体完善对策》，载《社会科学研究》2014 年第 2 期，第 89 页。

〔2〕Alice De Jonge, “From Unequal Treaties to Differential Treatment: Is There a Role for Equality in Treaty Relations”, *Asian Journal of International Law*, Vol. 4, Issue. 1, 2013, p. 124.

〔3〕任虎：《国际强行法和普遍义务关系之争论及其辨析》，载《中国政法大学学报》2021 年第 1 期，第 69 页。

般实践。〔1〕而目前国际法上的"强行法"依然可能因被质疑而不被遵守，这些困难是实际存在的。〔2〕因此，国际法的渊源大多数还是国际条约，"条约必须遵守"依然是国际条约下以条约条文表现的履约监督机制的法理基础。

四、法律实施的完整性

法律实施的环节包括了立法、司法、执法、守法等方面，需要立法主体的严格、科学立法，司法主体的公正裁判，执法主体的公正、严格、有效执法，守法主体的遵行、尊重法律，只存在立法而不存在其他环节，必然导致法律成为一纸空文。〔3〕在国内法层面，立法机关在立法后，必然存在必要的行政执法环节以确保法律规定得到有效执行，法律监督机制也需要存在以保证执法环节符合法律规定。〔4〕此外，还需要法治宣传等方式确保公民了解并遵守法律。〔5〕国内法层面的法律逻辑建立在主权国家之上，法律规制的对象并非国家而是具体的自然人、法人、政府机构等，而国际社会却是典型的无政府社会，主权国家之上并无更高的权威组织，也没有其他更高的权威可以

---

〔1〕［英］郑斌：《国际法的渊源：国际习惯法和条约》，李斐南译，载《环球法律评论》1986年第1期，第64~69页。

〔2〕基本原则被认为是国际法体系中的最高规范、具有普遍性的规范、具有稳定性的规范。参见陈晓霞主编：《国际法的理论问题》，天津教育出版社1989年版，第105页。

〔3〕Deflem M., "Global Rule of Law or Global Rule of Law Enforcement? International Police Cooperation and Counterterrorism", *The Annals of the American Academy of Political & Social Science*, Vol. 603, Issue. 1, 2006, p. 247.

〔4〕Kellogg Frederic R., *Oliver Wendell Holmes Jr. and Legal Logic*, University of Chicago Press, 2019.

〔5〕冯相昭等：《从国家自主贡献承诺看全球气候治理体系的变化》，载《世界环境》2015年第6期，第38页。

指挥主权国家。[1]在国际法的实施环节中，立法由平等的国际法主体共同进行，包括国际条约，或经过长期实践形成法律确信而形成的国际习惯，还包括长久以来得到国际法主体普遍公认的一般法律原则，无论是何种形式均体现为立法主体和规制主体的平等性；[2]司法由平等的国际法主体组成的国际司法机构执行，司法开展的前提是国际法主体同意接受管辖，整个国际司法结构也由平等的国际法主体建构；[3]执法由国际法主体组成的执法机构进行，国际法主体接受来自他方平等主体的执法也需要依据国际法主体的同意，在国际法层面，执法被称为本书研究的“履约”“监督”“遵约”等；[4]守法亦由国际法主体进行。虽然国际法和国内法的逻辑存在明显差异，但自从现代国际法诞生至今，国际社会一直在努力构建一个超越主权国家的权威。[5]第一次世界大战后的国际联盟没有防止一系列违反国际义务行为的产生，并最终导致第二次世界大战的爆发；第二次世界大战后的联合国也没有完全防止一些大国进行联合国未授权的军事活动。[6]而这种超越主权国家的权威并非实质意义上的权威，而是基于国家自愿，形成国家之间的合

〔1〕 尹继武：《国际安全困境的缓解逻辑：一项理论比较分析》，载《教学与研究》2021年第1期，第106页。

〔2〕 Deflem M.，“Global Rule of Law or Global Rule of Law Enforcement? International Police Cooperation and Counterterrorism”，*The Annals of the American Academy of Political & Social Science*，Vol. 603，Issue. 1，2006，p. 249.

〔3〕 Bogdandy A. V.，Venzke I.，“Beyord Dispute：International Judicial Institutions as Lawmakers”，*German Law Journal*，2011，p. 986.

〔4〕 Whiteman J.，Nielsen C.，“Lessons from Supervisory Mechanisms in International and Regional Law”，*Journal of Refugee Studies*，Vol. 26，Issue. 3，2013，p. 395.

〔5〕 Jagfeld Monika，“Parzival'：the World Government”，*Epidemiology and Psychiatric Sciences*，Vol. 29，Issue. 187，2020.

〔6〕 牟文富：《论核不扩散条约下的国家责任》，复旦大学2009年博士学位论文。

意。[1]一些超越国家自愿的规定并没有权威，也不会得到国家的认可执行。[2]主权国家在国际法上的权威来源是主权，主权对内是最高权，对外就是独立权，因而如果主权国家不消灭，也就没有任何理论依据去遵守外在施加的义务。[3]虽然国际法层面法律实施的“执法”环节不存在一个超国家权威，但履约监督机制实际上就将“执法”权交由“守法”主体，履约监督实际上就是国际法主体间的自我约束，因而法律实施上的完整性是履约监督机制的另一个法理基础。

第二节　南极视察的法律基础

南极问题实际上既是地理意义上的国际法问题，也是国际法不同分支领域的问题，南极问题实际也包括了军控、防扩散、环境、人权等诸多方面，因而呈现出交织复杂的纷繁状态。作为国际法履约监督机制的一种，超脱南极区域的法律制度，南极视察在国际法和全球治理层面拥有更高的理论价值。国际条约的遵守、国际义务的履行、国际责任的承担、国际争端的解决，这些都是国际法实施过程中所面临的一系列问题。[4]南极视察制度的构建并非偶然，背后是履约监督机制在南极区域结合具体问题的特殊适用，反过来南极视察也为履约监督制度的完善作出了贡献。具体而言，南极视察的法律基础包括国际法各领域

---

〔1〕 梁卓：《武装冲突中人道主义援助的国家同意问题：解释争议、发展动向及其启示》，载《国际法研究》2021年第1期，第75页。

〔2〕 Jagfeld Monika, “‘Parzival’: the World Government”, *Epidemiology and Psychiatric Sciences*, Vol. 29, Issue. 187, 2020.

〔3〕 蒲芳：《国家同意原则视角下的侵略罪管辖权问题研究》，华东政法大学2019年博士学位论文。

〔4〕 M. Deflem, “International Law Enforcement”, *Blackwell Publishing Ltd*, 2014.

的原则，而根据南极视察的目的，可以将其法律基础归纳为以下几方面内容：

一、和平原则

南极视察制度已经成为南极法律体系的重要组成部分。与其他国际法制度相比，由于南极视察制度的存在，南极法律体系得以高效运行，并有效保护了南极环境，实现了对南极区域的合理利用。〔1〕《南极条约》第1条就规定了南极仅用于和平目的，并禁止一系列军事设施建设和活动展开，对于派驻军事人员也有严格的规定。〔2〕作为整个南极法律体系的基础性文件，《南极条约》规定的和平利用南极规定成了开展南极活动的重要基础，并成为南极活动的原则性规定。〔3〕本书研究的南极视察制度在建立之初实际上就是为了和平利用南极。在一般国际法层面，"和平原则"表现为国际法基本原则中的"和平解决国际争端"和"禁止使用武力或以武力相威胁"，虽然是对争端解决和平方式和国际法具体行为的规制，却体现了对和平原则的贯彻。〔4〕实际上，国际法层面对于"和平利用"的研究并不鲜见，而南极条约中的"和平利用"却采用了极为严格的"非军事化"理解，并将军事人员的使用限制于部分科学研究活动。〔5〕在《南极条约》签订之前正处于冷战的升温期，南极主权声索国

〔1〕 Miller F. P., Vandome A. F., Mcbrewster J., "Military activity in the Antarctic", *Motto*, 2010.

〔2〕 Article 1 of Antarctic Treaty.

〔3〕 Miller F. P., Vandome A. F., Mcbrewster J., "Military activity in the Antarctic", *Motto*, 2010.

〔4〕 赵建文：《和平共处五项原则与〈联合国宪章〉的关系》，载《当代法学》2014年第6期，第35页。

〔5〕 刘冰玉、冯翀：《"和平目的"利用公海的法律问题研究》，载《学习与探索》2020年第2期，第96页。

和其他国家担心南极成为美国和苏联进行秘密军事行动或核试验的基地，在争取了两个超级大国认可和平原则后，各方才签订《南极条约》并将南极仅用于“和平目的”。[1]在最初的《南极条约》下，南极视察的方式也采用了与军事视察类似的方式进行。[2]

实际上，和平利用南极作为南极视察的法律基础存在几方面的内容：首先，和平利用南极的目的是在冷战期间防止南半球卷入美国和苏联的军事对抗，南美国家在冷战中采取中立政策的同时，澳大利亚、新西兰也不愿让大洋洲成为美国对抗苏联的基地，为防止美国或苏联抢占南极作为军事基地或核试验基地之后威胁南半球整体安全，各方强烈呼吁将南极用于和平目的；[3]其次，和平目的利用南极也是为了各主权声索国的潜在领土安全，各主权声索国在第二次世界大战前对南极领土进行瓜分时世界还未进入两极格局，各方对于南极领土划分达成了一些共识但还存在一些对潜在领土的纠纷，这些问题本应在第二次世界大战后世界恢复和平后进行解决，但随着美国和苏联成为超级大国，主权声索国对于南极的主权声索可能在美苏对南极的“强占”面前无能为力，基于对自身潜在领土和各项利益的维护，将南极用于和平目的能防止美国和苏联威胁其南极利益；[4]再次，在冷战期间，美国和苏联虽然均想将南极武装化作为反对对方的基地，但在主权声索国的强烈反对下，两

---

〔1〕 吴慧、张欣波：《国家安全视角下南极法律规制的发展与应对》，载《国际安全研究》2020 年第 3 期，第 2 页。

〔2〕 冯东兴：《朝鲜停战中的中立国监察委员会》，载《东北师大学报（哲学社会科学版）》2015 年第 1 期，第 157 页。

〔3〕 Su J.，“The ‘Peaceful Purposes’ Principle in Antarctica and the Stability of Its Peaceful Status”，*Social Science Electronic Publishing*，Vol. 24，2010.

〔4〕 Villamizar F.，“Peaceful use of the Antartica as Ius Cogens Norm”，*Magallania*，Vol. 42，Issue. 1，2014，pp. 17~31.

方均不进行军事活动并彻底将南极和平化也符合双方的利益，因而美国在南极视察之初多次作为开展方的目的就是监督苏联在南极进行军事行为；[1]最后，和平利用南极隐含着军事行动、军事设施建设、核试验等一系列行为对南极环境的破坏，在20世纪60年代各方达成共识后，和平利用南极实际就具有了环境保护的意义。[2]

因此，南极视察制度建立之初的法律基础是唯一性的，即“和平利用南极”，视察方式亦采取了和军事视察类似的方式进行，只不过随着南极治理领域的增加，南极视察制度被赋予其他法律基础。

二、环境保护原则

目前，南极视察制度已经由单纯的南极和平利用，转向以环境保护、渔业资源养护开发为主。实际上，无论是基于单纯的环境保护还是对渔业资源的养护开发而建立的一系列南极视察机制，均是基于保护南极环境的目的，并同时受一系列国际环境法原则所规制。保护南极环境经历了两阶段的发展才最终成为南极视察的法律基础。在第一阶段，保护南极环境并非南极视察最初的目的，如上部分所言，最初南极视察制度仅是为了实现和平利用南极，但随着20世纪60年代以来国际环境法的兴起，人类意识到南极区域实际是整个全球生态环境的重要一环，且南极环境更脆弱，并对全球环境保护意义重大，因而将

---

〔1〕 Redding D. A.，“Preventing Cold War：Militarization in the Southernmost Continent and the Antarctic Treaty System's Fading Effectiveness”，*Progress in Cardiovascular Diseases*，Vol. 57，Issue. 2，2014，pp. 152～159.

〔2〕 Goyne，Rohan，“Mission to Kerguelen：An Australian military operation in the sub-Antarctic Islands in 1941”，*Sabretache*，Vol. 55，Issue. 3，2014.

南极环境保护放置在极为重要的地位，并通过了诸如《保护南极动植物议定措施》等针对南极区域的国际条约，并将保护南极环境纳入一系列全球性国际条约中。[1]在第二阶段，保护南极环境的领域不断拓展，由单纯的保护南极动植物拓展至对南极海洋生物资源养护，再拓展至南极矿产资源保护、开发，最后形成了1991年的《关于环境保护的南极条约议定书》，并将一系列有关南极环境保护的内容加以整合。[2]

此外，一般的国际环境法依然适用于南极环境保护，因而南极视察制度还以国际环境合作原则、共同原则（共同但有区别原则）、预防原则（包括谨慎预防原则）为法律基础。[3]首先，国际环境合作原则要求各国在全球性的复杂环境问题上团结一致，共同解决问题。[4]在南极区域，保护南极环境不仅是南极条约体系的明确宗旨，也是国际社会在一般国际法层面的共识，南极视察作为实现南极条约体系及其他规范性文件具体内容的保障制度，自然将国际环境合作原则作为其法律基础。[5]其次，共同原则（共同但有区别原则）要求全世界的国家对全球环境保护均要作出贡献，这种贡献的多少可以以国家经济实力等标准进行区分，但毫无争议的是各方均应承担一定的

---

〔1〕 Friedheim R., Joyner C. C., Young O. R., "Governing the Frozen Commons: The Antarctic Regime and Environmental Protection", *University of South Carolina Press*, 1998.

〔2〕 Friedheim R., "Creating Regimes: Arctic Accords and International Governance", *American Political Science Review*, Vol. 94, Issue. 3, 2014, p. 768.

〔3〕 邹惠：《论国际环境法的基本原则》，载《环境保护》2009年第4期，第82页。

〔4〕 李勋：《试论国际环境法的国际合作原则》，载《湖南师范大学社会科学学报》2001年第S2期，第98页。

〔5〕 Koivurova T., "Environmental Protection in the Arctic and Antarctic: Can the Polar Regimes Learn From Each Other", *Social Science Electronic Publishing*, 2005.

环境责任。[1]在南极环境保护问题上，所有在南极活动的国家和国际组织均要承担保护南极环境的责任，进行较多南极活动的南极条约协商国还要承担南极视察任务。[2]最后，预防原则（谨慎预防原则）要求全世界的国际法主体都要努力预防环境问题，为预防环境问题而采取一系列解决措施，对待目前尚存疑的环境问题依然要谨慎。[3]如《南极海洋生物资源养护公约》及一系列有关渔业资源养护的公约对相关国家的渔业捕捞活动中需要遵循确定的捕捞配额，并接受相关观察员的视察以防止非法、不报告和不管制（IUU）捕捞等行为作了规定，如有违反将承担相应的国家责任。[4]因此，南极视察也以各项保护南极环境的法律规则和原则为基础，南极视察的内涵被不断拓展，保护南极环境的维度也被不断拓宽。[5]

第三节　南极视察的意义

作为国际法履约监督制度在南极区域的一种表现形式，南极视察具有国际法履约监督机制的诸多特点，脱胎于国际法各领域的履约监督机制，融合了南极区域的特殊性，并形成了具有南极特色的视察制度，并推动了国际法履约监督机制理论和

〔1〕 张培豪：《“共同而有区别的责任”原则的利益困境》，载《领导科学》2014第14期，第63页。

〔2〕 Rothwell D. R.，“Polar environmental protection and international law：the 1991 Antarctic Protocol”，*European Journal of International Law*，Vol. 3，2000，pp. 591~614.

〔3〕 林灿铃：《国际环境法实施机制探析》，载《比较法研究》2011年第2期，第96页。

〔4〕 Vidas D.，“Implementing the Environmental Protection Regime for the Antarctic”，*Environment & Policy*，Vol. 28，2000.

〔5〕 Mccolloch R. R.，“Protocol on Environmental Protection to the Antarctic Treaty-The Antarctic Treaty-Antarctic Minerals Convention-Wellington Convention-Convention on the Regulation of Antarctic Mineral Resource Activities”，*Ga. j. intl & Comp*，Vol. 1，1992.

实践的发展，成为南极治理中的重要一环。南极治理在视察中的不同领域互相交织，构成了目前的南极视察制度，而南极区域治理的不断发展也令南极视察制度不断完善，为国际法履约监督机制的发展注入新的活力。南极视察制度中存在的会议审议、书面评估、实地调查程序均存在于国际法履约监督机制，但视察的内容在长久的发展中发生了变化，突破了已有国际法履约监督机制实现途径在不同国际法领域各具特色的特点，同时还加入了国内法层面的内容。

一、南极视察中南极治理的发展

不同的国际法履约监督机制都会结合国际法制度本身的宗旨、目的进行安排，具体的履约监督方式也是各方同意、妥协的结果。〔1〕因此，南极治理涉及的各个方面转化为南极区域的各个国际法制度，而各种南极视察机制也在国际法目的的实现层面有所区别。〔2〕本书涉及多种基于不同国际法依据的南极视察，既包括处于南极条约体系下的《南极条约》的视察和《南极海洋生物资源养护公约》的视察，也包括南极区域一些国际组织和国际条约机构展开的南极视察，甚至还有一些根据国内法的南极视察。实际上，不同种类的南极视察分类方法千差万别，历史发展完全不同，背后代表着不同群体对于视察机制的认识，基于不同的国际法依据，具有强弱各异的国际法效力，在南极治理中所关注的南极问题也不同，部分南极视察机制还存在理论争议。这些南极视察在长久的国际法安排和实践中形

〔1〕 刘惠荣、齐雪薇：《设立南极海洋保护区的法律困境与出路：兼谈中国的应对》，载《海洋开发与管理》2021 年第 4 期，第 4 页。

〔2〕 Stephens A.，“The extended continental shelves of sub-Antarctic Islands：implications for Antarctic governance”，*Polar Record*，Vol. 4，Issue. 46，2010，pp. 312~327.

成了一套相对独立而又互相交织的特殊关系，共同构成了南极视察制度，而这些南极视察所处的南极区域法律或规范性文件形成的整体又共同形成了整个区域的南极治理体系。目前，南极治理体系依照主体的不同，由国际组织、国际条约机构、非政府组织、国家等多方组成。结合本书所研究的南极视察制度，不同的文件制度背后有着不同的成立背景。〔1〕

（一）由和平利用到环境保护

作为南极区域治理最早的国际条约，《南极条约》在讨论之初并没有将环境保护作为条约的主要宗旨。〔2〕实际上，《南极条约》下的南极视察经历了从军事视察到军事和环境视察，再到以环境视察为主的演变，体现出整个南极条约体系宗旨目的演变历程。《南极条约》中南极视察脱胎于军事视察机制，并将和平利用性质的军控、防扩散履约监督机制运用到南极区域，但之后却补充进一系列其他国际法领域的条约，《南极条约》中的南极视察也不仅关注和平利用，逐步增加了动植物保护，特别是目前环境保护的内容，形成了多国际法领域在一种履约监督机制下的适用。〔3〕随着目前《关于环境保护的南极条约议定书》成为南极条约体系的重心，《南极条约》下的南极视察也脱离了和平利用视察的目的，在保留视察形式的同时变成了环境保护性质的履约监督机制。〔4〕

〔1〕 Wang W., "An Analysis of Types of Antarctic Governance Regime", *Pacific Journal*, 2016.

〔2〕 Wang W., "An Analysis of Types of Antarctic Governance Regime", *Pacific Journal*, 2016.

〔3〕 Kevin A. Hughes, Andrew Constable, et al., "Antarctic environmental protection: Strengthening the links between science and governance", *Environmental Science & Policy*, Vol. 83, 2018, pp. 86~95.

〔4〕 Foster Charles, "Ectoparasiticides and the precautionary principle", *Veterinary Record*, Vol. 4, Issue. 188, 2021.

（二）渔业资源养护

与《南极条约》下的南极视察不同，《南极海洋生物资源养护公约》下的南极视察本身是国内法视察在国际法中的运用。从历史上看，最早的捕捞视察源于美国国内法，实质是渔业执法部门对本国捕捞船只在本国管辖海域内的视察，依据国内关于捕捞限额的规定进行以属地为原则的管辖。[1]事实上，目前这种依据国内法的捕捞视察在具有捕捞业的国家已经普遍存在，比如在中国一艘渔船在禁渔期进行违法捕捞作业，相关渔业执法部门就可以登临视察，找寻非法捕捞对象，并根据捕捞的一般知识对违法行为进行判定，并进行行政处罚等。[2]只不过这种单纯的国内捕捞视察之后被《南极海洋生物资源养护公约》所采纳，转而在南极区域的国际法层面进行了实践。实际上，通过对比国内捕捞视察和南极捕捞视察，可以看出南极捕捞视察完全采纳了国内捕捞视察的模式，具有相同的捕捞配额规定、法律依据、执法过程、违法判定方案，只不过根据远洋捕捞和各国捕捞船只各异的情况进行了些许调整。由于《南极海洋生物资源养护公约》规制的南极海域存在争议，既不是主权声索国的领海、毗连区、专属经济区，也不是一般意义上的公海，因而该海域的捕捞行为规制会依据南极海洋生物资源养护委员会制定的年度捕捞限额，以视察相关船只是否存在超捕、滥捕，还会对非成员国的 IUU 船只进行视察，以一定程度上维护公约海域的封闭性。[3]除南极捕捞视察采用了国内法的捕捞视察制度外，之后的一些南极区域国际条约机构和国际组织也采取了

〔1〕 Iii S.,“Sea Turtle Conservation; Fishing Gear Inspection Program”, 2014.

〔2〕 施余兵、陈奥鑫：《构建“渐进式”的南海渔业执法合作》，载《海南大学学报（人文社会科学版）》2020 年第 4 期，第 13 页。

〔3〕 孙文文等：《区域渔业管理组织关于建立 IUU 捕捞渔船清单养护管理措施的比较》，载《上海海洋大学学报》2021 年第 2 期，第 375 页。

类似模式，而随着《1995 年协定》借鉴国内捕捞视察并规定了普遍意义上的国际捕捞视察，某种意义上成了国际法层面开展捕捞视察的参考规定。[1]由此，捕捞视察从国内法制度发展为一项国际法制度，其目的依然是执行捕捞配额，防止非法捕捞等。

（三）南极区域治理主体的扩张

传统的南极区域治理主体主要是国际法主体，而随着南极治理层次的复杂化，一些南极区域专业、激进的国际条约机构、政府间或非政府间国际组织也开展视察，成为南极区域更广泛的治理主体。[2]所谓“专业”主要指这些南极视察大多关注某一领域，比如海洋生物资源保护、旅游；所谓“激进”，是指一些非政府间国际组织采用比较激进的理念和手段开展南极视察，典型的就是绿色和平组织。目前，各种南极视察制度主要着眼南极区域的环境治理，而与目前国际普遍的国际环境保护、渔业资源开发、旅游资源开发、矿产资源开发等国际标准相比，南极区域的保护标准已经很高，其渔业资源配额有限，且建立了南极海洋保护区，旅游资源开发一直受到诸多限制，而矿产资源并未开采。[3]一些专业性的组织和机构往往利用自身的高标准吸引其他赞同的国际法主体或经济体加入，以通过“联盟”

---

〔1〕 刘艳红、黄硕琳：《公海渔业制度的发展及我国的公海渔业权益》，载《海洋湖沼通报》2009 年第 1 期，第 163 页。

〔2〕 刘惠荣、齐雪薇：《设立南极海洋保护区的法律困境与出路：兼谈中国的应对》，载《海洋开发与管理》2021 年第 4 期，第 3 页。Stephens A.，“The extended continental shelves of sub-Antarctic Islands：implications for Antarctic governance”，*Polar Record*，Vol. 4，Issue. 46，2010，pp. 312~327.

〔3〕 刘惠荣、齐雪薇：《设立南极海洋保护区的法律困境与出路：兼谈中国的应对》，载《海洋开发与管理》2020 年第 3 期，第 3 页。Stephens A.，“The extended continental shelves of sub-Antarctic Islands：implications for Antarctic governance”，*Polar Record*，Vol. 4，Issue. 46，2010，pp. 312~327.

的方式提高整体的保护标准，或推动区域内的一些新的环保措施；而一些激进的非政府组织更会推行自己的理念，推动更高标准的保护措施。[1]因此，在南极区域治理层面，这些专业、激进的南极视察成为推动南极治理标准提高、监督其他主体南极活动的中坚力量，其代表着全球治理层面除传统国际法主体以外的力量对南极区域治理的贡献。

（四）国家主权在南极执法监督中的体现

由于南极地位的特殊性，除了国际法角度的南极治理，国内法也在南极发挥着重要作用。目前，相关的主权声索国均在国内法体系中用专门的南极法律对南极的行政管理、司法管辖进行安排。[2]在国内法中，规定南极区域的执法监督是彰显主权声索国对南极“领土”实现实际管辖治理的手段之一。虽然《南极条约》冻结了南极区域的主权声索，南极区域的主权归属在学界也存在多种说法，但是主权声索国依然从维护国家主权、增强实际存在的角度进行了多项法律安排，依据国内法进行的南极视察（南极执法监督）即属于这一种。这种国内法层面的安排主要以主权声索国为主，但一些非主权声索国依然规定了南极执法监督制度，以属人原则为基准开展对本国人员南极活动的视察。南极主权的许多争议实际上背后不仅是当下主权声索国与非主权声索国的潜在争议，一些目前非南极主权声索国的国家依然以当代国际法理论为依据试图改变目前冻结的南极主

〔1〕 刘惠荣、齐雪薇：《设立南极海洋保护区的法律困境与出路：兼谈中国的应对》，载《海洋开发与管理》2021 年第 4 期，第 3 页。Stephens A.，“The extended continental shelves of sub-Antarctic Islands：implications for Antarctic governance”，*Polar Record*，Vol. 4，Issue. 46，2010，pp. 312～327.

〔2〕 陈力：《南极治理机制的挑战与变革》，载《国际观察》2014 年第 2 期，第 25 页。

权，以寻求改变南极条约体系今后的发展。[1]基于此，国家主权实际上是国内法南极执法监督开展的一大因素，也是作为国际法制度的南极法律体系背后与其他国际法制度与众不同的原因。

二、南极视察对南极治理的必要性

南极视察对南极治理存在必要性，这是由南极区域的现实情况与国际法律制度的固有特征所决定的。作为地球上一块特殊的区域，南极具有特殊的国际地位，其自然原因和法律安排造就了对其和平利用的结果。[2]南极环境的脆弱性及对全球环境的影响要求南极治理必须包括完善有效的履约监督机制。因而作为南极法律制度的保障，南极视察制度就是通过国际合作以实现南极治理的必要手段。

（一）南极特殊的国际地位

南极是当今世界唯一一块主权没有确定且没进行大规模开发的大陆。[3]在主权上，南极的法律地位已被学界讨论许久，除西南南极外，剩余部分已经被前文所述的国家“瓜分”，但这种“瓜分”与航海大发现时期以及之后的殖民地瓜分有着显著区别，一些国家对南极大陆的主权宣称与南极发现的时间并不一致，明显存在滞后性，由于南极大陆被发现时是18世纪，而当时科技手段有限，因此在南极大陆被发现伊始，各国无法对南极进行国际法上的先占，因而并未宣称对南极拥有主权，直

〔1〕陈力：《南极治理机制的挑战与变革》，载《国际观察》2014年第2期，第25页。

〔2〕Rothwell D. R.，“Sovereignty and the Antarctic Treaty”，*Polar Record*，Vol. 46，Issue. 236，2009，pp. 17~20.

〔3〕Rothwell D. R.，“Sovereignty and the Antarctic Treaty”，*Polar Record*，Vol. 46，Issue. 236，2009，pp. 17~20.

到20世纪20年代初，随着世界列强开始了瓜分世界的狂潮，南极大陆才逐渐被宣称主权。[1]

1. 南极特殊国际地位的成因

南极特殊国际地位的形成可以分为两大层面原因。自然层面的原因为，南极曾是人类遥不可及的地方，这也是南极成为主权未定地区的原因之一。因为环境恶劣，在几百年前，相关国家根本无法在南极地区采取先占、时效等传统领土取得方法占据南极，也无法行使有效的管辖权，更无法在南极区域通过武装冲突进行占领，因而才形成了相关国家根据扇形原则对南极区域的领土声索。除了一般的领陆以外，由于领海、毗连区或者专属经济区、大陆架的划界需要根据陆地进行，因此该部分区域的划界问题至今也存在重叠和争议。随着人类科技的进步，探索南极和对南极进行管辖变得愈发具有可能性，但由于现代国际法制度的发展，一些传统的领土取得方式已经无法适用，再加上对一片气候极端区域行使主权管辖权的成本过高，因此这些领土声索国也不再对南极寻求迅速而激烈的行动。[2]时至今日，虽然开展南极活动已经不具极高难度，但南极的恶劣气候依然限制着人类的活动，再加上之前南极条约体系的限制，才导致了南极如今的国际地位。除自然层面原因外，南极特殊国际地位的形成还有法律层面原因。南极作为较晚发现的“新大陆”，对其的发现、占有、法律创设等正处在国际法制度的变革时期。主权声索方面，各国对南极的主权声索实际上直到第二次世界大战时期还存在变动，甚至挪威还在2015年6月

---

〔1〕 Rothwell D. R.，“Sovereignty and the Antarctic Treaty”，*Polar Record*，Vol. 46，Issue. 236，2009，pp. 17~20.

〔2〕 刘惠荣等：《“南北极国际治理的新发展”专论》，载《中国海洋大学学报（社会科学版）》2019年第6期，第11页。

12日正式对之前宣称区域南部边界与南极点中间的扇形区域宣称主权并附属于毛德皇后地，[1]而目前学界对于这种补充性主权声索的有效性并没有任何研究；环境保护方面，自《南极条约》生效至今，各国对于南极环境保护的认识发生了天翻地覆的变化，各种新产生的国际法文件基本上均与南极环境保护有关，原有的主权冻结、军事活动、和平利用等南极有关议题逐渐被环境保护、资源开发所代替。

2. 主权冻结、非军事化和非核化

《南极条约》作为以国际法形式确定南极特殊国际地位的基础性文件，签署和生效经历了长时间的准备和博弈。同样，本书探讨的南极视察制度就是作为保障《南极条约》生效并得到执行的配套机制。具体而言，南极特殊的国际地位主要体现在主权冻结、非军事化和非核化三方面。

第二次世界大战后，与世界其他区域一样，南极的主权和利用也被作为一大国际问题加以讨论，争论主要集中于主权声索国和非主权声索国之间。[2]1957年至1958年正值国际地球物理年（International Geophysical Year，IGY），当时许多国家的科学家在南极开展了友好和高效的科研合作，这令各国合作解决南极问题成为可能。[3]国际地球物理年的发起者——国际科学联盟理事会（International Council of Science Unions，ICSU，现今已改名为国际科学理事会）认为南极是一个理想的科学实验地，

[1] Rapp, Ole Magnus, "Norge utvider Dronning Maud Land helt frem til Sydpolen". "…formålet med anneksjonen var å legge under seg det landet som til nå ligger herreløst og som ingen andre enn nordmenn har kartlagt og gransket. Norske myndigheter har derfor ikke motsatt seg at noen tolker det norske kravet slik at det går helt opp til og inkluderer polpunktet", 22 September 2015.

[2] Truls Hanevold, "Inspections in Antarctica", *Cooperation & Conflict*, 1971, p. 152.

[3] Truls Hanevold, "Inspections in Antarctica", *Cooperation & Conflict*, 1971, p. 153.

并在当年的国际地球物理年结束后准备继续开展活动，但却激起了南美洲南极主权声索国的反对，这些国家担心在南极洲进行科学实验将破坏其主权声索，并导致南极被超级大国最终实际控制。〔1〕主权声索国一方面担心超级大国在南极进行活动造成实际控制，另一方面又没有合适的解决方法，因而最好的解决方法就是在照顾主权声索国主权宣称的基础上允许其他国家在南极进行科研活动，“主权冻结”的概念由此产生。〔2〕迄今为止，世界上曾对南极地区保留主权主张的有法国、英国、挪威、德国、智利、新西兰、澳大利亚、阿根廷这八个国家。除主权问题外，各国比较担心的另外两个问题就是南极的非军事化和非核化。第二次世界大战期间，纳粹德国曾利用南极海域作为潜艇基地并攻击其他国家的海上补给线路，这令一些国家担心美苏两个超级大国是否会在南极建立军事设施而改变该地区的军事平衡，并对其他小国进行威胁。想要杜绝超级大国军事利用南极，主权声索国意识到一个关于南极的国际条约是必要的。〔3〕此外，澳大利亚和新西兰作为近南极国家最担心南极被两个超级大国作为原子弹爆炸的试验场。〔4〕彼时，美苏两国正在进行核竞赛，美国在印度洋圣诞岛（Christmas Island）进行过核试验，并有意将南极洲作为核试验场；而苏联已经在北极地区进行了一系列核试验，南极洲作为超级大国核试验场的实际威胁的确存在，因而阻止超级大国在南极进行核试验就成了谈判的另一重点。〔5〕经过激烈的谈判，南极非军事化被各国一致接受，而在一些小国的激烈反对以及苏联的支持下，美国也最终同

〔1〕 Truls Hanevold, “Inspections in Antarctica”, *Cooperation & Conflict*, 1971, p. 153.

〔2〕 Truls Hanevold, “Inspections in Antarctica”, *Cooperation & Conflict*, 1971, p. 154.

〔3〕 Truls Hanevold, “Inspections in Antarctica”, *Cooperation & Conflict*, 1971, p. 154.

〔4〕 Truls Hanevold, “Inspections in Antarctica”, *Cooperation & Conflict*, 1971, p. 154.

〔5〕 Truls Hanevold, “Inspections in Antarctica”, *Cooperation & Conflict*, 1971, p. 155.

意了南极非核化。[1]最终，《南极条约》规定了南极主权声索冻结、非军事化和非核化，[2]这也成了南极视察制度的视察基础。

迄今为止，除世界上主权已经确定或虽然主权未定却在国家管辖范围内的区域外，还有一部分在地球上或地球外人类目前可以进行活动或有限活动的区域并不属于任何国家管辖，或从根本上不存在任何政府或“类政府”机构进行管理。联合国环境规划署（United Nations Environment Programme）曾将非主权国家管辖的区域称为“全球公域”（Global commons）[3]，一般用来描述一个国际的、超国家、全球的公共池资源区域，一般可包括公海、大气层空间、外层空间以及极地区域（包括南极和北极）。[4]事实上，《南极条约》已被《外层空间条约》（Outer Space Treaty）、《关于各国在月球和其他天体上活动的协定》（Agreement Governing the Activities of States on the Moon and Other Celestial Bodies）和《禁止在海床洋底及其底土安置核武器和其他大规模毁灭性武器条约》（Treaty on the Prohibition of the Emplacement of Nuclear Weapons and Other Weapons of Mass Destruction on the Sea-Bed and the Ocean Floor and in the Subsoil thereof）参考。[5]全球公域在法律和政治上的特征相似，其主权和管辖权问题并没被确定，但却由于技术进步以及科学和经济利益又成了快速发展的领域，这些共同特征已经或将有助于在这

---

〔1〕 Truls Hanevold, “Inspections in Antarctica”, *Cooperation & Conflict*, 1971, p. 155.

〔2〕 虽然南极禁止进行核试验，但却并未完全禁止使用核能，美国麦克默多科考站就有一个反应堆负责发电。（Truls Hanevold, “Inspections in Antarctica”, *Cooperation & Conflict*, 1971, p. 155.）

〔3〕 “Our Planet: global commons, the planet we share”, United Nations Environment Programme, https://www.unenvironment.org/resources/report/our-planet-global-commons-planet-we-share（Last visiting date: 15 March 2021）.

〔4〕 Truls Hanevold, “Inspections in Antarctica”, *Cooperation & Conflict*, 1971, p. 156.

〔5〕 Truls Hanevold, “Inspections in Antarctica”, *Cooperation & Conflict*, 1971, p. 156.

些领域建立令人满意的视察机制。[1]与全球公域的其他区域相比，南极区域显得更为特殊，因其既包括陆地，也包括海洋，还包括上覆的空域，均具有特殊的国际地位。

（二）南极环境的脆弱性

由于未经过大规模开发且位于特殊的地理位置，南极的生态环境具有天然的脆弱性。所谓脆弱的生态环境，是指在纯自然状况下南极环境与生态系统受到干扰，会造成环境组成要素的变化并导致正常的稳定性被破坏，最终因超过自身可以调节的范围而不可逆地受到破坏并无法还原到最初状态。[2]南极区域特殊的地理环境、地貌特征、气候环境使得其相较于地球其他区域更加脆弱。首先，南极大陆沿海地区是海洋、陆地及冰架的交会地带，本身就容易受到自然因素的影响，而随着人类活动的增加，该区域环境更加多变，因而成为南极生态环境最脆弱的环节。[3]相对于地球其他区域，南极一直是人类活动程度最低的一片区域，这是由其特殊的自然条件所决定的。[4]南极区域的自然条件极为恶劣，并不具备地球其他区域的生态资源，也不可能承载众多人口，因而如果南极区域活动的人类数量超过其自然承载力，则本身就不稳定的生态环境极易遭到破坏并产生剧烈变化，并因失去再生恢复能力而恶性循环。[5]南

---

〔1〕 Truls Hanevold, “Inspections in Antarctica”, *Cooperation & Conflict*, 1971, p. 157.

〔2〕 陈杰、［德］ Hans-Peter Blume：《人类活动对南极陆地生态系统的影响》，载《极地研究》2000年第12期，第62~74页。

〔3〕 庞小平、王自磐、鄂栋臣：《南极生态环境分类及其脆弱性分析》，载《测绘与空间地理信息》2006年第6期，第1~4页。

〔4〕 庞小平、王自磐、鄂栋臣：《南极生态环境分类及其脆弱性分析》，载《测绘与空间地理信息》2006年第6期，第1~4页。。

〔5〕 Carnero-Guzman Genaro Gonzalo, Bouazza Abdelmalek, Gates Will P., Rowe R. Kerry, McWatters Rebecca, “Hydration/dehydration behaviour of geosynthetic clay liners in the Antarctic environment”, *Geotextiles and Geomembranes*, Vol. 1, 2021.

极生态环境的脆弱性主要体现在两方面，一方面是全球整体气候变化、全球整体公共卫生安全变化对南极区域的冲击，南极虽然是一块相对独立的区域，但依然受到全球环境整体变化的影响，甚至这种影响由于南极特殊的地理位置而更强，比如全球气候变暖就会导致南极融冰融雪及边缘冰架坍塌；另一方面，人类在南极活动和人类在全球范围内直接对环境造成的影响也会影响南极生态环境的稳定性，典型表现就是南极的臭氧层空洞。〔1〕

生态环境受到的影响越来越大，拥有一套全方面监督管理南极活动的机制就显得愈发必要。南极视察制度正是随着南极地区人类活动的增多和多样化发展而来，而南极视察的广度和深度也是随着南极活动的发展而进行。与其他地区不同，南极地区环境的变化很大程度影响着全世界各国的本土环境，因此这种南极环境的脆弱性能够倒逼各国在南极视察制度上的合作。〔2〕

（三）南极治理的必然结果

南极治理的必然结果就是国际合作，而国际合作模式的核心就是获得各方接受的履约监督机制，这个机制是实现各方在各种南极事务上合作的必要保障，而其本身也是国际合作模式的体现。

1. 国际合作是必然途径

由于南极地区主权的未定性以及南极环境的脆弱性，国际合作是南极区域治理的必然路径，而南极视察作为其中的关键

〔1〕 Carnero-Guzman Genaro Gonzalo, Bouazza Abdelmalek, Gates Will P., Rowe R. Kerry, McWatters Rebecca, "Hydration/dehydration behaviour of geosynthetic clay liners in the Antarctic environment", *Geotextiles and Geomembranes*, Vol. 1, 2021.

〔2〕 Carnero-Guzman Genaro Gonzalo, Bouazza Abdelmalek, Gates Will P., Rowe R. Kerry, McWatters Rebecca, "Hydration/dehydration behaviour of geosynthetic clay liners in the Antarctic environment", *Geotextiles and Geomembranes*, Vol. 1, 2021.

一环也是必然的制度保障。纵观“全球公域”的治理模式，无论是月球还是国际海底区域，在法律渊源上均存在一个国际条约作为纲领性文件，部分区域拥有一个条约体系；管理架构上，部分区域拥有一个国际组织或数个国际组织进行管理或协调，部分区域存在国际条约机构作为协调主体。[1]

在南极区域治理方面进行国际合作是一个必然途径，这是由于其区域特征本身所决定的。首先，南极地区目前不受任何主权国家或政治实体的实际管辖，部分已存在的区域性法律或管理机构的象征意义大于实际意义，这决定了其必然需要以国际合作的模式进行治理，而参与的国际法主体又可以根据管辖的领域和范围分门别类产生，可能是全球性的，也可能是区域性或者特别性的，国际合作性是首要特征；其次，涉及国际合作问题必然牵扯不同类型、关系的国家之间的合作，以目前南极区域的主权声索国和存在较多活动的国家为例，这些南极的“核心”国家就囊括了传统发达国家、南美国家、新兴国家、非极地国家等诸多类型，虽然合作模式内部存在成员的强弱、关系的好坏等问题，但仍然无法阻挡国际合作，因为南极区域的事实权力格局决定了国际合作的必要性；最后，南极环境具有极高的敏感性，这体现在南极域内和域外两方面，在南极域内，与南极广袤的土地相比，各国的南极活动强度并不高，各国在南极的人员也并不多，实际上可能会对南极环境造成点状的破坏，在南极域外，每个国家的活动都可能对全球环境造成影响，而南极作为地球整体的一部分也必然被包括在内，因而单靠一国实力无法保障南极整体的环境安全，必须通过整体合作才能

〔1〕 Venkatesan Aparna, Lowenthal James, Prem Parvathy, Vidaurri Monica, “The impact of satellite constellations on space as an ancestral global commons”, *Nature Astronomy*, Vol. 4, 2020.

完成庞大且高质量、高标准的环境保护工作。[1]

2. 视察制度是必要保障

《南极条约》作为超级大国之间以及超级大国与其他主权声索国之间妥协的产物，其内部对于条约的履行和监督存在必然要求。事实上，作为《南极条约》谈判的发起者，美国一开始就坚持在条约中纳入一项视察条款，以防止成员国不履行条约义务。[2]南极视察最初的任务可以分为军事和民事两方面，军事方面主要集中于非军事化和非核化，而民事方面是指条约中规定各方交换信息的内容。[3]《南极条约》的非核化规定由一些主权声索国和苏联主导，而南极视察制度由美国主导，在南极问题上，超级大国达成了罕见的平衡，并对彼时的国际气氛和日内瓦裁军谈判产生了一定缓和。[4]在美国参议院关于批准《南极条约》的听证会上，美国首席代表赫尔曼·弗莱格（Herman Phleger）大使告诉委员会，可以将视察提案与时任总统艾森豪威尔的“开放天空”（Open Skies）[5]提案进行比较。他强调说，即使在苏联领土上不进行视察，苏联也支持将视察纳入《南极条约》。[6]而美国主导南极视察制度的原因在于其试图更广泛地进行军备控制和建立核试验视察制度。[7][8]此外，破坏

---

〔1〕 Venkatesan Aparna, Lowenthal James, Prem Parvathy, Vidaurri Monica, “The impact of satellite constellations on space as an ancestral global commons”, *Nature Astronomy*, Vol. 4, 2020.

〔2〕 Truls Hanevold, “Inspections in Antarctica”, *Cooperation & Conflict*, 1971, p. 159.

〔3〕 Truls Hanevold, “Inspections in Antarctica”, *Cooperation & Conflict*, 1971, p. 159.

〔4〕 Truls Hanevold. “Inspections in Antarctica”, *Cooperation & Conflict*, 1971, p. 159.

〔5〕 即美苏两国允许对方的侦察机对己方军事设施实施空中侦察，以增加透明、增强互信。

〔6〕 Truls Hanevold, “Inspections in Antarctica”, *Cooperation & Conflict*, 1971, p. 160.

〔7〕 即本书第七章提及的国际原子能机构核保障制度。

〔8〕 Truls Hanevold, “Inspections in Antarctica”, *Cooperation & Conflict*, 1971, p. 160.

南极产生的严重后果会对南极利益相关方甚至全球各国产生不可逆的严重损害，南极区域的重要性必然要求一个监督制度来保障国际法的有效实施，这与其他国际法制度上的“重方向、轻执行”不一样，南极视察制度要求“高标准、严要求、促合作、惩违法”。

三、南极视察对南极治理的意义

自南极视察制度产生以来，已经走过了60余载的发展历程。在南极条约体系的发展中，南极视察制度一直是重要一环，这也体现在南极条约体系中各个国际法文件的规定。可以说，只有南极视察制度的存在，才能让南极条约体系运转良好，南极环境才能受到极高标准的保护，南极资源才能被有序利用。南极视察制度意义重大，主要表现在以下方面：

（一）保障了保护南极环境各项制度的实施

南极正是在人类探索世界的发展阶段被发现的，[1]自南极被发现后，人类也开启了工业时代。工业时代是人类破坏生态环境的开端，然而南极的生态环境却没有随着人类的工业化而遭到破坏，间接遭受的破坏只有南极地区空中的臭氧层，冰雪融化问题也是由于排放温室气体所导致的，甚至这些问题至今在科学界仍有争议。20世纪60年代以来，随着科技革命以及《南极条约》的生效，各国在南极的活动明显增多、规模增大，这实质上对南极的环境产生了威胁和影响。但随着南极条约体系的不断完善，《南极条约》之外的国际法文件逐渐生效，其中也规定了完善的南极视察制度。而经过多年的实践，

---

〔1〕 对于何时由何人发现南极至今依然存在争议，但时间集中于19世纪初。(Government of the United States, “Antarctica-Past and Present”, *U. S. Antarctic Program External Panel of the National Science Foundation*, 6 Feburary, 2006.)

直至20世纪90年代初，南极视察制度已经逐步规范化，其内容根据新生效的国际法文件被逐步扩充，有效增强了对南极进行环境保护的力度，提高了视察的标准，对南极环境的保护意义重大。

不同国际法文件下的南极视察制度从不同角度切实保护了南极环境。南极条约体系下的两种南极视察制度以南极条约体系下的国际条约和其他规范性文件为基础，视察环保标准高过了地球上其他区域的国际法规定的环境保护标准，对于各国南极科考站的环保设施和技术进行了监督和汇报；部分非政府国际组织进行的南极视察标准甚至更高，具有浓厚的环境伦理主义色彩，对待破坏南极环境的活动，观察员会不留余地地进行曝光，甚至采取过激行为加以制止；〔1〕部分国家的国内法还将南极视察制度细化，构建了完备的观察员选派体系，明确了选派范围、流程、负责机构等，并配以国内法规定的南极检查和南极监督制度，从侧面保障了南极视察的客观性和有效性。此外，一些南极的主权声索国为了长远考虑必定采取高标准保护南极环境，一些开展南极活动的国家为了得到支持也必然高调地进行南极环境保护。

（二）实现了南极资源的有序利用

南极的资源主要包括矿产资源、生物资源、旅游资源三大类。虽然人类发现南极的时间不长，但自人类发现南极之初就将资源利用作为南极活动的重心。随着科技的发展，对南极资源的利用重心逐渐发生转变，从发现之初对矿产资源利用的考虑，再到20世纪对南极海洋渔业资源的开发，直到近期对南极旅游的发展，随着对南极认知的发展，南极也有越来越多的资

〔1〕林灿铃、杜彩云：《环境伦理之于国际环境立法》，载《比较法研究》2019年第6期，第149页。

源被发现和利用。但与其他大陆不同，南极的资源一直没有得到有效的开发，这是由南极恶劣的气候环境导致的。随着人类科技的进步，开发南极资源已经逐渐具备可能性，但环境保护观念的发展又使人类放弃了大规模利用南极资源的想法，甚至暂时放弃了对南极矿产资源的开采，并对生物资源和旅游资源的开发进行了国际法层面的规制。目前，人类利用南极区域的资源主要集中在生物资源和旅游资源，对其的利用状态并非失控，反而越来越有序、节制。

南极矿产资源最主要的组成部分主要是煤和铁，煤主要分布在南极近海地区，〔1〕而南极铁矿的储藏量据估算可供全世界开发利用200年。〔2〕除铁和煤之外，南极大陆还分布着大大小小的铜、铅、锌、银、锡、金等矿藏，在东南极洲就已经发现了铜、银、锡、锰、钛和铀等有色金属矿床、矿点100多处。〔3〕南极洲的石油储存量约500亿桶至1000亿桶，天然气储量约为30 000亿至50 000亿立方米，主要分布在罗斯海、威德尔海和别林斯高晋海以及南极大陆架区域。〔4〕随着世界矿产资源的开采以及用量的提高，各国正面临着越来越严峻的资源危机，《南极矿物资源活动管理公约》曾试图规制对南极的矿物开采，制定了极为详细的南极视察制度，但是由于《关于环境保护的南极条约议定书》的生效，南极禁止了除科学研究以外的矿物开采活动。

南极虽然气候条件恶劣，但生物资源依然丰富。在南极陆

---

〔1〕 Mary Trewby, "Antarctica: An Encyclopedia from Abbott Ice Shelf to Zooplankton", *Firefly Book*, September 2002.

〔2〕 Riddle M. J., "The Antarctic Treaty System and Wildlife Health: Disease Awareness, Prevention and Response", *Springer Berlin Heidelberg*, 2009, p. 35.

〔3〕 Riddle M. J., "The Antarctic Treaty System and Wildlife Health: Disease Awareness, Prevention and Response", *Springer Berlin Heidelberg*, 2009, p. 39.

〔4〕 J. D. Hansom, John Gordon, "Antarctic Environments and Resources: A Geographical Perspective", *Routledge*, 2014 (221).

地只有少数陆栖脊椎动物，大多数都是无脊椎动物，诸如括虱、线虫动物、缓步动物、轮形动物、磷虾、弹尾目和螨类（如南极甲螨）。而南极海洋中的动物种类则更加丰富，其中包括企鹅、蓝鲸、虎鲸、大王酸浆鱿、海狗以及各种鱼类、虾类等。[1]在18世纪南极被发现后，南极地区的海豹被大规模地猎杀，但由于当时人类的科技程度有限，在南极地区尚未进行大规模的捕捞作业，因而其他生物资源保存完好。除了动物，由于南极的极端气候，南极大陆没有大量的植物，主要以藻类等浮游植物为主。随着人类科技的发展，第二次世界大战后，人类开始着手利用南极的生物资源，其中尤以捕捞活动为主。由于有人过度捕捉在南极生态系统中发挥很大作用的磷虾，相关政府制定了相关的渔业法规。由南极海洋生物资源养护委员会（The Conservation of Antarctic Marine Living Resources，CCAMLR）所制定并于1980年生效的条约，要求所有南大洋渔民考虑自身行动对整个南极生态系统的潜在影响[2]。但即使落实了这些新法律，缺乏监管和不合法规的捕捞行为仍然是一个严重问题，尤其是对小鳞犬牙南极鱼（在美国作为智利鲈鱼出售）的捕捉行为。[3]齿鱼的非法捕捞量一直在增加，在2000年估计捕捞量已达32 000吨。[4]南极海洋生物资源养护委员会下的南极视察正是对渔船和海洋活动的视察，随着南极海洋保护区的设立，该种南极视

---

〔1〕“Creatures of Antarctica”, https://web. archive. org/web/20050214015049/http://www. knet. co. za/antarctica/fauna_ and _ flora. htm（Last visiting date：15 March 2021).

〔2〕Government of the United States, “Antarctica. The World Factbook”, *United States Central Intelligence Agency*, 2011, 22 Octobre 2011.

〔3〕“Toothfish. Australian Antarctic Division”, http://www. antarctica. gov. au/about-antarctica/wildlife/animals/fish（Last visiting date：15 March 2021).

〔4〕“Alex Kirby, Toothfish at risk from illegal catches”, http://news. bbc. co. uk/2/hi/science/nature/1492380. stm（Last visiting date：15 March 2021.)

察对于非法捕捞的打击力度会更大，这有效保护了南极的海洋生态环境，促进了对生物资源的有效利用。

南极的旅游资源也非常丰富，目前在国内，各式各样的“极地游”项目在各旅行社都是热卖。南极洲自1957年起开始发展小规模的“探险旅游”，虽然这类旅游亦受南极条约议定书所限制，但实际上是由国际南极旅游组织协会（IAATO）进行自我规管。[1]虽然并非所有开往南极洲的旅游船只都属于IAATO成员，但是95%的南极洲旅游活动都是由IAATO成员组织的。[2]大部分旅游活动是乘小型或中型船前往南极洲，并主要前往一些较易抵达、有独特野生动物集中地的特定景点。据IAATO统计，2015年至2016年间总共有38 478名游客赴南极旅游。[3]目前有人对游客大量涌入可能对环境及生态系统产生的有害影响感到担忧。一些环保人士和科学家呼吁针对旅游规模和旅游设施制定更为严格的规定。[4]针对这一点，《关于环境保护的南极条约议定书》缔约方的主要回应是由其环境保护委员会与IAATO进行合作，共同对登陆点进行约束，并且限制或关闭一些访问频繁的旅游景点。另外，由澳大利亚和新西兰航空共同运营的南极不着陆观光航班在1979年901号班机发生空难并导致257人全部遇难也导致南极空中游览暂停，直至20世纪90年代中期澳大利亚航空才恢复了从澳大利亚到南极洲的商业观光航班。目前而言，南极条约下的南极视察以及其他几种南极视

[1] Antarctic Treaty Secretariat, Final Report, 30th Antarctic Treaty Consultative Meeting, 2 August 2007.

[2] “Politics of Antarctica”, https://web.archive.org/web/20050214014631/http://www.knet.co.za/antarctica/political.htm (Last visiting date: 15 March 2021).

[3] IAATO, 2015-2016 Tourists by Nationality-Total, 7 Decembre 2016.

[4] “Tourism threatens Antarctic”, Telegraph UK, https://www.telegraph.co.uk/travel/734551/Tourism-threatens-Antarctic.html (Last visiting date: 15 March 2021).

察已经对旅游活动进行了全面的视察工作，IAATO下的南极视察甚至派驻观察员在旅游团中，这也保障了近30年以来南极旅游资源的有序利用，虽然旅游人数逐年上升，但再没有发生过严重破坏南极环境的事故。

（三）为国际法的发展提供了新思路

现代国际法制度存在一些固有缺陷，而理想的国际法制度在当今比较难实现。南极视察制度虽有完善的必要，却为国际法的发展提供了新思路。首先，南极视察制度要求以监督和检查作为国际法约束力的保障制度之一，这保证了南极条约体系下国际法文件得到有效的遵守，防止了有关活动者对南极环境的破坏，有效保护了南极的生态环境；其次，南极视察制度开创了国际合作的新模式，最大限度保证了南极条约体系下国际合作的效率，防止了各国出于自身考虑而对国际法的抵制和消极履行；最后，南极视察制度的诸多限制性条件为国际法制度的准入门槛设计提供了新参考，拥有科考站作为成为南极条约协商国的门槛可以提升各国投身于南极事业的热情和兴趣程度，既不会太遥不可及也不会太低，这也为相关国际组织提供了参考。

目前，国际法下的各类制度应该通过广泛协商，逐步建立起相应的履约监督机制，该机制的建立并不需要彻底颠覆已有的国际法机制，而仅需根据现有的制度结构补充相应的履约监督机构即可。[1]与南极视察类似，由于目前各种国际法制度依然存在于现实世界，网络、电子等领域的国际法制度并不多且不成体系，因而这种依托国际合作，进行组团式履约监督的模式具有一定的可行性。[2]

---

〔1〕 张弛：《国际法遵守理论与实践的新发展》，武汉大学2012年博士学位论文。

〔2〕 易卫中：《论后巴黎时代气候变化遵约机制的建构路径及我国的策略》，载《湘潭大学学报（哲学社会科学版）》2020年第2期，第91页。

第三章

《南极条约》下的南极视察

南极视察制度由不同的南极视察机制共同组成。不同的南极视察机制可以按照有无法律拘束力、依据国内法还是国际法或是南极区域治理的不同领域等标准进行划分。由于各种南极视察机制经历了较长时间的创立和发展，虽然单一的条约宗旨并未改变，但却形成了数个条约合并后的南极视察机制，换言之，一项南极视察背后可能由数个相关联的国际条约作为国际法渊源；也有部分南极视察机制依然由单一的条约所规定并开展，或是由主权国家根据国内立法开展。因而在第三、四、五章中，本书依据各南极视察机制的法律渊源，并结合南极视察制度中各机制的地位和关注领域，将南极视察制度分为《南极条约》下的南极视察、《南极海洋生物资源养护公约》下的南极视察、南极条约体系外的南极视察及国内法的南极视察四个方面进行论述。

《南极条约》下的南极视察被官方称为“根据《南极条约》第 7 条和《关于环境保护的南极条约议定书》第 14 条的视察”(Inspection under Article Ⅶ of the Antarctic Treaty and Article 14 of the Protocol on Environmental Protection)，直接的国际法依据即《南极条约》第 7 条和《关于环境保护的南极条约议定书》第 14 条，在南极视察制度的整体中具有核心地位，也是最早的南极视察机制。本章共分为三节，分别从视察的内容、视察的开展程序、视察的法律问题与意义进行写作。第一节视察的内容首先归纳、总结视察的法律依据，依据国际法文件的分类标准从条约依据入手，并对其中重要的规范性文件进行梳理；其次介绍视察内容的演变，通过研究南极条约体系下国际条约的谈判历程和规定内容梳理视察内容的演变；最后介绍现行有效的视察清单中针对南极环境保护规定的细节内容。第二节视察的开展以视察开展的规范流程为线索，首先介绍确定视察主体的协商国和选派观察员流程，介绍了南极视察实践历年以来的协商国参与次数和观察员情况，并介绍了观察员的法律地位；其次介绍开展视察过程中进行视察工作的具体内容及撰写视察报告的体例、内容，并选取了具有代表性的视察报告内容进行分析；最后介绍评估履约情况，分析了现行提交报告的程序性规定及会议讨论的效果等。第三节视察的法律问题与意义介绍了视察的法律问题，从实践和理论两方面论述了视察存在的问题，从南极治理的不同维度论述了视察的意义。

《南极条约》下的南极视察在整个南极视察制度中具有始创、核心地位，无论是实践时间、各国参与强度，抑或是立法、资料本身的丰富程度，相较其他几个南极视察机制均具有优势，以往国际法学界涉及的南极视察制度也大多专指该视察机制。在研究该机制如何运作并发挥效用的同时更重要的是要通过其形成发展过程探寻背后的南极法律发展方向和脉络。

第一节 视察的内容

《南极条约》出台时就规定了南极视察，由于彼时无法预测之后南极法律体系的发展趋势，因而《南极条约》第 7 条并未将其作为维护南极生态环境的监督机制而着重于和平利用。经过几十年的发展，南极条约体系下有关环境保护的国际条约逐渐增多，南极条约协商会议也将重点放在了南极环境保护方面，因而目前该种视察的内容以环境保护为主，兼顾和平利用。

南极视察制度在南极条约体系中得到明确的规定并首次规定在《南极条约》中，南极条约体系中其他的国际条约继续对其进行了规定。而《南极条约》作为南极区域的基础性法律文件自然处于最重要的地位，其规定的南极视察不仅是最早的南极视察，也是其他南极视察规定的立法“母版”。在 1980 年《南极海洋生物资源养护公约》生效以前，南极条约下的南极视察的法律依据以《南极条约》中的规定为基础。而《南极海洋生物资源养护公约》生效后，关注点在于南大洋海域的渔业活动，与《南极条约》形成了平行的两套南极视察制度。1998 年《关于环境保护的南极条约议定书》生效后，南极视察吸收了其中视察的规定，因此在之后的南极视察报告中均将《南极条约》和《关于环境保护的南极条约议定书》一同作为视察的法律依据，将其并称为“根据《南极条约》第 7 条和《关于环境保护的南极条约议定书》第 14 条的视察”。本章《南极条约》下的南极视察指的是南极条约协商国根据这两个条约中的关于南极视察的规定，依照相关的规则和程序，派遣代表团进行南极视察。

一、视察内容的法律依据

《南极条约》下的南极视察具有条约和规范性文件两方面的依据。国际条约依据即规定该种南极视察的两个南极条约体系下的国际条约——《南极条约》和《关于环境保护的南极条约议定书》，其中的内容直接涉及南极视察机制；而规范性文件则包括南极条约协商会议通过的一系列具有法律拘束力和不具有法律拘束力的文件，主要体现为南极条约协商会议通过的“措施”（Measure）、“决定”（Decision）和“决议”（Resolution）。

（一）条约依据

由于南极条约体系的不断完善，《南极条约》下的南极视察的直接依据经历了较复杂的发展。最初的条约依据只有《南极条约》下有关南极视察的相关规定，但随着南极条约体系下其他国际条约的产生，这些条约中有关南极视察的规定也被吸收到《南极条约》下的南极视察中。而随着1991年《关于环境保护的南极条约议定书》的签署，该条约将《南极条约》之后出台的一系列有关南极环境保护条约的内容加以整合，并规定了完善的南极视察机制，因而目前该种南极视察的条约依据即《南极条约》和《关于环境保护的南极条约议定书》。

《南极条约》第7条和《关于环境保护的南极条约议定书》第14条规定了该种南极视察中的视察内容。《南极条约》第7条第2、3、4款规定，南极协商国派出的观察员有权进入“南极的任何区域，包括一切驻所、装置和设备，以及在南极装卸货物或人员的地点的一切船只和飞机；有权指派观察员的任何缔约国，可于任何时间在南极的任何或一切地区进行空中视察”。[1]其中提及，观察员有权对南极区域内的驻所（stations）、装置（installations）和设备（equipment），以及在南极装卸货物或人员的地点的一切船只（ships）和飞机（aircraft）进行视察，方式包括陆海空三种。《关于环境保护的南极条约议定书》第14条第2款规定，“各缔约国应依照《南极条约》规定开放公约规定的场所以供视察，根据本公约规定，还需要开放这些场所

〔1〕 Article 7 of Antarctic Treaty.

中存放的记录以供视察”[1]，其中提及，观察员除有权对之前《南极条约》规定的对象进行视察外，对这些对象的记录（包括纸质文档和电子文档）也有权进行视察。

迄今为止，在已经进行过的59次该种南极视察中，视察的内容与最初相比已经发生了显著变化，这种变化体现在视察内容的细致程度、视察的对象、视察的重点等，究其原因，一方面是南极条约体系的逐渐扩大，另一方面也是由于南极视察本身也处在发展规范、积累经验的过程中。此外，虽然《南极条约》和《关于环境保护的南极条约议定书》明确规定了南极视察的开展，但其中并没有规定进行该种南极视察的程序和具体内容，一些原则性的规定并不足以在实践中被直接适用，代表团有权进行视察并选择对任何站点、设施的各个方面进行视察，但接受视察的主体却只能被动公开所有受视察对象。这种情况也给了不同代表团足够的自由度，使其能根据自身意愿视察相关的内容。

（二）规范性文件依据

如上文所述，规范性文件依据包括南极条约协商会议通过的一系列具有法律拘束力和不具有法律拘束力的文件，主要体现为南极条约协商会议通过的“措施”（Measure）、“决定”（Decision）和“决议”（Resolution）。目前，措施和决定被认为具有国际法效力，而决议不具有国际法效力。但是从该种南极视察的实践而言，这些规范性文件均得到了一定程度的遵守。结合这些文件中对南极视察内容的具体规定，本书将对其进行详细的介绍。具体而言，目前南极条约协商会议通过的所有有关南极视察的规范性文件共有7个，其中文件1至文件5为各种

[1] Article 14 of Protocol on Environmental Protection to the Antarctic Treaty.

决议，规定了具体的视察清单；而文件 6 和文件 7 为决定有关观察员的选派流程。

这些规范性文件依据除文件 6 和文件 7 外均与视察清单相关，因而下文将以介绍视察清单为主要内容。文件 6 和文件 7 大致规定了南极条约秘书处对各方信息传播和保存的职能，其中文件 7 替代了文件 6，并规定进行视察的协商国在确定观察员后需通报观察员姓名和终止任命的通知，并通过不以外交方式为限的适当方式传达给其他协商国，同时秘书处在收到相关通知后也应当通知协商国，其提供的信息在网站上并不公开。[1]

表 2 该种南极视察规范性文件统计

	生效时间	通过会议	通过地点	编号	名称
1	1995. 5. 19	ATCM XIX	首尔	Resolution 5	视察清单 (Inspection check-lists)
2	1996. 5. 10	ATCM XX	乌得勒支	Resolution 1	偏远野外营地视察指南 (Guidance for inspections of remote field camps)
3	2008. 6. 13	ATCM XXXI-CEP XI	基辅	Resolution 4	南极特别保护区和南极特别管理区视察清单 (Checklist for inspections of Antarctic Specially Protected Areas and Antarctic Specially Managed Areas)

〔1〕 Decision 2 (2019) -ATCM XLII-CEP XXII, Prague.

续表

	生效时间	通过会议	通过地点	编号	名称
4	2010. 5. 14	ATCM XXXIII-CEP XIII	埃斯特角	Resolution 3	修订后的南极视察清单“A”(Revised Antarctic inspection Checklist “A”)
5	2012. 6. 20	ATCM XXXV-CEP XV	霍巴特	Resolution 11	访客现场活动清单(Checklist for visitors’ in-field activities)
6	2013. 5. 29	ATCM XXXVI-CEP XVI	布鲁塞尔	Decision 7	通过《南极条约》秘书处可更多地获得协商缔约方观察员名单上的信息(Additional availability of information on lists of Observers of the Consultative Parties through the Secretariat of the Antarctic Treaty)
7	2019. 7. 11	ATCM XLII-CEP XXII	布拉格	Decision 2	协商国通过《南极条约》秘书处关于《南极条约》第7条和《南极条约环境保护议定书》第14条的观察员名单的通知(Notification by the Consultative Parties of the list of Observers under Article VII of

	生效时间	通过会议	通过地点	编号	名称
					the Antarctic Treaty and Article 14 of the Protocol on Environmental Protection to the Antarctic Treaty through the Secretariat of the Antarctic Treaty)

二、视察内容的演变

作为南极区域治理最早的国际条约,《南极条约》在讨论之初并没有将环境保护作为条约的主要宗旨,因而在早期的南极视察中并不存在对环境保护的视察内容。实际上,《南极条约》下的南极视察经历了从军事视察到军事和环境视察,再到环境视察为主的演变历程,体现出整个南极条约体系宗旨目的演变的历程。而当下《南极条约》下南极视察的内容已经完全成了环境视察。

(一) 军事视察

《南极条约》最初并没有将环境保护作为条约的主要宗旨。纵观《南极条约》全文14个条款,其中没有任何关于环境保护的内容,但开篇就提及了南极的“非军事化”。事实上,《南极条约》下南极视察的制度安排与朝鲜战争停战谈判密切相关。[1]在朝鲜战争的停战谈判中,美方主张由双方组成军事停战委员会

〔1〕 冯东兴:《朝鲜停战中的中立国监察委员会》,载《东北师大学报(哲学社会科学版)》2015年第1期,第152页。

在朝鲜全境“自由视察”，朝中方面则希望由中立国建立委员会进行监察工作以对双方同意进行视察的口岸进行视察，并向双方停战委员会提出报告。〔1〕美方最终接受了这一建议，双方达成协议：由波兰、捷克斯洛伐克、瑞士、瑞典四国组成中立国监察委员会。〔2〕但之后双方直至1953年才签订停战协议。因而在《南极条约》的视察机制中，美国一开始就将其作为军事视察，并反对国际代表团进行视察而支持单边视察。〔3〕虽然英国、挪威等国支持多边视察以防止超级大国垄断视察权，但最初的南极视察依然成了超级大国防止南极被用于军事目的的机制。因此，《南极条约》下的南极视察最初仅根据《南极条约》，即是对南极区域“非军事化”和“非核化”的视察，以保证南极区域的南极活动符合《南极条约》，防止出现秘密军事活动、核试验及储存核废料，这点在下文最早的南极视察报告中可以看出，其仅关注了这两方面。实际上，《南极条约》下的视察方式完全采用的就是军事上的视察。无论是朝鲜战争时期设想的观察团，还是《开放天空条约》下美苏双方开展的空中视察，都是派遣观察团前往实地进行检查以确认是否存在违反条约义务的情况。因此，这种纯军事视察一直持续到20世纪60年代《保护南极动植物议定措施》出台。

（二）军事与环境视察

随着20世纪60年代《保护南极动植物议定措施》和20世纪70年代《南极海豹保护公约》生效，《南极条约》下的南极视察内容增加了这两个条约中有关动植物环境保护的内容。根

---

〔1〕冯东兴：《朝鲜停战中的中立国监察委员会》，载《东北师大学报（哲学社会科学版）》2015年第1期，第152页。

〔2〕Thomson Reuters，“Korean War Armistice Agreement”，*Find Law*：*Canada and United States*，27 July 1953.

〔3〕Truls Hanevold，“Inspections in Antarctica”，*Cooperation & Conflict*，1971，p. 165.

据上文的分析《保护南极动植物议定措施》明确将《南极条约》的视察整合进该条约有关动植物保护的内容，而《南极海豹保护公约》虽然设想规定独立的视察机制，但最终也被纳入《南极条约》的视察。由此，《南极条约》下的南极视察增加了这两个条约中的内容，并在视察过程中开始以之前军事视察的方式实地视察南极活动是否影响动植物保护，以及相关方是否捕杀海豹。但回顾《关于环境保护的南极条约议定书》出台之前的该种南极视察，其内容已经逐渐由军事视察转变为军事与环境视察并重，军事视察的内容仅用一两句话带过。

（三）环境视察

随着《南极海洋生物资源养护公约》的生效，《南极条约》下的南极视察本应增加更多有关海洋生态环境的视察。然而由于前者捕捞视察的特殊性，以往开展的该种南极视察并未在南极大陆以外的区域开展，且从未对渔船进行过视察，因而《南极海洋生物资源养护公约》依照一些国家国内的捕捞视察机制构建了自己的南极捕捞视察。而随着20世纪80年代以来美苏关系的缓和，以及国际法其他领域对于国际环境法、防扩散法的构建，《南极条约》下的南极视察中有关军事视察的内容继续减少，而有关环境视察的内容继续增多。直至《关于环境保护的南极条约议定书》出台后，《南极条约》下的南极视察进行了进一步整合，有关军事视察的内容在视察报告中均用寥寥数语带过，而随着1995年视察清单出台，清单中也再未要求协商国视察进行军事视察。〔1〕至此，《南极条约》下的南极视察彻底演变为了环境视察，军事视察内容仅在部分视察报告中以一两句话带过。

---

〔1〕 详见下文视察报告内容。

三、现行视察清单中的内容

自《关于环境保护的南极条约议定书》于1991年签订以来，该种南极视察进入了规范阶段，典型表现就是自20世纪90年代以来出台了数项视察清单。目前在南极条约协商会议上共通过了5项关于视察清单的决议，其中，决议5（1995）——视察清单作为第一份视察清单规定了视察的主要内容，后几个清单分别补充、修改了该清单。南极条约协商会议通过的视察清单明确规定了一系列南极视察的对象、流程以及视察的方式、手段等，制作了极为细致的视察表格、问询列表等。但这些文件仅具有指导性，不具有法律拘束力，进行视察的当事国依然有权不按照视察清单的规定进行视察。

（一）科考站、载具及其他场地

决议5（1995）——视察清单于1995年5月8日至19日的第19届南极条约协商会议上以“决议”的形式通过［Resolution 5（1995）——ATCM XIX，Seoul］。[1]根据1995年视察清单开篇的介绍：“该视察并不是一个列明所有被视察对象和视察程序的清单，目的是向南极观察员提供一个按照相关的国际法规定进行视察的指导，并非清单中的所有项目都必须被视察，甚至也并非均与《南极条约》第7条和《关于环境保护的南极条约议定书》第14条相关，而且有些视察项目可以通过《南极条约》中的信息交流机制来解决，视察的目的是通过观察来验证。任何视察报告都应清楚地确定哪些信息是通过观察而得到的，哪些信息来自文件。建议观察员在进行视察之前寻找并审查所有相关文件，包括《南极条约》信息交流数据库、SCAR的相关

〔1〕 Resolution 5（1995）-ATCM XIX，Seoul.

国家年度报告和 COMNAP/SCALOP 预先进行信息交流。”[1]在规定视察的具体内容前，该视察清单就明确了其性质——指导性文件。文件用三段内容分别阐述了视察清单的性质、视察的内容及倾向性。该视察清单将视察内容大致分为两类：一类是通过观察可以验证的，另一类是通过文件视察的。该视察清单还建议在对以上两类内容进行视察前先通过信息交流的方式获取文件，意思是如果通过信息交流方式获取到了相关信息，则没有必要再对一些内容进行视察，可见该视察清单在推动视察内容明确化的同时又反对观察员滥用视察。该视察清单依据不同的视察对象分为 A、B、C、D 四项，分别是 A 项：永久性南极科考站及其相关设施（CHECKLIST A Permanent Antarctic Stations and Associated Installations），B 项：南极条约区域内的船只（CHECKLIST B Vessels Within the Antarctic Treaty Area），C 项：被遗弃的南极科考站及其相关设施（CHECKLIST C Abandoned Antarctic Stations and Associated Installations），D 项：废物处理场地（CHE-CKLIST D Waste Disposal Sites）。这四类基本覆盖了南极的所有可见设施，分类依照《南极条约》第 7 条的规定进行，包括了南极区域驻所、装置、设备、载具。[2]

1. 永久性南极科考站及其相关设施

A 项所视察的对象是永久性的南极科考站及其相关设施，该部分的视察内容共有 21 项，包括科考站一般信息（General Information）、视察细节（Inspection Details）、科学研究（Scientific Research）、应急响应能力（Emergency Response Capability）、保护动植物（Conservation of Flora and Fauna）、环境影响评估（Environmental Impact Assessment，EIA）、保护区管理（Management of

[1] Resolution 5（1995）-ATCM XIX，Seoul.

[2] Resolution 5（1995）-ATCM XIX，Seoul.

Protected Areas）等方面，而每一项视察内容中还有具体所要视察的若干项。[1]该部分视察主要以科考站为基础，视察内容包括了科考站本身及其附属的设施、相关的工作人员、通信、交通、能源、水等设施，甚至包括了相关的游客信息等，重点在于与后勤保障、环境保护相关的项目。具体的视察内容极为详细，甚至细致到了相关设施的材质。决议 3（2010）——修改版南极视察清单“A”于 2010 年 5 月 3 日至 14 日的第 33 届南极条约协商会议（ATCM XXXIII）上以“决议”的形式通过。该决议是针对之后视察过程中出现的新情况而修改决议 5（1995）——视察清单的一个规范性文件，因为种种原因，该文件只修改了决议 5（1995）——视察清单中的 A 项，而 A 项正是对南极科考站及其附属设施的视察，作为该种南极视察的主要视察内容是整个视察清单中最重要的部分，因此对其单独进行修改也并不稀奇。决议 3（2010）——修改版南极视察清单“A”将决议 5（1995）——视察清单中 A 项内容进一步归类并补充，将原有的 21 部分合并为 11 节，分别是一般信息（Section 1. General Information）、视察细节（Section 2. Inspection Details）、科考站人员（Section 3. Station Personnel）、科考站的物理描述（Section 4. Physical Description of the Station）、科学活动（Section 5. Scientific Activities）、旅游和非政府活动（Section 6. Tourist and Non Governmental Activities）、后勤与运作（Section 7. Logistics and Operations）、危险品管理（Section 8. Management of Dangerous Elements）、医疗能力（Section 9. Medical Capabilities）、应急响应能力（Section 10. Emergency Response Capabilities）、与“马德里议定书”有关的事项（Section 11. Matters Related to the Madrid Protocol）。[2]

---

〔1〕 Resolution 5（1995）-ATCM XIX, Seoul.

〔2〕 Resolution 5（1995）-ATCM XIX, Seoul.

2. 南极条约区域内的船只

B 项所视察对象是南极条约区域内的船只，该部分的视察内容共有 22 项。[1]分为两部分：一部分为开头对观察员的视察提示，另一部分是具体的 22 项视察内容。第一部分为视察提示，本部分开头便明确提示观察员需注意以下事项：第一，观察员只可以对悬挂南极条约当事方国旗的船只进行视察（only a vessel flying the flag of a Treaty Party can be inspected）；第二，根据《南极条约》第 7 条第 3 款的规定，观察员只可以对在南极洲的货物或人员装卸点的一切船只进行视察（an inspection can only be undertaken under the terms of Article Ⅶ（3）of the Antarctic Treaty which states that inspections can only be carried out at points of discharging or embarking cargoes or personnel in Antarctica）；第三，根据《南极条约》第 6 条规定，南极条约区域内的船只均根据国际法享有对该地区内公海的权利及可以行使这种权利。最后，该部分补充道，如果观察员要视察不符合上述前两项注意的船只，则需经船长明确同意才能进行。该部分明确了 B 项中接受视察船只的标准，并规定了接受视察船只的权利，同时，该部分也明确提及，观察员本身无权对非南极条约当事方船只进行视察，除非获得同意。第二部分为 22 项具体的视察内容，分别涉及一般信息（General Information）、视察细节（Inspection Details）、人员（Personnel）、科学研究（Scientific Research）、运输（Transport）、卫生设施-医疗（Vessel Facilities-Medical）、废物管理（Waste Management）等方面，每一项视察内容中也有具体所要视察的若干项。[2]该部分视察内容是专门针对船只的，除一般视察对象均需要被视察的共同事项外，对于视察船只，

[1] Resolution 5（1995）-ATCM XIX, Seoul.

[2] Resolution 5（1995）-ATCM XIX, Seoul.

该部分还规定了对船只发动机和发电机数量、类型等参数的视察（Number, type and capacity of engines and generators），以及对船上运输或使用有害物质的种类和数量的视察（Types and quantities of hazardous substances being transported or used on board ship）。[1]

3. 被遗弃的南极科考站及其相关设施

C 项所视察的对象是被遗弃的南极科考站及其相关设施，该部分的视察内容共 11 项。[2]该部分内容也分为两部分：一部分为对视察内容的说明，另一部分是具体的 11 项视察内容。第一部分对视察内容的说明提到，该部分视察清单是专门为被遗弃的南极科考站及相关设施设计的，这些站点和设施必须是被彻底放弃的，并不包括夏季站或类似设施（This checklist is designed for abandoned Antarctic stations and associated installations which are considered to be stations which have been given up altogether and are now unused. The checklist does not cover stations which are operated each summer or infrequently used over a number of years.）。第二部分为 11 项具体的视察内容，分别涉及一般信息（General Information）、视察细节（Inspection Details）、科考站设施-燃油（Station Facilities-Fuel）、环境影响评估（Environmental Impact Assessment, EIA）、旅游和非政府活动（Tourist and Non-Governmental Activities）等，每一项视察内容中也有具体所要视察的若干项。[3]针对被遗弃的南极科考站及其相关设施，视察清单也要求观察员在视察过程中记录被遗弃的南极科考站及其相关设施的基本信息，包括时间、位置、原因等。对于被遗弃

[1] Resolution 5（1995）-ATCM XIX, Seoul.
[2] Resolution 5（1995）-ATCM XIX, Seoul.
[3] Resolution 5（1995）-ATCM XIX, Seoul.

的南极科考站及其相关设施的善后工作，视察清单也要求观察员记录是否存在有害物质及其类型、数量和位置的信息；储存设施建筑物（桶、罐等）的类型和状况；是否发生泄漏、溢出及其对环境影响的证据。

4. *废物处理场地*

D项所视察对象是废物处理场地，该部分的视察内容共有7项，这7项内容分别是一般信息（General Information）、视察细节（Inspection Details）、垃圾处理场的物理状况描述（Physical Description of Waste Disposal Site）、废物处置目录（Contents of Waste Disposal Site）、废物处置场环境影响的任何证据（Any Evidence of Environmental Impacts of Waste Disposal Site）、环境评估和/或校正和预防的证据、措施（Evidence of Environmental Assessment and/or Corrective and Preventive Measures）、未来计划（Future Plans），每一项视察内容中还包括具体所要视察的若干项。[1]一般情况下，南极活动对所使用的设施均有较高的环保标准，绝大部分设施也都会在工作后运离南极区域，对于大部分因南极活动产生的废物也会进行环保处理并择机运离南极区域，但依然有一些情况导致这些废物不能立刻运离南极，因此才需要对其状况进行视察以确保不会对周围环境产生不良影响。针对废物处理场地，视察清单也要求观察员在视察过程中记录废物处理区域内的地理状况，判断废物对周围环境（包括土壤、水体）是否会产生不利影响。如果发现不利影响，则需要记录对动植物、土壤、水体影响的程度，并对未来影响进行一个评估。对于如何彻底恢复废物处理场地的环境，观察员也需要记录未来运离废物的方案以及具体的步骤等。

---

〔1〕 Resolution 5（1995）-ATCM XIX，Seoul.

（二）特殊区域及活动

决议 1（1996）——偏远野外营地视察指南于 1996 年 5 月 10 日的第 20 届南极条约协商会议上以“决议”的形式通过［Resolution 1（1996）- ATCM XX, Utrecht］。在南极条约秘书处的数据网站，该决议并不提供下载，但其介绍中依然有充分的说明。该决议名为“偏远野外营地视察指南”，因而是对偏远的野外的非永久性营地的视察指南，被增加在上文决议 5 视察清单的末尾。［Adding the following text at the end of Checklist A “Permanent Antarctic Stations and Associated Installations” attached to Resolution 5（1995）］该清单可用于帮助准备和指导对偏远地区营地以及永久性站点和相关设施的视察。清单中的某些项目可能与偏远地区营地的视察无关。在计划视察时，视察清单应加以检查并适合于要视察的特定设施。（“This checklist could be used to help prepare for, and to guide, inspections of remote field camps as well as permanent stations and associated facilities. Some items on the checklist may not be relevant to the inspection of remote field camps. When planning inspections, the checklist should be examined and adapted for the particular facility to be inspected.”）[1]

决议 4（2008）——南极特别保护区和南极特别管理区视察清单于 2008 年 6 月 13 日的第 31 届南极条约协商会议和环境保护委员会第 11 届会议上以“决议”的形式通过（Resolution 4（2008）-ATCM XXXI-CEP XI, Kyiv）。该决议专门规定了对南极特别保护区和南极特别管理区的视察清单，共分为两章，分别是一般信息和解决方法。[2]

决议 11（2012）——访客现场活动清单于 2012 年 6 月 20

［1］ Resolution 1（1996）-ATCM XX.

［2］ Resolution 4（2008）-ATCM XXXI-CEP XI.

日第35届南极条约协商会议和环境保护委员会第15届会议上以“决议”的形式通过［Resolution 11（2012）-ATCM XXXV-CEP XV，Hobart］。[1]该访客现场活动清单是专门针对旅游或非官方来访者来访南极各种设施的视察清单，其中共分为7节，分别是视察细节、提前通知和其他立法要求、场地管理、信息管理、访问说明、关于现场影响/访问行为、有关确保安全和/或环境保护的做法和程序的其他信息。

（三）视察内容的完善

南极视察内容的依据存在条约和规范性文件两方面内容，国际条约规定了原则性、概括性的视察内容，一系列规范性文件规定了视察的具体内容，这符合一般立法规律，也符合南极法律发展规律。20世纪60年代初的南极活动经历了几十年发展至今，活动的范围、数量、方式都发生了巨大变化，因而研究视察内容的发展重心在规范性文件的规定。自1995年第一个“视察清单”通过至今，视察清单共经历了4次增加或调整。而在1996年、2008年和2012年新通过的三个“视察清单”实际上是对原有1995年“视察清单”内容的扩充，而2010年通过的“决议3（2010）——修改版南极视察清单‘A’”是对决议5（1995）——视察清单中A部分的修改。

1. 视察内容的变化

决议5（1995）——视察清单是对视察内容和方式的一个突破性规定，在以往的南极视察中，相关国家派遣的代表团总是会按照自己的理解，根据《南极条约》或是《关于环境保护的南极条约议定书》的规定，自行进行视察，在视察后的报告撰写阶段也会按照自己的理解进行撰写，因此几十年以来各国所递交的南极视察报告都缺乏统一标准，而决议5（1995）——视

---

〔1〕 Resolution 11（2012）-ATCM XXXV-CEP XV.

察清单将所需要视察的内容和方式加以明确，并以列表的方式将所有需要记录的信息加以规定，并标明了每一视察项下所需要具体操作的各项内容，其规定的细致程度非常高。但由于该视察清单仅具有指导性，并不具有国际法效力，正如其开头所言，仅作为一个视察指导，各代表团并无义务严格按照其中的内容进行视察，各代表团也不必完全视察所有视察清单中的列明事项。但自从 1995 年该视察清单发布后，各代表团均多多少少按照该视察清单的列明章节进行了视察，并依据视察清单的内容撰写了相关的视察报告。通过对比这两个“视察清单”，决议 3（2010）——修改版南极视察清单“A”对决议 5（1995）——视察清单 A 部分主要作出了以下调整：①部分视察内容进行章节调整，比如将原有单独的“通信”（Communications）、“运输”（Transport）部分调整到“后勤与运作”（Section 7. Logistics and Operations）中；②在决议 5（1995）——视察清单出台时《关于环境保护的南极条约议定书》及其六个附件还未生效，[1]在该版中将与《关于环境保护的南极条约议定书》（即《马德里议定书》）[2]规定相关的事项单独合并到一节为“与《马德里议定书》有关的事项”（Section 11. Matters Related to the Madrid Protocol），其中再根据条约规定内容将本节细分为四部分，分别是 A. 环境影响评估（EIA）[3]、B. 动植物保护（Conservation of Flora and Fauna）[4]、C. 废物管理（Waste Management）[5]、D. 保护区

〔1〕 该公约及其前四个附件于 1998 年生效，第五个附件于 2002 年生效，第六个附件至今并未生效。

〔2〕 包括该公约本身和已生效的五个附件。

〔3〕 Annex I of Protocol on Environmental Protection to the Antarctic Treaty.

〔4〕 Annex I of Protocol on Environmental Protection to the Antarctic Treaty, Annex II.

〔5〕 Annex I of Protocol on Environmental Protection to the Antarctic Treaty, Annex III.

(Protected Areas)[1]；③根据科技发展情况，新增新型的视察内容，比如在决议3（2010）——修改版南极视察清单“A”“后勤与运作”（Section 7. Logistics and Operations）的“通信”（Communications）中，在视察通信设施（Communication Facilities）时，要求列明具体的链接和通信类型，如高频、甚高频、互联网、卫星等，或是语音、传真、电子邮件、网络等［Types of Links（HF，VHF，Internet，Satellite，Other）And Methods Of Communication（Voice，Fax，E-MAIL，Web，Video Conferencing/Telemedicine，Etc.）］；④列明视察方式，决议3（2010）——修改版南极视察清单“A”要求在进行视察时要记录视察进行的方式，该文件总共包含两大种视察方式，分别是非现场方式（Off site sources），具体包括EIES-永久信息（通信设施和频率）［EIES-Permanent Information（Communication facilities and frequencies）］、EIES-季前信息（非政府考察）可以包括信息［EIES-Pre-season information（Non-governmental expeditions）can include information on NGO activities］、EIES（ATCM Ⅵ-6要求使用无线电同位素的信息交换）［EIES（information exchange on the use of radio-isotopes is required by ATCM Ⅵ-6，Tokyo 1970）］、EIES-年度报告（科学信息/转发计划）［EIES- Annual report（Scientific Information/Forward plans）］、COMNAP的AFIM和ATOM（“南极电信运营商手册”）［COMNAP's AFIM and ATOM（Antarctic Telecommunications Operators Manual）］、联系国家主管部门了解更多详细信息（Contact National Authority for more detailed information）6种方式；以及现场方式（On site sources），具体包括采访（Interview）、采访+文件验证（Interview+document verification）、

[1] Annex I of Protocol on Environmental Protection to the Antarctic Treaty, Annex V.

采访+现场验证（Interview+field verification）、采访+现场验证+文件验证（Interview+fieldverification+document verification）四种，这几种视察方式并非按照观察员意愿随意进行，在决议3（2010）——修改版南极视察清单“A”中的每项视察内容中均列出了可以以哪几种现场和非现场方式进行，在之后撰写的视察报告中，基于不同视察方式如果发生视察结果不一致的现象则会如实被记录。

总的来看，决议3（2010）——修改版南极视察清单“A”根据之后15年的南极活动现状和新发展修改了决议5（1995）——视察清单中的A项内容，主要体现在以下两个方面：第一，对视察内容、章节设置进行了调整。由于《关于环境保护的南极条约议定书》生效，中对于南极环境等内容的规定作为国际法义务需要在南极进行活动的国家履行，因此视察清单A部分全面梳理了条约中环境保护等方面的规定，并对相关内容进行了合并。第二，决议5（1995）——视察清单只介绍部分列明了书面和现场两种视察方式，并对其优先性进行了规定；决议3（2010）——修改版南极视察清单“A”则将集中视察方式下列到视察的具体内容中，目的是更好地监督当事方的南极活动是否完全执行了根据南极条约体系下国际法文件所承担的义务，而且为了防止当事方仅仅将部分内容公开到网站或是科考站内的文件中而在现实中并不执行，还要求南极视察严格对照在不同视察方式下视察内容是否一致，并将结果如实反映到视察报告中，这颠覆性地改变了决议5（1995）——视察清单中的“先书面视察，后实际视察”的规则，要求书面文件与现实情况相对应，表明了视察严格程度的进一步提高。两个视察清单为开展此种南极视察提供了足够的实施路径。

决议5（1995）——视察清单是南极条约协商会议对视察内

容的详细规定。除 2010 年决议 3（2010）——修改版南极视察清单“A”修改了决议 5（1995）——视察清单的部分内容外，之后的南极条约协商会议对该清单进行了三次内容补充，分别囊括了“偏远野外营地”“南极特别保护区和南极特别管理区”和“访客现场”。其中，前两次内容补充是针对视察的地点进行了补充，针对偏远野外营地、南极特别保护区和南极特别管理区的特殊情况，对视察该三个地点时的视察内容进行了特殊调整；而“访客现场”则是特别针对近年来蓬勃发展的南极旅游而增加的视察内容。其中“访客现场清单”规定了对来访船只的视察，包括船只的核载人数、所有者、经营者、负责人等；对于访客的访问，清单规定了对来访过程的视察，包括是否经过授权、许可，来访前是否通知了当事方。除了对来访组织者、受访者的视察，清单还规定了对访客活动的视察，包括访客人数、停靠地点、活动类型等，包括是否提前做足准备、是否遵守相关规则，访问过程中是否发生事故，包括对动植物、地貌的破坏等。由于该清单于 2019 年通过，因而是否在南极视察中进行实践需要等待 2019 年至 2020 年南极视察的开展，在随后提交的视察报告中将体现具体内容。该清单是对日益发展的南极旅游活动监督的有效补充，以往的视察报告中均不含实质性的对南极旅游活动的视察，亦无官方性的视察清单对开展南极视察的国家进行指导。

2. 现行视察清单的缺陷

经过近 25 年的不断补充，视察清单已经比较完善。但通过分析这几个清单可以发现一些问题：第一，决议 3（2010）——修改版南极视察清单“A”仅仅是对决议 5（1995）——视察清单中 A 项的修正，相关 B、C、D 项的修正遥遥无期，这为对除南极永久性科考站外的内容进行视察没有提供足够的支持，也正是因此，该种南极视察的重点对象一直是正在运行的科考站点，而非其他对象。对已设立南极保护区，或者其他野外环境进行视察的力度并不够，甚至迄今为止只有2015年至2016年美国的视察对保护区进行了专门视察，目的还是推进南极罗斯海海洋保护区设立工作。第二，目前这些视察清单是进行该种南极视察的指导性规范文件，并无任何国际法效力，作为南极条约协商会议下“决议”（Resolution）的形式已经表明了其不具有任何法律拘束力。虽然其视察内容极为细致，但进行视察的南极条约协商国完全可以根据自身理解进行南极视察，目前为止，在已公布的南极视察报告中，提及该视察清单的报告也寥寥无几。第三，这些视察清单对于视察方式规则的反复规定体现了南极条约协商国之间对于该种南极视察的微妙态度，由强调文件视察到规定具体视察方式，其变化并不符合逻辑，如果说强调文件视察是为了顾及国家安全或隐私的话，那规定具体方式后就将履行条约义务置于更重要地位，但由于视察清单本身并不具有法律效力，则无论怎么规定，南极条约协商国均无义务遵守。第四，视察清单的补充具有明显的滞后性，以南极旅游为例，目前南极旅游的规模已经与几十年前相比显著扩大，而直至2019年才出台了针对南极旅游的视察清单。

第二节　视察的开展

南极视察的开展涉及视察主体的选择派遣、依据的规范性文件、规范流程和具体的实践等内容。经过近60年的实践，该种南极视察形成了比较完善规范的视察过程，由于不断进行实践，自20世纪60年代以来每年的视察报告大多都在南极条约秘书处的网站保存并可供下载，但依然由于未知原因一些年份的报告并未提供下载链接。通过研究条约和规范性文件确定视察的一系列标准，依托视察报告可以探究出视察的发展脉络。

《南极条约》下南极视察的开展由六个阶段组成，分别是确定视察国、组成代表团、进行视察工作、撰写视察报告、公开并提交报告、会议讨论六个阶段。这六个阶段时间跨越近一年，而由于进行视察时间相对固定，每年南极条约协商会议召开时间相对固定，因此整个视察流程的时间也相对固定，逐渐形成了一套成熟的国际惯例。具体而言，这六个阶段可以分成三小段，分别是确定视察主体、开展视察工作及履约情况评估，由于进行视察时很多信息并不公开，各类信息中公开最多的就是视察报告，因而本节也会着重通过研究视察报告来分析视察的开展情况。

一、确定视察主体

视察的主体指的是进行南极视察的相关组织或人员。根据《南极条约》第 7 条和《关于环境保护的南极条约议定书》第 14 条的规定，结合以往的南极视察实践，实施该种南极视察的主体主要是《南极条约》的协商国（Party with consulting status）根据相关规定组成的代表团，而代表团又由相关的观察员代表（Observer）组成。南极条约协商国即《南极条约》的起草国和在南极范围内开展实质性科学考察活动的国家，其有权表决和通过决议，而其他非协商国则只能列席会议，不能参与表决。因而南极视察的开展也是在南极条约协商国内展开。

（一）协商国决定视察

根据《南极条约》第 7 条的规定，任何南极条约协商国均可开展南极视察，换句话说，如果一个国家想进行南极视察，无论是单独进行还是联合进行均由相关协商国自行决定，并不需要南极条约协商会议或是南极条约秘书处批准，所以并不存在一个“确定”视察国的程序。但是当相关协商国确定进行视察后，协商国应当根据《南极条约》第 7 条“信息交流”的相关要求通知被视察的国家，以及相关的站点、设施，上报南极条约秘书处，上传资料，并与相关各方积极交流。

具体而言，当南极条约协商国确定进行南极视察后，其国内必须有一个程序进行组织。一般而言，该种南极视察的协商国国内组织方以外交部和南极事务管理部门为主，外交部负责外交协调和通知，南极事务管理部门负责组织进行南极视察。以中国为例，中国南极视察活动由外交部牵头并决定是否进行南极视察、如何进行、向被视察站点和设施所属的国家以及其他国家通告将开展视察和视察人员名单、视察结束后向南极条约协商会议提交视察报告等。进行南极视察需要协商国自行解决后勤，包括搭乘飞机、船、雪地车等交通工具。以中国为例，中国自然资源部下设的国家海洋局〔1〕是负责开展南北极视察活动的部门。国家海洋局下设的极地考察办公室具体负责视察的组织和管理并协调安排交通工具，作为外交部组织活动的后勤支撑。外交部也需要听取国家海洋局的意见以更好开展视察活动。

根据《南极条约》第 7 条第 1 款的规定，南极条约协商国有权指派观察员执行本条规定的任何视察，〔2〕可见南极条约协商国为实施南极视察的负责方。自 1962 年至 1963 年新西兰单独第一次进行该种南极视察以来，迄今为止该种南极视察共进行 59 次，这 59 次南极视察随着南极条约协商国的增多而由不同的南极条约协商国进行，并出现了多次由多个南极条约协商国进行的联合视察。

---

〔1〕 在 2015 年至 2016 年中国开展该种南极视察时，国家海洋局是国务院直属局，于 2018 年划归新组建的自然资源部。

〔2〕 Article 7 of Antarctic Treaty.

表 3 历年该种南极视察单独、联合次数统计

国家	次数[1]
单独视察	42
联合视察	16

根据统计，该种南极视察大部分均由南极条约协商国单独进行，但自 1988 年至 1989 年开始出现了两个或两个以上国家联合进行视察的情况，其中共有 5 次联合视察由三个国家共同进行，分别是 1992 年至 1993 年意大利、韩国、英国的联合视察、2004 年至 2005 年澳大利亚、秘鲁、英国的联合视察、2005 年至 2006 年新西兰、英国、美国的联合视察、2006 年至 2007 年法国、新西兰、瑞典的联合视察、2012 年至 2013 年荷兰、西班牙、英国的联合视察。通过研究对比可以发现，多个国家进行的联合南极视察周期较长，涉及视察对象也较多。

表 4 历年该种南极视察开展国家统计

国家		数量[2]
保留领土声索国	美国	16
领土声索国	澳大利亚	9
	英国	8
	阿根廷	6
	智利	6
	新西兰	5
	挪威	5

[1] 部分年份没有进行南极视察，而部分年份却进行了多次南极视察。

[2] 其中包括所进行的联合视察。

续表

国家		数量[2]
	法国	3
曾经的领土声索国	德国	3
非领土声索国	南非	1
	日本	1
	俄罗斯	3
	巴西	1
	瑞典	2
	中国	2
	韩国	1
	意大利	1
	比利时	1
	芬兰	1
	秘鲁	1
	荷兰	1
	西班牙	1
	捷克	1

在迄今为止的59次该种南极视察中，美国以及南极领土声索国所进行过的南极视察占绝大多数，其中美国更是在20世纪90年代前进行了9次南极视察，并且多次连续进行南极视察。基于第二次世界大战后美国强大的国际地位以及其本国发达的科技水平和雄厚的经济实力，在20世纪90年代以前，开展南极活动依然面临着诸多困难的背景下，由美国多次进行南极视察是合乎逻辑的；而澳大利亚、新西兰、英国、法国和美国作为

盟国，对南极领土声索并无重叠或纠纷，因而也进行了多次的单独或联合南极视察。阿根廷、智利两国作为南半球的南极主权声索国也积极参与了该种南极视察，其中阿根廷在 20 世纪 60 年代曾经进行了 2 次单独视察。除以上国家外，一些实力雄厚的国家也进行过该种南极视察，但次数并不多。值得一提的是，中国进行了 1990 年至 1991 年的第 25 次南极视察，这也是该种南极视察中第二个非南极主权声索国进行的南极视察，[1]彼时中国刚刚在 1983 年加入南极条约，并在 1985 年在南极设立长城站后成了南极条约协商国，可见中国非常重视南极权益并积极参与了南极事务。

（二）选派观察员

根据《南极条约》第 7 条第 1 款的规定，南极条约协商国有权指派观察员执行本条规定的任何视察。[2]《关于环境保护的南极条约议定书》第 14 条又规定观察员由两部分构成：一部分是南极条约协商国指派的国民，另一部分是在南极条约协商会议上指派的为进行视察工作的任何人。[3]迄今为止，第二种在南极条约协商会议被指派的观察员并没有出现在该种南极视察中，目前所进行过的该种南极视察，观察员均由南极条约协商国指派的国民构成，但南极条约体系并没有规定南极条约协商国选派观察员的标准，因而观察员的选派标准和流程均由南极条约协商国国内法进行规定。以 2017 年至 2018 年挪威进行的该种南极视察为例，挪威在视察报告中列明了自己选派的 7 名观察员的姓名和职务，并写明“根据《南极条约》第 7 条的规定，由挪威

---

〔1〕 第一个进行该种视察的非南极主权声索国是巴西，其进行了 1989 年至 1990 年的南极视察。

〔2〕 Article 7 of Antarctic Treaty.

〔3〕 Article 14 of Protocol on Environmental Protection to the Antarctic Treaty, 2.

政府选派的本国国民"[1]，但在挪威政府网站上并不能找到任何关于选派观察员的标准或流程。可见南极条约体系除了规定观察员构成外，并不干预南极条约协商国对于观察员的选派。

但同时，根据《南极条约》第7条第1款的规定，进行该种南极视察的协商国应将观察员的姓名通知其他有权指派观察员的缔约方（即其他南极条约协商国）。[2]还以2017年至2018年挪威进行的该种南极视察为例，其在视察报告后的附件一中以挪威外交部的名义附函列明了观察员名单。[3]根据上文2019年第42届南极协商会议和第22届环境保护委员会的决定2［Decision 2（2019）-ATCM XLII-CEP XXII，Prague］，南极条约秘书处再次强调了协商当事方在进行《南极条约》第7条和《关于环境保护的南极条约议定书》第14条的视察时通过秘书处获取观察员名单的事项，规定进行视察的国家上报秘书处代表团中的观察员名单即可，没有必要再通过外交途径通知，但如果国家认为需要也可以同时以外交途径通知，秘书处在收到名单后将以通函邮件的形式向所有当事方公开名单。秘书处认为该种方式更为高效便捷，并废止了上文的2013年第36届南极协商会议和第16届环境保护委员会的决定7［Decision 7（2013）

---

[1] "The 2018 Norwegian inspection team consisted of the following seven Norwegian nationals designated by the Norwegian Government in accordance with Article Ⅶ of the Treaty", Report of the Norwegian Antarctic Inspection under Article Ⅶ of the Antarctic Treaty and Article 14 of the Environmental Protocol, https://www.ats.aq/documents/ATCM41/att/ATCM41_att023_e.pdf.

[2] Article Ⅶ of Antarctic Treaty, The names of observers shall be communicated to every other Contracting Party having the right to designate observers, and like notice shall be given of the termination of their appointment.

[3] "The 2018 Norwegian inspection team consisted of the following seven Norwegian nationals designated by the Norwegian Government in accordance with Article Ⅶ of the Treaty", https://www.ats.aq/documents/ATCM41/att/ATCM41_att023_e.pdf (Last visiting date: 15 March 2021).

-ATCM XXXVI-CEP XVI, Brussels]。[1]由于相关的信息通知并不向一般人员公开，因此本书无法查证南极条约协商国之间的具体通知内容。但通过分析历年以来的视察报告，可以发现其他南极条约协商国或是南极条约秘书处并未对相关的观察员选派信息提出过反对或质疑，更多是履行交换信息的义务。

《南极条约》和《关于环境保护的南极条约议定书》规定进行该种南极视察的人员为观察员，而整个进行南极视察工作的团体被称为代表团（Inspection team），中国在进行南极视察时曾将其称为“代表团”[2]，这种称谓并不准确，但由于中国权威部门已采用这种称谓，因而本书也将其暂称为“代表团”。虽然观察员的选派由进行该种南极视察的南极条约协商国负责，但一般而言，观察员之间并非平级关系，从以往的视察报告来看，单独视察时代表团只有一名领导（leader），联合视察时每个参与联合视察的南极条约协商国均有一名领导。但在部分视察报告中也出现过没有领导的情况。代表团的其余成员主要由行政官员、外交官员、科学家、学者、军官、摄像人员组成，但也曾出现过部分视察成员只跟队而并不参与视察的情况。[3]代表团成员性别平等，男性女性均有。

观察员作为进行南极视察的具体人员，在《南极条约》谈判期间各方对其法律地位进行了激烈讨论，观察员应该代表其国籍国的利益还是成员国的“共同利益”？[4]一些国家认为，

---

〔1〕“Decision 2 (2019) -ATCM XLII-CEP XXII”, https://www.ats.aq/devAS/Meetings/Measure/695 (Last visiting date: 15 March 2021).

〔2〕《中国代表团成功开展南极视察》，载 http://www.fmprc.gov.cn/web/wjdt_674879/wjbxw_674885/t1328941.shtml，最后访问日期：2021 年 3 月 15 日。

〔3〕2006 年至 2007 年法国、新西兰、瑞典联合视察中，Gerard Jugie 跟队而未参与对站点的视察。

〔4〕Truls Hanevold, “Inspections in Antarctica”, *Cooperation & Conflict*, 1971, p. 167.

观察员应由南极条约协商会议任命并对其负责；而另一些国家则要求由进行视察的国家任命观察员，观察员代表国籍国政府，该方案得到了主权声索国的支持。[1]对此，一些国家认为南极视察的目的并不是表明相关国家在南极的实际存在，而是表明《南极条约》对南极活动的约束，因而观察员应代表整个《南极条约》并对其负责。[2]为了让观察员能够以令人满意的方式完成任务，若在南极的生活和工作中被国籍国以外的国家或组织起诉，则应该被豁免。[3]而部分主权声索国基于属地原则，观察员如果犯罪也应根据当地法律受到追诉，特别是南美洲国家对剥夺其领土范围内管辖权的情况表达了强烈反对，而非主权声索国又对主权声索国的观点表达了反对立场。[4]最终，条约规定观察员在进行南极视察时拥有豁免权，豁免权仅针对南极视察行为而非观察员自身。[5]由此可见，观察员的豁免权类似外交豁免，其他主权声索国依然保留对本国领土的管辖权，并将其适用于非本国公民。[6]

由于观察员的组成均由进行南极视察的南极条约协商国负责，因此组成代表团的工作也由相关国家的国内机构负责。确定将要进行视察工作的协商国会根据本国的国内法、国内政策，或是由具有相关职能的机关进行观察员的选派，依据《南极条约》和《关于环境保护的南极条约议定书》的规定制定相关的视察计划，选定视察对象，并根据实际需要选派相关专业和后勤人员，共同组成代表团。在条约制定过程中，各国对于视察

〔1〕 Truls Hanevold, "Inspections in Antarctica", *Cooperation & Conflict*, 1971, p. 167.

〔2〕 Truls Hanevold, "Inspections in Antarctica", *Cooperation & Conflict*, 1971, p. 168.

〔3〕 Truls Hanevold, "Inspections in Antarctica", *Cooperation & Conflict*, 1971, p. 167.

〔4〕 Truls Hanevold, "Inspections in Antarctica", *Cooperation & Conflict*, 1971, p. 169.

〔5〕 Truls Hanevold, "Inspections in Antarctica", *Cooperation & Conflict*, 1971, p. 167.

〔6〕 Truls Hanevold, "Inspections in Antarctica", *Cooperation & Conflict*, 1971, p. 167.

次数、代表团规模和内容存在争议。作为当时的主流国家，美国等国希望对此不进行任何限制，而南美国家和法国则希望对视察范围和代表团人数均进行限制。[1]对于该问题，一些大国和小国意见相左。一些大国认为在无限制的情况下可以任意进行视察，而小国只能进行有限的视察，进行相关的限制可以让各国在进行视察时更加平等。[2]而主权声索国和非主权声索国意见也不尽相同。主权声索国希望限制视察次数以减少其他国家对其“领土”的干扰；而反过来，其又希望南极视察能有效开展，以保障条约的实行，防止超级大国在南极从事违反《南极条约》国际法义务的活动。[3]在制定《南极条约》的华盛顿会议上，曾有国家提出视察的开展需条约全体当事方一致同意，但并未被接受。[4]此外，还有国家提出南极视察应适用于南极所有站点和活动，不论相关国家的条约地位，其意义一方面在于照顾那些未加入条约的“第三国”，另一方面也为了防止成员国以其他国家为伪装进行南极活动以逃避视察。[5]

表 5　历年该种南极视察观察员人数和次数统计

观察员人数	次数
2 人	2
3 人	6
4 人	7
5 人	10

〔1〕 Truls Hanevold, “Inspections in Antarctica”, *Cooperation & Conflict*, 1971, p. 170.

〔2〕 Truls Hanevold, “Inspections in Antarctica”, *Cooperation & Conflict*, 1971, p. 167.

〔3〕 Truls Hanevold, “Inspections in Antarctica”, *Cooperation & Conflict*, 1971, p. 171.

〔4〕 Truls Hanevold, “Inspections in Antarctica”, *Cooperation & Conflict*, 1971, p. 167.

〔5〕 Truls Hanevold, “Inspections in Antarctica”, *Cooperation & Conflict*, 1971, p. 167.

续表

观察员人数	次数
6 人	2
7 人	5
8 人	5
9 人	2
10 人	2
11 人	1

原则上，观察员人数随着视察对象的增多而增多。因为南极条约体系下的国际条约或规范性文件并未规定视察人数，所以其观察员人数多少完全由进行该种南极视察的协商国掌握。通过统计历史上的南极视察报告，可以看出观察员人数自 2 人至 11 人的情况均存在过，但人数大致在 3 人至 7 人，且以单数情况为主。一般而言，在联合视察下，几方均会派出人数大致相当的观察员，如两国进行南极视察时，人数构成为 2∶2 或者 4∶3。由于代表团人数有限，因而代表团在进行视察时并无保障人员或助理，其食宿和交通均由相关国家与其他南极条约协商国协商解决，观察员仅携带必要工作用品。根据 2003 年南极协商会议的措施 1 [Measure 1 (2003) -ATCM XXVI-CEP VI, Madrid] 第 2 条，南极条约秘书处在南极条约协商会议的指导和监督下促进和协调当事方之间就《南极条约》和《关于环境保护的南极条约议定书》要求的所有交流进行的信息交流；建立、维护、开发和酌情公开与《南极条约》和《关于环境保护的南极条约议定书》运作有关的数据库。[1] 在代表团相关人员确认

〔1〕 Measure 1 (2003) -ATCM XXVI-CEP VI, Madrid, ARTICLE 2, Functions 2.

后，相关南极协商国国内主管南极事务的外事部门会协调工作，将代表团组成上报南极条约秘书处确认，再由南极条约秘书处将信息通知其他南极条约协商国，并将信息录入数据库，酌情将信息公开。南极条约秘书处并不会对代表团人员构成进行实质性审查，目前历史上所进行的该种南极视察也没有出现过南极条约秘书处对代表团人员提出不合格的情况。

二、开展视察工作

开展视察由视察工作和撰写视察报告两部分组成。视察主体确定后即由协商国展开实地性视察，前往南极区域受视察的站点、设施等进行视察工作，在视察完成后撰写视察报告。

（一）进行视察工作

代表团组成后将进行视察准备工作，准备相关的资料，制定视察计划，将相关信息通过南极条约秘书处的数据系统上传并通知其他南极条约协商国。之后代表团将根据拟定的视察计划前往南极进行视察。一般而言，代表团前往南极开展视察的成本由进行南极视察的协商国负责，其他协商国根据要求将提供必要的便利，这也是为什么代表团人员数量较少的原因。

1959 年《南极条约》生效以来，1962 年至 1963 年新西兰单独第一次进行了该种南极视察，也是所有南极视察种类中的第一次南极视察。由于南极处于南半球，暖季一般是从 11 月至次年 3 月，因而该种南极视察的时间也集中在这几个月。通过统计迄今为止的 59 次该种南极视察，可以发现大部分南极视察时间集中于 1 月至 2 月间，少数在 11 月、12 月和 3 月，还有 3 次涉及站点较多的南极视察开始于 10 月，结束于 4 月。

表 6　历年该种南极视察时间统计

时间	次数[1]
10 月	2
11 月	5
12 月	11
1 月	24
2 月	21
3 月	7
4 月	1

（二）撰写视察报告

视察工作完成后，代表团将根据视察时记录的文件、所拍摄的照片、网络或其他途径查询的电子资料以及其他影音记录撰写视察报告，并无严格的时间要求和格式要求。由于该种南极视察的任意性，使其选择权完全在于进行南极视察的南极条约缔约国。自 1962 年至今，该种南极视察已经进行了 59 次，其中有 12 次南极视察的报告在南极条约秘书处网站不能下载，其余的报告均提供下载。提交的视察报告风格各异，甚至由于南极条约体系及其附属规范性文件并没有规定进行视察的国家必须提交视察报告，因此部分年份的南极视察并无报告，但究竟是相关国家没有提交，还是根本没有撰写无从得知。这些报告大部分是 PDF 格式，部分报告附有 DOC 格式，方便浏览。但部分报告由于时间久远，彼时电子技术尚不成熟，视察报告简陋且模糊，部分内容难以辨别；还有部分报告格式混乱，甚至 PDF 格式前后颠倒，需要先行处理。

---

〔1〕 部分该种南极视察的时间跨越多个月份。

表7 历年该种南极视察报告语言统计

语言	数量[1]
无报告	12
单语言	40
多语言	6
英文	44
法文	2
西班牙文	7
俄文	1

由于南极的特殊性，南极条约体系只以英文、法文、俄文、西班牙文作为作准文本，因此不仅南极条约体系下的国际法文件和其他规范性文件没有中文作准文本，而且该种南极视察的报告也不存在中文文本，甚至中国进行的南极视察提交的报告也是英文文本。由于进行该种南极视察的国家以南极主权声索国家为主，因此语言文本以英文为多数，以西班牙文为少数，唯一一次俄文是2005年至2006年新西兰、英国、美国联合视察时提交的，两次法文文本分别是1988年至1989年法国、德国联合视察和2005年至2006年新西兰、英国、美国联合视察时提交的，然而俄罗斯在进行南极视察时并没有提交俄文文本报告。与一般联合国的文件不同，南极条约体系并未规定南极视察报告的文本内容，所以进行视察的国家提交的报告只要符合四种作准文本中的一种语言即可，具有较强的自由性。

通过阅读分析目前可以得到的视察报告，可以看出该种南极视察的诸多细节。为更好地体现该种南极视察的发展历程，本

[1] 部分报告不提供下载或信息缺失，数量包括了多种语言文本报告。

书收集了这59次南极视察报告，特意选取了具有代表性的几份视察报告进行分析，以更清晰地展现南极视察的发展历程。[1]

1. 首次视察

由于第一次由新西兰于1962年至1963年撰写的视察报告并不公开，因此美国在1963年至1964年的南极暖季开展的《南极条约》下的视察[2]就成了目前可分析的最早的视察报告，这次视察是自《南极条约》生效以来进行的第二次视察。该视察报告由三部分构成，第一部分为概述（Section I-General），列明了美国视察的各国科考站及视察的具体时间，其后为具体的视察人员姓名，并将观察员分为两组各负责一部分站点进行视察，之后是在视察过程中采取的运输方式，最后是视察的范围。第二部分为摘要与结论（Section Ⅱ-Summary and Conclusions），在第一小部分视察摘要中，报告总结了视察过程中是否发现违反《南极条约》的情况，诸如非和平目的用途以及核材料的携带；在第二小部分结论中，报告指出视察过程中未发现南极被用于非和平目的的行为。第三部分报告对每个被视察的站点的情况分别论述，总体上还是以是否携带武器及是否拥有核材料以及对海豹的情况进行报告，并配以一部分照片和地图，但囿于当时的科技水平有限，地图绘制缺乏细节，由于扫描技术尚不成熟，因而照片也很不清晰。

这次视察是自《南极条约》生效以来进行的第二次视察，许多地方还并不完善，关注点主要在于《南极条约》中规定的

---

〔1〕“List of Inspections under Article Ⅶ of the Antarctic Treaty and Article 14 of the Protocol on Environmental Protection”, ATS, http://www.ats.aq/devAS/ats_ governance_ listinspections.aspx (Last visiting date: 15 March 2021).

〔2〕“Report of United States Observers on Inspection of Antarctic Stations 1963-64 Austral Summer Season”, http://www.ats.aq/devAS/ats_ governance_ listinspections.aspx (Last visiting date: 15 March 2021).

"和平目的"以及"禁止核试验"等方面，对于环境方面的保护主要体现在视察猎杀海豹的用途以及是否对野生动物生存产生威胁。

2. 联合视察

1988年至1989年由法国、德国进行的该种南极视察是有史以来第一次联合视察（Joint inspection），其报告提交了英文和法文两种语言，由于英文文本每页扫描件均倒置，难以阅读，因此下文分析基于法文文本。该报告开篇先以两幅地图标明了本次视察的行程，在介绍（Introduction）部分回顾了本次视察的背景和代表团构成，而后说明本视察报告由两方面构成，分别是：一方面，对于视察结果的一般考虑（Considération générale sur les résultats de l'inspection）；另一方面，每个站点的具体报告（Rapport particulier sur chaque station）。在视察报告中，报告主要从非军事化、科学活动、行为规范、旅游、环境保护等方面进行视察。以本次视察的西班牙胡安卡洛斯一世站（Juan Carlos I）为例，视察报告指出本站仅用于科考目的，列明了一系列站点的人员构成、装备及环境保护处理措施。最终指出履行了相关的条约义务，并有效保护了环境，报告建议该站应修建一个燃料站以更好地储存燃料。

3. 依视察清单视察

1996年至1997年挪威进行的南极视察是挪威进行的第二次视察，同时也是决议5（1995）——视察清单发布后的首次视察。与之前的视察报告相比，视察报告依然继续关注和平利用的内容，并根据即将生效的《关于环境保护的南极条约议定书》修正了视察内容。军事活动方面，报告指出没有发现军事实体，也没有发现核设施，各个站点均用于和平目的。科学研究方面，报告指出站点的研究活动令人印象深刻，并指出部分站点装配了计算机作为数据处理系统。废物处理方面，报告指出《关于环境保护的南极条约议定书》的附件三是关于废物处理的直接规定，虽然还未生效，但却在很大程度上影响了南极地区现有的废物处理规定，被视察的站点也都在努力降低废物对南极的影响，视察报告同时指出，南极站点的垃圾处理一直是个难题，但新建设的站点采用了新技术来解决废物处理难题。此外，报告还涉及燃料贮存和装卸、能源节约/可替代能源、应急响应、动植物/保护区、旅游，视察报告发现了燃料泄漏问题，并提出了一系列建议。本次视察报告以决议 5（1995）——视察清单为指导，并指出视察清单非常具有实用性，通过视察可以将各个站点的信息相互比较，虽然《关于环境保护的南极条约议定书》并未生效，但大部分站点已经着手根据其规定对站点进行改进，视察中并没有发现站点违反规定的现象，此外，视察报告也肯定了相关国家在南极事务上的合作。

4. 中国进行视察

2015 年底，中国进行了该年度的南极视察，[1]这也是中国自 1990 年开展首次南极视察后再一次开展南极视察。[2]本次视察中国共派出了 7 人的代表团，由中华人民共和国外交部时任部长助理孔铉佑[3]带领，除代表团外还有相关的专家和翻译人员。视察报告在开篇就陈述了视察报告的编纂完全依照着视察清单，而在报告的写作期间，代表团不仅通过现场视察进行了资料、信息收集，并且在南极条约秘书处网站及其他南极条约协商国的本国南极主管机关网站上收集了相关信息，并依据上

---

〔1〕“Antarctic Treaty Inspections Programme Report 2014-15”, ATS, http://www.ats.aq/devAS/ats_governance_listinspections.aspx (Last visiting date: 15 March 2021).

〔2〕《中国代表团成功开展南极视察》，载 http://www.fmprc.gov.cn/web/wjdt_674879/wjbxw_674885/t1328941.shtml，最后访问日期：2021 年 3 月 15 日。

〔3〕 KONG Xuanyou, Assistant Minister of the Ministry of Foreign Affairs.

述要求进行了比对以实现全方面视察。与上文提及的其他报告相似，报告依然分为几部分，对视察的各个站点设施进行了评论建议，特别是根据视察清单的若干方面逐一对各站点设施进行了总结。具体而言，在对基地和科考站（Bases and stations）的视察中，报告从建筑状态、人员培训、科学研究、后勤及基础设施、运输及通信、武器和军事支持、安全应急培训、环境管理、旅游和非政府组织活动等方面进行了视察，涉及了和平利用、环境管理及旅游等南极条约体系所涉及的问题。在代表团建议（The inspection team recommends）环节，视察报告提及受视察站点的隐患，要求将摆放在站点内的外来植物妥善处理以防止外来物种侵入南极区域，并要求韩国注意贮存燃料的区域以防出现事故等。视察报告在结尾增加了韩国（Republic of Korea）、乌拉圭（Uruguay）、智利（Chile）对视察报告内容的回应，相关内容以严谨的外交格式写作并附有对中国视察工作的感谢信，各方评论将完全按照中方要求改进。

三、评估履约情况

在完成视察工作并撰写完成视察报告后，进行视察的协商国将按照南极条约秘书处的信息交换机制提交报告至南极条约协商会议及其他协商国。在经过前期研究审议后，各方将在完成视察后的南极条约协商会议上进行讨论，受视察的协商国亦可以根据视察报告的内容进行回应。南极条约协商会议将对协商国的履约情况进行充分评估。

（一）提交报告并交换意见

代表团撰写完视察报告后将报告提交相关的南极条约协商国审议，并通过南极条约秘书处的信息交换数据库进行讨论，但这个过程并不对外公开。如果进行视察的南极条约协商国决定撰写并提交报告，则之后报告将被提交到所有南极条约协商国、南极条约秘书处及会议期间的南极条约协商会议等，各方将对报告进行前期审读并交换意见。但南极条约体系及其附属规范性文件并没有规定视察报告的具体提交对象。报告提交给各方后，各方通过外交渠道、南极条约秘书处的信息交流系统对报告内容进行细致审议，被视察的南极条约协商国有权再通过外交渠道或会议渠道对涉及本国南极活动的内容作出回应。

（二）会议讨论

在视察报告经过充分讨论和信息交流后，在当年的南极条约协商会议上将被讨论。南极条约协商会议在1994年以前每年召开2次，但之后改为每年仅召开1次，南极条约当事方（包括南极条约协商国和非协商国）、《南极条约》观察员包括南极研究科学委员会（Scientific Committee on Antarctic Research，SCAR），南极海洋生物资源养护委员会（CCAMLR）和国家南极局局长理事会（Council of Managers of National Antarctic Programs，COMNAP），以及受邀专家，如南极和南大洋联盟（Antarctic and Southern Ocean Coalition，ASOC）和南极旅游业者国际协会（International Association of Antarctic Tour Operators，IAATO）。[1]进行视察的南极条约协商国将成立工作组，提交相关的报告材料以供与会方进行讨论。各方会根据视察报告作出回应，并依据视察报告中的内容进行工作改进，但具体的工作依然由南极条约协商国自行处置，无论是南极条约秘书处、南极条约协商会议，还是其他各当事方均无权对其改进内容进行确认。

〔1〕 The Antarctic Treaty Consultative Meeting（ATCM），https://www.ats.aq/e/ats_meetings_atcm.htm（Last visiting date：15 March 2021）.

第三节 视察的法律问题与意义

根据《南极条约》第 7 条和《关于环境保护的南极条约议定书》第 14 条的视察虽然仅仅是本书提及的多种南极视察机制之一，但作为历史最为悠久的南极视察意义重大，在南极视察制度中处于核心地位，甚至某种意义上说，其他视察的开展很大程度借鉴或依靠该种南极视察。经过 60 多年的发展，可以看出该种南极视察依然存在一些法律问题，但无疑意义重大。

一、视察的法律问题

《南极条约》下的南极视察具有独特的发展历程，依托于视察实践，伴随南极条约体系的完善而增加新内容并转移了重心，这就导致其在理论方面缺乏统一安排，进而产生一系列的法律问题。作为国际法履约监督机制，该种南极视察却鲜有提及法律责任内容，无论是在国际条约还是规范性文件中也均不存在法律责任内容。此外，视察开展的诸多程序性内容也没有在规范性文件中规定，而是交由南极条约协商国自行处理。种种法律问题制约了视察的效果。

（一）视察的形式与性质冲突

由于该种南极视察开始时，整个南极条约体系仅有《南极条约》一个国际法文件，因此彼时的南极视察较为简单，《南极条约》的目的其实更多的是防止南极地区成为超级大国间开展“冷战”的战场，因而最初的南极视察重点一直在于非军事化和非核化，相关内容能占据早期视察报告的一半以上。主要是视察南极活动有无违反非军事化、非核化原则，在视察报告中会单章节说明“经过视察，没有发现该站点存在武器”或“经过视察，发现该站点有两名军人，但其是作为后勤人员”等类似字眼。随着《保护南极动植物议定措施》的通过，视察内容增加了对南极海陆动植物的保护。再到之后《南极海豹保护公约》后，南极各站点捕杀海豹喂狗的情况也受到禁止，直至南极地区不许养狗。可见该种南极视察的内容随着国际法文件的丰富而逐渐增多。随着南极条约体系下有关南极环境保护国际条约的生效，南极视察的主要关注点也转移到环境保护领域。20世纪90年代初，随着冷战结束和《关于环境保护的南极条约议定书》的签署，视察重点更由单纯的动植物环境保护转变为对开展南极活动设施的评估，以考查其是否影响环境。直至今日，部分视察已经不再关注南极非军事化和非核化内容，甚至在视察报告中对这些内容也不再体现。而随着旅游越来越成为南极地区的重要活动，南极视察的重点也逐渐增加了对旅游行为的视察。

如上文所述，《南极条约》下的南极视察由纯军事性质的视察机制发展而来，在视察内容由和平利用内容逐步转移到环境保护内容后却保持了原有的视察形式，无论是协商国单独或联合进行视察，还是现场、书面视察形式，均与军控法律中的视察完全相同。因而，这种军事视察的形式与目前环境视察的性质均存在一定冲突。首先，军事视察的内容与环境视察相比相对简单，内容集中在非军事化、无核化或是无特定限制性武器装备，且以现场视察为主；而目前的环境视察内容极为庞杂，不仅存在对现场实物的视察，而且存在对文件、电子设施、物品处理方式等内容的视察，因而才造成对视察清单的大规模编纂和密集修订；其次，南极非军事化地位确定已经形成了国际共识并得到充分遵守，因而视察活动中以极为简略的内容概述受视察对象的非军事化特征存在疲于应对的情况，因而部分视察报告就不再提及非军事化内容，标准不一的情况反映出军事视察内容应被剥离的情况；最后，若目前《南极条约》下南极视察已经成为纯环境保护视察，则其中有关内容能否与一般性国际环境法的履约监督机制相契合？还是基于南极条约体系进行保持原有的视察机制？因而这种脱胎于军事视察的环境保护视察既是南极区域履约监督机制的特殊表现，同时在理论上也可以引发一系列冲突。

（二）规范性文件效力不清

在该种南极视察中，作为一项国际法制度，除涉及南极条约体系下的国际法文件外，其还涉及南极条约协商会议下的措施、决定、决议，其中措施和决定被普遍认为具有国际法效力，而决议被认为没有普遍的国际法效力。作为国际条约机构通过的规范性文件，国际法效力应更加明确，措施、决定、决议究竟是否具有国际法效力应基于条约当事国是否普遍遵守而非国际条约机构的说明。上文介绍的视察清单在视察过程中得到了协商国的重视和遵守，但南极条约秘书处却不认可其法律拘束力，这就产生了效力不清的问题。此外，除国际法层面，南极条约协商国的国内法和其规范性文件中也有一部分内容规定了该种南极视察，部分在南极地区开展活动较早的国家，如澳大利亚、加拿大、新西兰等，其国内有专门的南极立法对于该种南极视察进行补充性规定，对视察的流程或观察员的选派等内容的规定甚至早于《南极条约》本身，在南极条约体系逐渐完善后，协商国也根据最新的国际法规定修改了国内法律或规范性文件以实现条约义务。但由于不同国家的法系和法律基础不一样，因此确定这些规范性文件是否具有法律效力并不容易被确定。由此可见，该种南极视察下的各种规范性文件交织在一起，效力并不清晰。

（三）国内法立法完备程度不一

由于南极条约体系下的国际法文件和其他规范性文件无法规定该种南极视察的所有内容，因而相关国家的国内法或行政程序起到了补充作用。而目前为止，各国的南极立法不尽相同，一些开展南极活动较早、国内法律体系比较完备的国家有着历史悠久和全面的南极立法，而在一些开展南极活动较晚或国内法律体系尚不完备的国家中，针对南极地区的立法尚不完备，或者根本没有南极立法，而一些对南极视察的规定存在立法缺失，这就导致部分关于南极视察的内容仅能通过其他方式解决，比如各部门进行协商，或由相关部门决定等。虽然南极条约体系并没有要求南极条约协商国有完备的国内南极立法，但立法是否完备是检验一个国家是否是法治国家的标准，执法程序有完善的立法支持也是受到世界国家公认的一项规则。可见，这种国内立法完备程度不一的情况也影响了南极视察的效果和权威性。

（四）法律责任内容缺失

南极视察作为一项履约监督机制自然涉及违反条约义务后的法律责任。首先，在视察报告层面，代表团虽然可以自由视察南极的所有设施，但仔细研究可以发现，整个视察报告多以描述性和正面性的评价居多，而指出南极活动存在的问题并不多，主要集中于部分细节，比如南极设施存在的隐患，以及人员的素质等问题上，但这些问题大多无关痛痒，其中鲜有直接触及违反条约义务的情况。其原因究竟是相关国家完全履行了条约义务，还是由于代表团碍于外交关系而不在视察报告中直接说明则不得而知。其次，《南极条约》中有关南极视察的部分没有任何关于法律责任的规定。根据一般的国际法原理，作为南极区域活动主要参与方的国家若存在违反国际法义务的行为构成国家责任。目前通过查阅南极条约秘书处的资料并没有发现任何法律责任的内容。对比下文其他几种南极视察并查询其他资料库中有关南极区域违反国际法的资料，可以发现其他的国际组织曾发现过南极站点严重违反国际义务的情况，然而具体的法律责任却并不清晰，最终的处置方式也无从查询。最后，按照一般的国际法处理方式，若出现违反国际法义务而各方又不能达成一致的情况，则可能进入国际争端的政治解决或司法解决阶段。通过查询国际司法机构有关南极的案例，其中也没有引用任何有关违反《南极条约》和《关于环境保护的南极条约议定书》的内容。总而言之，在南极视察过程中究竟是否存在违反《南极条约》及《关于环境保护的南极条约议定书》的情况，或是南极视察是否发现了相关情况不得而知；若发现相关情况，视察报告中并无记载则法律责任该如何确认并承担，最终的解决方式是否通过其他非司法途径解决也不得而知。

通过研究视察报告的具体内容，代表团总是用较长的篇幅介绍南极站点的情况，并配以与站点人员的友好合影，并通过外交途径（回复感谢信等方式）对相关国家接受视察的态度表示肯定，因而有可能基于外交考虑，代表团会将南极视察中发现的有关法律责任的内容通过其他途径解决。这令人怀疑南极视察究竟是基于国际法的一项履约监督工作还是基于外交的一种交流手段。可见，南极视察工作会受到外交因素影响，这影响了南极视察的效果，也对该机制本身的有效性产生不利影响，一项履约监督机制若不存在法律责任内容则其效果将大打折扣。

二、视察的意义

经过几十年的实践，该种南极视察本身已经与其构建之初的目的发生了很大变化，但却对南极乃至世界局势影响重大。《南极条约》下的南极视察开创性地构建了南极履约监督机制，经过60年的发展，无论是理论构建还是实践经验均不断完善，对于南极区域治理具有重要意义。具体而言，视察的意义体现在以下方面：

（一）促进了南极环境保护

随着南极条约体系下国际法文件和其他规范性文件的逐渐增多，南极视察的目的、内容逐渐增多，力度也逐渐增强。首先，视察目的由单纯的非军事化、非核化视察丰富为环境保护视察，不仅从和平利用的角度避免南极区域成为超级大国的核试验场和军备竞赛地，而且在南极区域人类活动逐渐增多的情况下依然维护了南极的良好生态环境，避免了一系列在地球其他区域出现的污染。环境保护的内容方面，南极视察在《南极条约》中仅规定了站点和设施，而实践中内容却不断深化发展，由单纯的科考站，逐渐发展为包括避难所、保护区在内的站点，再到相关的建筑设施、管线、动植物等，甚至包括应急处置机制、医疗护理人员构成等。其次，视察的严格程度也被逐渐提高，视察中的信息越来越专业，视察报告往往根据视察清单的指导逐一说明，不仅包括设施的物理特征，还包括设施的具体使用方式，存在的问题等。对于存在环境隐患的情况，视察报告均会进行披露并要求整改；对于有利于环境保护的创新方式，视察报告也都会进行陈述并加以表扬。所有的视察报告均会依程序向南极条约协商国及南极条约秘书处公开，甚至其他各方均可在网站上自行下载浏览。可以说，最初《南极条约》的签署并非单纯为了保护南极环境，而是为了防止美苏在南极划分势力范围，更是出于对国际关系的考量。但不可否认的是，由于南极条约体系下对南极活动的要求标准很高，因此开展南极活动的相关国家均是具有足够实力国家，一方面要严格遵守南极条约体系下的各类文件，同时还要接受定期视察。视察行为倒逼相关国家在南极活动中严格遵守相关规定，以防止有损环境的行为引发国际责任。因而南极区域的人类活动并未对南极环境造成破坏，南极区域也是全球范围内环境保护标准较高的区域，而无论保护南极环境成本多高，相关国家依然能够很好地遵守相关规定，这得益于该种南极视察作为整个南极条约体系的保障。

（二）开创了南极视察制度

在本书介绍的南极视察制度中，该种南极视察机制开创了整个南极视察制度，无论是南极条约体系下其他国际条约中规定的南极视察机制，还是南极条约体系外国际条约规定的南极视察，或是依据国内法开展的南极执法监督活动，均源于《南极条约》下的南极视察机制。可以说，该种南极视察是整个南极视察制度的核心。这种开创性体现在以下三方面：首先，《南极条约》作为国际法层面南极治理的基础性文件具有相对其他国际条约较高的效力位阶，其他国际条约均是《南极条约》的衍生，并在《南极条约》的原则下进行细化，《南极条约》规定的南极视察机制也具有“母版”地位，而南极条约体系下除《南极海洋生物资源养护公约》第 24 条规定的视察外，其余国际条约对于南极条约的规定也被吸纳至该种南极视察中。此外，南极区域非政府组织的南极视察，抑或是根据国内法的南极视察，其“母版”也均是该种南极视察。虽然这几种南极视察均是独立的机制，有着不同的法律依据，但对其内容的构建均依照这种南极视察，无论是视察内容还是视察过程，均不同程度借鉴了该种南极视察。因而根据《南极条约》第 7 条和《关于环境保护的南极条约议定书》第 14 条的视察是南极视察制度的核心。

（三）维持了南极局势的稳定

作为地球上最后一块名义上未被主权国家实际占据的区域，《南极条约》冻结领土声索的方式避免了南极区域成为超级大国瓜分势力范围的战场。其背后得益于该种南极视察机制保障了大国之间在南极地区保持合作，避免战略误判。该种南极视察给予所有南极条约协商国进行视察的权利，这种权利的行使者不需要通过南极条约秘书处的批准，也不需要主权声索国的认可，视察的开展方不仅可以是美国、苏联等超级大国，其他西方国家、新兴国家均可以开展。因而《南极条约》下的南极视察机制在几十年以来维持了南极局势的稳定，在不同的治理层面下承担了不同的作用。首先，在冷战时期，《南极条约》下的南极视察成了美苏两国的合作方式，从《开放天空条约》到《南极条约》，互相开放视察避免秘密利用南极于非和平目的需要高水平、公开的履约监督机制，而该种南极视察成了维护南极区域局势稳定的重要制度保障；其次，在 20 世纪 60 年代，随着人类大规模开发全球，该种南极视察的内容也随着南极条约体系的不断充实而增加，无论是对动植物的保护还是对海豹的特别保护，甚至是对南极矿物的勘探和开发预备，南极视察均第一时间增加了视察内容，在世界环境受到严重冲击的时代南极区域并未受到很大破坏；最后，随着世界局势的缓和，该种南极视察又成了各国在南极开展合作的方式，对比前后几十年的南极视察报告，语言风格也发生明显变化，从早期单调地说明是否有违反南极视察的内容，到今天南极视察报告能对站点的优点和特殊安排进行肯定，南极视察已经由单纯的法律规制手段转变为发现问题、解决问题、互相交流的途径。

第四章

《南极海洋生物资源养护公约》下的南极视察

在南极条约体系下，另一种南极视察就是根据 1980 年《南极海洋生物资源养护公约》第 24 条进行的视察。与上文第一种南极视察相比，该种南极视察也是一种独立的南极视察，有着独立的国际法依据和规范性文件体系，其主管部门也是独立的国际条约机构，讨论和报告也是在《南极海洋生物资源养护公约》下的南极海洋生物资源养护委员会进行。《南极海洋生物资源养护公约》将视察机制划分为“Observation”和“Inspection”，且拥有不同的基础文件作为指导，在下文中将分开研究这两种视察类型以清晰区分。该种南极视察的一大特点就是视察地点是南极陆地外的海域，关注点在于在南极海域进行的科研活动和商业捕捞活动。

由于该种视察类型比较特殊，且相关的资料并不完全，因此本部分写作在结合对规范性文件的梳理和解析的基础上，依据现有能够参考的历史资料对该种南极视察进行全面分析。本章共分为四节，首先介绍视察的确立历程和法律依据，将《南极条约》与《南极海洋生物资源养护公约》进行区分，介绍该种南极视察的确立历程和职能区分，并介绍其条约依据、养护措施依据和其他规范性文件依据；之后介绍国际科学视察机制，以视察流程为主线，从指派接收观察员、进行视察、视察纪律与法律责任、紧急状况措施方面进行分析和介绍；然后介绍南极海洋生物资源养护委员会视察系统，从指派观察员、视察义务和标准、视察流程和方式、法律责任方面进行介绍分析；最后是视察的发展和法律问题，从历年缔约方会议和视察实践中分析完善历程，总结发展趋势，最终明确其中存在的法律问题。

第一节　视察的确立历程与法律依据

根据《南极海洋生物资源养护公约》第 24 条第 3 款规定，在建立该种南极视察前，南极海洋生物资源养护委员会应设法制定临时安排，指定观察员，这些观察员有权按照公约规定进行视察活动，旨在增强委员会的执法能力。然而，该种视察机制在公约文本中的规定并没有被直接执行，经过几年艰难的谈判历程，各方将该种视察的职能进行了拆分，并将其分为两种视察，最终于 20 世纪 90 年代初才开始实施。[1] 由于最初各方对于该种视察机制的安排过于零散，在该种视察约 30 年的发展历程中，不少的问题和争议在讨论和实践中出现，各方也一直在通过规范性文件补充的方式完善该种视察。然而由于视察确立之初的安排不合理，各种类型规范性文件的实施为梳理该种视察机制带来了极大挑战。本节首先从理论和法律安排层面介绍该种视察的由来，将厘清其与《南极条约》的关系，并分析其法律依据。

---

〔1〕 Rayfuse, Rosemary, "Enforcement of high seas fisheries agreements: Observation and inspection under the Convention for the Conservation of Antarctic Marine Living Resources", *The International Journal of Marine and Coastal Law*, Vol. 13, Issue. 4, 1998, p. 579.

一、独立于《南极条约》的捕捞视察

南极条约体系下目前依然有效且能作为南极视察法律依据的国际条约主要是《南极条约》《关于环境保护的南极条约议定书》以及本章所讨论的《南极海洋生物资源养护公约》。其中，上一章中《南极条约》下的南极视察法律依据主要是《南极条约》和《关于环境保护的南极条约议定书》，而《南极海洋生物资源养护公约》却建立了独立于《南极条约》的南极视察，由于其保护海洋生物资源的性质，因而其规定的南极视察的重点侧重于捕捞方面。

（一）与《南极条约》的关系

由于南极条约体系下的条约几十年来的动态变化，导致很久以来《南极海洋生物资源养护公约》与《南极条约》的关系并不明确。[1]而在南极视察机制中，《南极条约》和《南极海洋生物资源养护公约》的规定又相对独立，因而对该种视察的分析需要建立在对两个条约关系分析的基础上。在以往国内外的学术资料中，绝大多数的南极视察都特指《南极条约》下的南极视察，而实际上作为南极条约体系下有关南极海洋生物资源养护的公约，该公约下的南极视察机制却与《南极条约》下的视察机制呈并列关系。

《南极条约》着重保护南极环境的同时开发南极旅游资源并防止对南极的军事利用，并没有对南极环境资源进行直接利用的规定；而《南极海洋生物资源养护公约》（CAMLR Convention）则一方面需要保护南极海洋生物资源，同时又要对其进行开发利用，保护主体和利用主体是相同的，是专门以保护南极海域生物

〔1〕 陈力：《南极海洋保护区的国际法依据辨析》，载《复旦学报（社会科学版）》2016 年第 2 期，第 80 页。

资源为宗旨的南极区域国际条约，是南极条约协商国（ATCPs）对南极海洋生态系统潜在威胁的多边回应，其出台的原因正是对南极渔业资源（包括磷虾）商业开发的不断增长。〔1〕因此，南极海洋生物资源养护委员会与《南极条约》相比更具有专业性和科学性，需要有充足的科学根据和数据来支持其内部机制的完善。如近年来南极海洋生物资源养护委员会主导了南极海洋保护区（Antarctic Marine Protected Areas，AMPAs）的设立，各方的主要焦点就是保护标准和目前的海洋生物状况需要各国的研究提供翔实数据进行支持。而南极海洋生物资源养护委员会对于海洋生物资源数据的掌握直接关系各成员捕捞配额，其数据的重要来源就是各国在南极的捕捞活动。为获取真实可靠的数据，国际科学视察机制下的观察员就具有履约监督和科学考察的双重角色，目的就在于获取真实数据来为南极海洋生物资源养护委员会的机制建设提供充分支持。但在该公约之前，《南极条约》和《南极海豹保护公约》的实施范围仅为南极地区，即南纬60°以南，而南大洋作为一个生态整体并不以南纬60°为界，因而这两个公约对于南极海洋生态并不能进行很好的保护。在南极研究科学委员会的努力下，南极协商会议对于南极海洋的生态有了进一步认识，并在1977年呼吁以特别会议的方式确立新的规则来保护南极海洋生物环境，而后于1978年召开的独立的南极海洋生物资源保护会议促成了《南极海洋生物资源养护公约》谈判的展开。南极条约体系下的这两种南极视察互相独立，发挥着不同的效果，但由于《南极条约》在南极条约体系中的核心作用，需要进一步厘清《南极条约》与《南极海洋生物资源养护公约》的关系才能对该种南极视察进行全

〔1〕陈力：《南极海洋保护区的国际法依据辨析》，载《复旦学报（社会科学版）》2016年第2期，第80页。

面分析。《南极海洋生物资源养护公约》第3条规定：该公约的缔约方无论是否为南极条约协商国，都同意其在南极区域活动不违反《南极条约》宗旨和原则，并受到《南极条约》第1条和第5条约束；[1]第3条第1款规定：在南极条约区域，所有缔约方，无论是否是《南极条约》的协商国，均受到《南极条约》第4条和第5条的约束；[2]第5条规定：第一，非南极条约协商国的本条约缔约方承认南极条约协商国在保护和维护南极条约区域环境方面的特殊义务和责任。第二，非南极条约协商国的本条约缔约方同意，在南极条约区域活动中，它们将酌情遵守《保护南极动植物议定措施》以及南极条约协商国为履行其保护南极环境免受人类各种有害干扰的责任而推荐的其他措施。[3]为该公约目的，南极条约协商国是指派代表参加《南极条约》第9条规定的会议的南极条约缔约方。[4]可见，《南极海洋生物资源养护公约》对于与《南极条约》的关系问题进行了安排。在“《南极海洋生物资源养护公约》及其与《南极条约》的联系”[5]（CCAMLR and its links to the Antarctic Treaty）文件中也提及，为促进《南极海洋生物资源养护公约》的目标并

〔1〕 Article Ⅲ of Convention for the Conservation of Antarctic Marine Living Resources.

〔2〕 Article Ⅲ of Convention for the Conservation of Antarctic Marine Living Resources, Article Ⅳ.

〔3〕《保护南极动植物议定措施》已失效，内容被《关于环境保护的南极条约议定书》所吸收。

〔4〕 Article Ⅴ of Convention for the Conservation of Antarctic Marine Living Resources.

〔5〕 CCAMLR and its links to the Antarctic Treaty, https://www.ccamlr.org/en/system/files/e-linkages_1.pdf, To promote the CAMLR Convention's objectives and ensure observance of it provisions, CCAMLR has also established a System of Inspection http://www.ccamlr.org/pu/e/e_pubs/bd/pt9.pdf and a Scheme of International Scientific Observation (http://www.ccamlr.org/pu/e/e_pubs/bd/pt10.pdf) under Article XXXIV of the Convention.

确保条约得到遵守，南极海洋生物资源养护委员会（CCAMLR）建立了一个视察机制（Inspection）和根据该公约第24条提出了国际科学视察机制（Observation）。

总体而言，《南极条约》与《南极海洋生物资源养护公约》的相关安排在南极视察上体现在如下方面：首先，在地理区域上，《南极海洋生物资源养护公约》下的南极视察覆盖范围更广，包括了南纬60°以北的部分南大洋海域；其次，在法律依据上，作为《南极海洋生物资源养护公约》缔约国的非南极条约当事方依然要遵守部分《南极条约》及现行《关于环境保护的南极条约议定书》的规定；[1]最后，在视察效力上，《南极海洋生物资源养护公约》的部分缔约国虽不是南极条约协商国或非协商国，依然需承认《南极条约》下南极视察的效力。

（二）视察的确立与职能区分

《南极海洋生物资源养护公约》在1980年通过后于1982年正式生效，但1982年至1989年间并没有进行该种南极视察，南大洋的捕捞活动也没有被规制。由于历史原因，经过7年的讨论，视察机制被分为南极海洋生物资源养护委员会视察系统（CCAMLR System of Inspection）和国际科学视察机制（CCAMLR Scheme of International Scientific Observation），并分别有国际科学视察机制文本（Text of CCAMLR Scheme of International Scientific Observation）和南极海洋生物资源养护委员会视察系统（Text of the CCAMLR System of Inspection）两个规范性文件提供指导。事实上，该种南极视察是由国内法上的捕捞视察发展而来，而为了明确视察的职能，条约谈判期间又对其进行了

[1] 目前仅指纳米比亚，其为《南极海洋生物资源养护公约》缔约国而非南极条约当事方。

拆分。

1. 国内捕捞视察的国际应用

根据《南极海洋生物资源养护公约》第 24 条进行的视察主要关注南大洋的捕捞活动。在国际法层面，以联合国相关组织为代表的国际渔业组织已经制定了一系列国际法文件以规制捕捞活动，实现渔业资源合理利用。目前，国际法层面具有代表性的捕捞条约包括《21 世纪议程》《有关养护和管理跨界鱼类种群与高度洄游鱼类种群的规定的协定》《负责任渔业行为守则》《国际渔业行动计划》，此外，还存在一系列规范性文件从捕捞行为、捕捞技术、捕捞种群等方面进行了规制。[1]而在国内法层面，一些注重渔业资源养护的国家早已进行国内立法以规制其国内捕捞行为，美国就是最早规定渔业观察员机制的国家，并在其西北部海域和阿拉斯加海域最早开始实施该计划。在 20 世纪 70 年代，美国的国内立法就规定了视察机制，通过渔业管理部门定期和跟踪渔船收集相关数据，确定全国水域的整体环境情况和捕捞情况，以实现对捕捞活动的规制，特别是对捕捞技术的限定和对捕捞配额的管理。[2]美国国内的渔业观察员职能包括跟踪渔船、确认捕捞活动并记录相关情况，登船检查渔船设施是否合规等。观察员一方面是通过跟踪、登船以确定渔船的捕捞行为是否合规，另一方面是收集相关的捕捞信息以确认国内渔业发展状况。这种观察员机制与本章的视察机制极为类似，观察员只负责视察和记录信息，对违法行为并不具

---

〔1〕 张晓惠、韩云峰：《浅析世界渔业现状及发展趋势》，载《现代渔业信息》2007 年第 10 期，第 25 页。

〔2〕 Rayfuse, Rosemary, "Enforcement of high seas fisheries agreements: Observation and inspection under the Convention for the Conservation of Antarctic Marine Living Resources", *The International Journal of Marine and Coastal Law*, Vol. 13, Issue. 4, 1998, p. 478.

有执法权，其可以通过联系附近执法船只的方式对涉嫌违法的船只进行执法。〔1〕在《南极海洋生物资源养护公约》的谈判过程中，国内渔业观察员计划最终被应用到了南大洋海域，最终形成了本章及下文提及的一系列其他国际条约机构和国际组织承担的捕捞视察。事实上，在国际法层面，1980 年《南极海洋生物资源养护公约》是最早建立视察机制的涉及公海渔业的区域性国际条约。〔2〕〔3〕

2. 信息收集与履约监督职能的区分

与《南极条约》下南极视察的和平利用和环境保护视察不同，该公约下的南极视察是渔业捕捞视察。渔业捕捞涉及各缔约国的捕捞配额分配和捕捞监管问题，因而确定捕捞配额并保障捕捞国严格执行就需要信息收集和履约监督两方面职能。南极海洋生物资源养护委员会对南极视察机制进行了多年的讨论，最终才形成目前的实施模式，对信息收集职能和履约监督职能加以区分，在该公约的视察机制下构建两部分视察系统。

自 1980 年《南极海洋生物资源养护公约》通过至 1982 年生效，各方并未对视察机制进行讨论，直至 1984 年英国首先提出了委员会根据《南极海洋生物资源养护公约》建立视察的责

〔1〕 王彩云:《他山之石——加拿大渔业法律制度》，载 http://e-nw.shac.gov.cn/wmfw/hwzc/hwzc/200312/t20031225-92865.htm，最后访问日期：2021 年 3 月 15 日。

〔2〕 Laurence Cordonnery, Alan D. Hemmings, Lorne Kriwoken, "Nexus and Imbroglio: ccamlr, the Madrid Protocol and Designating Antarctic Marine Protected Areas in the Southern Ocean in The International Journal of Marine and Coastal Law", *The International Journal of Marine and Coastal Law*, Vol. 30, Issue 4, p. 41.

〔3〕 Laurence Cordonnery, Alan D. Hemmings, Lorne Kriwoken, "Nexus and Imbroglio: ccamlr, the Madrid Protocol and Designating Antarctic Marine Protected Areas in the Southern Ocean in The International Journal of Marine and Coastal Law", *The International Journal of Marine and Coastal Law*, Vol. 30, Issue 4, p. 41.

任问题。[1]在之后的会议上南极海洋生物资源养护委员会决定对“旨在促进《南极海洋生物资源养护公约》目标的实现”的国际科学视察机制和“将与确保遵守《南极海洋生物资源养护公约》规定”的南极海洋生物资源养护委员会视察系统加以区分。[2]两种视察进行职能区分被认为对于协助委员会获得必要的数据和信息，以适当调节捕捞活动，并确保对依赖物种和有关物种没有不利影响至关重要。[3]国际科学视察机制下的观察员是纯粹的信息收集者，并没有执法职能。[4]科学委员会被要求考虑国际科学机制下的观察员可以采取哪些职能以协助委员会实现《南极海洋生物资源养护公约》的目标；而执行秘书则研究现有的视察，并向委员会提出报告。[5]1985 年，科学委员会提出了一项自愿计划，规定根据双边协定，其他成员的国际科学观察员可在商业捕捞船只上进行视察活动，不具有执法职能的观察员将视察捕捞活动并向委员会报告以协助其改进对渔业数据的评估。[6]提案提交委员会后，各成员对该计划的法律

---

[1] Laurence Cordonnery, Alan D. Hemmings, Lorne Kriwoken, "Nexus and Imbroglio: ccamlr, the Madrid Protocol and Designating Antarctic Marine Protected Areas in the Southern Ocean in The International Journal of Marine and Coastal Law", *The International Journal of Marine and Coastal Law*, Vol. 30, Issue. 4, p. 42.

[2] Report of the Third Meeting of the Commission (1984), p. 26.

[3] Rosemary Rayfuse, " Enforcement of High Seas Fisheries Agreements Observation and Inspection under the Convention for the Conservation of Antarctic Marine Living Resources", *The International Journal of Marine and Coastal Law*, Vol. 13, Issue. 4, p. 158.

[4] Rosemary Rayfuse, "Enforcement of High Seas Fisheries Agreements Observation and Inspection under the Convention for the Conservation of Antarctic Marine Living Resources", *The International Journal of Marine and Coastal Law*, Vol. 13, Issue. 4, p. 158.

[5] Report of the Third Meeting of the Commission, 1984, para. 28.

[6] Report of the Scientific Committee, 1985, para. 10. 2.

依据进行了一些辩论。[1]结论是由于该计划仅涉及国际科学观察员，因而将完全取决于双边安排并且没有规定执行机制，因此该计划源于公约第 15 条规定的科学委员会职能，而不是第 24 条第 3 款的视察。[2]此时，由于委员会认为之前对于双边协定下国际科学观察员的讨论比较充分，因而首次接受了将视察区分为国际科学视察机制和南极海洋生物资源养护委员会视察系统的观点，即国际科学视察机制旨在用作实现公约目标所必需的数据收集，南极海洋生物资源养护委员会视察系统旨在确保成员遵守委员会通过的养护措施的视察。[3]委员会试图先推进国际科学观察机制，要求其他成员考虑将国际科学观察员安置在研究或商业捕捞船上。[4]1986 年，美国给委员会提交文件以再次讨论该事项，详细说明这两项视察机制的法律渊源均是《南极海洋生物资源养护公约》第 24 条。[5]虽然各成员国“普遍同意视察机制应尽快制定和执行”[6]，但一些成员对报告程序、资金、建立观察员库，以及拟议计划与其他现有国际计划之间的关系表示关切。[7]1987 年，美国召集工作组以澄清两个视察机制下不同观察员之间的区别，并就第 24 条制定了一些规

---

〔1〕 Rosemary Rayfuse,“Enforcement of High Seas Fisheries Agreements Observation and Inspection under the Convention for the Conservation of Antarctic Marine Living Resources”, *The International Journal of Marine and Coastal Law*, Vol. 13, Issue. 4, p. 159.

〔2〕 M. Howard, “The Convention for the Conservation of Antarctic Marine Living Resources: A Five-Year Review”, *International and Comparative Law Quarterly*, Vol. 38, Issue. 104, 1989, p. 144.

〔3〕 Rosemary Rayfuse, “Enforcement of High Seas Fisheries Agreements Observation and Inspection under the Convention for the Conservation of Antarctic Marine Living Resources”, *The International Journal of Marine and Coastal Law*, Vol. 13, Issue. 4, p. 74.

〔4〕 Report of the Fourth Meeting of the Commission, 1985, para. 26

〔5〕 Report of the Fifth Meeting of the Commission, Doc. CCAMLR-V/17, (1986).

〔6〕 Report of the Fifth Meeting of the Commission, 1986, para. 73.

〔7〕 Report of the Fifth Meeting of the Commission, 1986, para. 75.

定。[1]它提议设立一个常设视察委员会（Standing Committee on Observation and Inspection，SCOI）以负责确定机制设计并在生效后对其运行进行持续审查。[2]委员会采纳了该建议，并在1988年的会议上正式成立了常设视察委员会。[3]在1988年的第一次会议上，常设视察委员会完成了对该计划的详细说明，委员会通过了南极海洋生物资源养护委员会下的南极视察。[4]秘书处被要求准备必要的材料、清单、报告表格、术语词典等以供观察员使用。[5]由此，南极海洋生物资源养护委员会将其公约下的视察区分为“国际科学视察机制”和“南极海洋生物资源养护委员会视察系统”，而常设视察委员会也成了历年年度大会上汇报和讨论视察的内设机构。直至1989年，南极海洋生物资源养护委员会视察系统才被彻底建立并实施，1989/1990年度才首次进行，阿根廷、智利、美国和苏联指派了观察员。[6][7]而国际科学视察机制则在1992年才被建立，目的是为南极海洋生物

---

〔1〕 Rosemary Rayfuse, "Enforcement of High Seas Fisheries Agreements Observation and Inspection under the Convention for the Conservation of Antarctic Marine Living Resources", *The International Journal of Marine and Coastal Law*, Vol. 13, Issue. 4, p. 76.

〔2〕 Rosemary Rayfuse, "Enforcement of High Seas Fisheries Agreements Observation and Inspection under the Convention for the Conservation of Antarctic Marine Living Resources", *The International Journal of Marine and Coastal Law*, Vol. 13, Issue. 4, p. 76.

〔3〕 Report of the Sixth Meeting of the Commission, 1987, paras. 94-99.

〔4〕 Report of the Seventh Meeting of the Commission, 1988, paras. 124-125.

〔5〕 Report of the Seventh Meeting of the Commission, 1988, paras. 127-129.

〔6〕 Laurence Cordonnery, "Environmental Protection in Antarctica Drawing Lessons from the CCAMLR Model for the Implementation of the Madrid Protocol", *Ocean Development & International Law*, Vol. 29, Issue. 2, p. 161.

〔7〕 Laurence Cordonnery, "Environmental Protection in Antarctica Drawing Lessons from the CCAMLR Model for the Implementation of the Madrid Protocol", *Ocean Development & International Law*, Vol. 29, Issue. 2, p. 162.

资源养护委员会的科学决策提供数据。[1]目前，对于《南极海洋生物资源养护公约》下的视察机制研究主要集中在南极海洋生物资源养护委员会视察系统，而国际科学视察机制对于执法活动的影响目前并没有得到学界的关注，南极海洋生物资源养护委员会将把国际科学视察机制数据的内容用于国际观察员的违法行为以及IUU（非法捕捞）行为报告。[2]

二、视察的法律依据

《南极海洋生物资源养护公约》下的南极视察由《南极海洋生物资源养护公约》下的国际条约机构——南极海洋生物资源养护委员会负责，其法律依据大致由几部分构成：①《南极海洋生物资源养护公约》中有关南极视察的内容；②南极海洋生物资源养护委员会通过的养护措施中有关南极视察的内容；③南极海洋生物资源养护委员会编纂的有关南极视察的各项规范性文件。其中，条约依据和养护措施依据具有国际法效力，其他规范性文件的国际法效力并不明确。

（一）条约依据

根据《南极海洋生物资源养护公约》第24条的视察是指《南极海洋生物资源养护公约》（Convention for the Conservation of Antarctic Marine Living Resources，CAMLR Convention）第24条具体规定的南极视察机制。根据第24条的规定，本公约下的南极视察直接由南极海洋生物资源养护委员会负责，并遵循以下规定：①缔约方相互合作，并在考虑国际惯例（International Pr-

---

〔1〕 Conservation Measure 69/XH1, Report of the Twelfth Meeting of the Commission, 1993, p. 44.

〔2〕 SCOI Report, Report of the Standing Committee on Observation and Inspection, 1996, paras. 2. 2-2. 5; and SCOI Report, 1997, para. 3. 7.

actice）的情况下来执行视察，该机制包括：根据委员会成员指定的观察员的登船和视察程序（登临权），以及根据登船和视察所产生的证据对国旗国起诉和制裁的程序（司法权），这种起诉和制裁的报告应列入本公约第 21 条[1]所述的资料；②在从事科学研究或捕捞海洋生物资源的船舶上派遣观察员，其工作内容根据南极海洋生物资源养护委员会的要求进行；③被指定的观察员受所属缔约方的管辖，他们直接向所属缔约方报告，而缔约方作为南极海洋生物资源养护委员会成员再向委员会报告。[2]

在整个《南极海洋生物资源养护公约》中，第 24 条是对于该种南极视察的基础性直接规定，但并未规定细节，仅大致规定了以下内容：①南极海洋生物资源养护委员会为负责机构。南极海洋生物资源养护委员会作为《南极海洋生物资源养护公约》的条约机构，其网站参照南极条约秘书处的建设，负责运营整个该种南极视察的数据收集和信息交换，并负责相关规范性文件的定期更新。②观察员由其国籍国管辖。与《南极条约》下的南极视察一样，该种南极视察中的观察员也由其国籍国管辖，而观察员虽然是根据国际层面的规则进行视察活动，但并不直接向条约机构报告，而是向其派出国（即国籍国）进行汇报，而后再由缔约方向条约机构汇报。③视察内容包括登临、视察和起诉程序。由于视察区域是在海上，因此观察员和受视察对象均以船只作为交通工具，而该种视察还规定了发现违法行为后的起诉程序，但也是交予相关国家由国内法司法程序进行。

---

〔1〕 Article XXI of Convention for the Conservation of Antarctic Marine Living Resources.

〔2〕 Article XXIV of Convention for the Conservation of Antarctic Marine Living Resources.

同时，《南极海洋生物资源养护公约》将该种南极视察的适用范围局限于公约的规制范围。该公约涵盖了南极大陆周边的水域，或者说覆盖范围大致为地理学意义上的南大洋，具体范围为南纬 50°西经 50°，至东经 30°，至南纬 45°，至东经 80°，至南纬 55°，至东经 150°，至南纬 60°，至西经 50°，再回到南纬 50°西经 50°的环状水域。公约区域约占地球 10%的海洋面积，约 35 716 100 平方千米。作为该公约的常设机构，南极海洋生物资源养护委员会将公约所辖海域划分为下图数块区域以进行管理。根据南极海洋生物资源养护委员会官方网站的介绍，本公约下的南极视察机制是专门为确保“公约”地区的渔船遵守养护措施（Conservation Measure）而设立的，其中并没有提及公约中规定的对科学研究船只的视察。根据《南极海洋生物资源养护公约》第 9 条规定，南极海洋生物资源养护委员会实现公约目标与宗旨最主要的方法是在可获得的充分科学证据的基础上制定、通过和修改养护措施。委员会成员在接到养护措施通知之后的 90 天内未表示反对的，养护措施将在该通知之后 180 天对所有委员会成员具有约束力。因此，与《南极条约》下规范性文件的效力问题不同，《南极海洋生物资源养护公约》下的养护措施明确具有国际法效力。

（二）养护措施依据

目前，南极海洋生物资源养护委员会共通过了两项有关该种南极视察的养护措施，分别是“养护措施 10-02 缔约国对悬挂其旗帜在公约区域内作业的船只许可和视察义务”（Conservation Measure 10-02 Licensing and inspection obligations of Contracting Parties with regard to their flag vessels operating in the Convention Area）和“养护措施 10-03 对运送南极海洋生物资源的渔船进行港口视察”（Conservation Measure 10-03 Port inspections of fishing vessels carrying Antarctic marine living resources)。这两个养护措施均与下文研究的南极海洋生物资源养护委员会视察系统直接相关，而国际科学视察机制目前在养护措施层面没有相关依据。此外，开展南极视察对船只渔获物种类、数量进行视察，并视察其捕捞渔具、作业方式行为等内容及具体的标准由南极海洋生物资源养护委员会通过的其他规范性文件另行规定。

(三) 规范性文件依据

除《南极海洋生物资源养护公约》及有关南极视察的养护措施外，南极海洋生物资源养护委员会还编纂了一系列规范性文件以协助、规范公约规定的两个视察机制。具体而言，目前的规范性文件依据包括国际科学视察机制下的国际科学视察机制文本（Text of CCAMLR Scheme of International Scientific Observation）、国际科学视察机制科学观察员手册磷虾捕捞 2020 版（Scheme of International Scientific Observation Scientific Observer's Manual Krill Fisheries Version 2020）、国际科学视察机制科学观察员手册鳍鱼捕捞 2020 版（Scheme of International Scientific Observation Scientific Observer's Manual Finfish Fisheries Version 2020）、科学观察员手册（Scientific Observers Manual-2011）；南极海洋生物资源养护委员会视察系统下的南极视察系统文本（Text of the CCAMLR System of Inspection）。这几个规范性文件的编纂主体、方式均不明确，其有无国际法效力也无法认定。除此以外，南极海洋生物资源养护委员会网站还存在视察员指派系统及其他数据库，但对外并不公开。

第二节 国际科学视察机制

《南极海洋生物资源养护公约》经历了长久的磋商，对公约下的视察机制职能进行了拆分，形成了国际科学视察机制和南极海洋生物资源养护委员会视察系统两套视察机制。其中，本章研究的“国际科学视察机制”(CCAMLR Scheme of International Scientific Observation，SISO）一词首先出现在国际科学视察机制文本（Text of CCAMLR Scheme of International Scientific Observation）中，其作为南极海洋生物资源养护委员会的基础性文件(Basic Documents）列于网站的第十部分（Part 10）。[1]《南极海洋生物资源养护公约》第 24 条直接规定了该种视察机制，但并没有对本机制进行完整的描述，其规定“Observation and Inspection”中的“Observation”指的就是该机制。该文本包括 A—H 共 8 个部分，还有 2 个附件，比较系统、完整地规定了该种视察机制。

根据南极海洋生物资源养护委员会官网的描述，国际科学视察机制是根据《南极海洋生物资源养护公约》第 24 条于 1992 年通过的。它是该公约下最重要的科学信息来源之一，对于评估捕捞对生态系统的影响至关重要，其中包括目标种群以及相关物种和依赖物种的状况。该机制还在通过收集有关缓解措施有效性的数据来开发减少捕捞对生态系统影响的方法中发挥关键作用。[2]其规定，南极海洋生物资源养护委员会的捕捞活动

---

〔1〕“Basic Documents”, https://www.ccamlr.org/en/document/publications/basic-documents-december-2011 (Last visiting date: 15 March 2021).

〔2〕Laurence Cordonnery. “Environmental Protection in Antarctica Drawing Lessons from the CCAMLR Model for the Implementation of the Madrid Protocol”, *Ocean Development & International Law*, Vol. 29, Issue. 2, p. 51.

中需配有国际观察员，其中，在冰鱼和犬牙鱼的捕捞中，国际观察员（与船旗国国籍不同）的覆盖率要求为100%，而在磷虾捕捞中，国际或本国国籍观察员的覆盖率应为50%。[1]观察员记录以下信息：渔具配置（包括减少海鸟和海洋哺乳动物偶然死亡的措施）、捕捞作业（包括渔获物成分）、目标和副渔获物种类的生物学测量、鱼类标签和标签捕获的详细信息、目击船只以及有关脆弱的海洋生态系统指标的数据。所有这些数据均由观察员以专为延绳钓、拖网（有鳍鱼和磷虾）和盆（有鳍和有鳍鱼）渔业设计的标准化日志表的形式提交给南极海洋生物资源养护委员会秘书处。[2]秘书处通过会员指定的国内技术协调人员站点协调该部分内容。[3]而为了完善南极海洋生物资源养护委员会成员计划、观察计划和记录数据，秘书处与科学委员会，工作组和实地观察员进行了磋商，制定了《科学观察员手册》（Scientific Observers Manual-2011），该手册包含一系列全面的科学观察指南和参考资料。[4]

一、指派、接收观察员

与《南极条约》下的南极视察机制类似，《南极海洋生物资

〔1〕 Laurence Cordonnery, "Environmental Protection in Antarctica Drawing Lessons from the CCAMLR Model for the Implementation of the Madrid Protocol", *Ocean Development & International Law* , Vol. 29, Issue. 2, p. 52.

〔2〕 Laurence Cordonnery, "Environmental Protection in Antarctica Drawing Lessons from the CCAMLR Model for the Implementation of the Madrid Protocol", *Ocean Development & International Law* , Vol. 29, Issue. 2, p. 53.

〔3〕 Laurence Cordonnery, "Environmental Protection in Antarctica Drawing Lessons from the CCAMLR Model for the Implementation of the Madrid Protocol", *Ocean Development & International Law* , Vol. 29, Issue. 2, p. 54.

〔4〕 Laurence Cordonnery, "Environmental Protection in Antarctica Drawing Lessons from the CCAMLR Model for the Implementation of the Madrid Protocol", *Ocean Development & International Law* , Vol. 29, Issue. 2, p. 51.

源养护委员会》下的南极视察也由国家进行观察员指派，观察员以委员会的名义进行视察活动。但由于渔业活动需要以船只作为载体，因而指派观察员一方被称为指派成员，受视察方被称为接收成员。

（一）指派观察员

观察员的指派由成员国进行。与《南极条约》下的南极视察不同，南极海洋生物资源养护委员会虽然将观察员指派权交予国家，但却明确规定了一系列选派标准。国际科学视察机制文本（Text of CCAMLR Scheme of International Scientific Observation）的 A 部分规定，南极海洋生物资源养护委员会的成员国均可指派观察员参与该种视察。[1]根据文本规定，指派观察员的国家被称为“指派成员”（Designating Member），如果指派观察员的国家并未提供船只以供观察员进行视察，则可能需要其他成员国的船只作为帮助，在这种情况下，提供船只以接受观察员在船只上进行视察工作的国家被称为“接收成员”（Receiving Member）。[2]截至目前，南极海洋生物资源养护委员会的正式成员国共有 24 个，[3]还有 11 个国家加入了公约但还未批准，[4]这与南极条约协商国的数量相比较少，其中欧盟更是以国际组织的身份作为委员会成员，但部分欧盟成员国依然以独立身份加入了委员会。

指派成员应当指派具有适当资格的人担任科学观察员，观

---

〔1〕 Text of CCAMLR Scheme of International Scientific Observation，A.

〔2〕 Text of CCAMLR Scheme of International Scientific Observation，A.

〔3〕 分别是阿根廷、澳大利亚、比利时、巴西、智利、中国、欧盟、法国、德国、印度、意大利、日本、韩国、纳米比亚、新西兰、挪威、波兰、俄罗斯、南非、西班牙、瑞典、乌克兰、英国、美国、乌拉圭。

〔4〕 分别是保加利亚、加拿大、库克群岛、芬兰、希腊、毛里求斯、荷兰、巴基斯坦、巴拿马、秘鲁、瓦努阿图。

察员需要熟悉相关的科学研究活动以及渔业收获活动，熟悉《南极海洋生物资源养护公约》的规定，以及采取的养护措施（Conservation Measure）。被任命的观察员在被任命前不能曾因严重刑事犯罪被判有5年以上徒刑。〔1〕文本还要求观察员需要接受过充分的教育、培训，并能够胜任委员会交予观察员的任务，承担相关的责任；〔2〕能够以其开展视察所乘坐船只的船旗国语言进行交流，除非指派成员和接收成员之间商定以另一种语言进行交流。〔3〕

（二）指派成员和接收成员义务

与《南极条约》下的南极视察不同，由于可能涉及为观察员提供船只的情况，该种南极视察存在指派成员和接收成员两种国家。而文本规定，为促进《南极海洋生物资源养护公约》目标的实现，成员国同意接受将其船只投入指定科学观察员从事科学研究或捕捞海洋生物资源的活动中，并应按照缔结的双边安排开展工作。〔4〕指派成员是指指派观察员进行视察的成员国；而接收成员是指为观察员提供船只作为交通工具的成员国。这两种成员国均为南极海洋生物资源养护委员会的成员国。

1. 指派成员义务

文本规定，指派成员应确保其指派的科学观察员有让缔约方认为足够的保险。〔5〕在前往接收成员的船只开展视察或完成视察后离开接收成员的船只以返回指派成员国的运输应由指派成员负责，而非接收成员国负责。〔6〕科学观察员的设备、衣物

〔1〕Text of CCAMLR Scheme of International Scientific Observation, D.
〔2〕Text of CCAMLR Scheme of International Scientific Observation, D.
〔3〕Text of CCAMLR Scheme of International Scientific Observation, A.
〔4〕Text of CCAMLR Scheme of International Scientific Observation, B.
〔5〕Text of CCAMLR Scheme of International Scientific Observation, D.
〔6〕Text of CCAMLR Scheme of International Scientific Observation, D.

和工资，以及任何其他相关的津贴应该由指派成员承担，除非指派成员和接收成员之间另有协议约定。[1]另外，该文本并非一成不变，而是一直在更新和改进中。比如文本就规定，从2019年12月1日开始，指派成员有责任在任何科学观察员登船启程之前提供独立的双向通信卫星设备和防水个人救生信标，并指出这可能包括单个设备，如作为“卫星紧急通知设备”或可以是独立的基于卫星的系统组合，例如卫星电话和便携式救生信标。[2]当科学观察员在接收成员的船舶上使用通信设备后，指派成员应承担进行通信的合理费用。[3]指派科学观察员的成员将主动执行委员会确定的任务。[4]此外，指派成员在指派观察员后需要向秘书处提供相关信息，[5]包括：签署安排的日期[6]、接收观察员的船只的名称和旗帜[7]、指派的科学观察员的成员[8]、捕捞区域（CCAMLR统计区域、次区域、分区）[9]、观察员收集并提交给秘书处的数据类型（例如副渔获物、目标物种、生物数据）[10]、视察计划开始和结束的预计日期[11]、将观察员送回其本国的预计日期[12]。同时，指派成员应尽可能避免让根据南极海洋生物资源养护委员会国际科学视

[1] Text of CCAMLR Scheme of International Scientific Observation, D.

[2] Text of CCAMLR Scheme of International Scientific Observation, D.

[3] Text of CCAMLR Scheme of International Scientific Observation, D.

[4] Text of CCAMLR Scheme of International Scientific Observation, F.

[5] Text of CCAMLR Scheme of International Scientific Observation, C.

[6] Text of CCAMLR Scheme of International Scientific Observation, D.

[7] Text of CCAMLR Scheme of International Scientific Observation, D.

[8] Text of CCAMLR Scheme of International Scientific Observation, D.

[9] Text of CCAMLR Scheme of International Scientific Observation, D.

[10] Text of CCAMLR Scheme of International Scientific Observation, D.

[11] Text of CCAMLR Scheme of International Scientific Observation, D.

[12] Text of CCAMLR Scheme of International Scientific Observation, D.

察机制指定的科学观察员在同一船舶上连续不断行程。[1]

总的来看，指派成员的义务具有浓厚的劳动法色彩，集中于保护观察员的人身安全并提供相关的工作支持，文本将指派成员和接收成员的义务分离，并给予双方协商安排的空间，目的还是保护指派成员指派的科学观察员的权益，以更好地实现视察活动。文本要求，指派成员指派的科学观察员在接收成员的船舶上具有船员地位，住宿和膳食标准应与船员地位相符。[2]

2. 接收成员义务

在观察员在船舶上进行视察工作时，接收成员应保证船舶驾驶员、操作员与科学观察员充分合作，以很好执行委员会分配给观察员的任务，包括允许科学观察员获得为履行委员会要求的职责所必需的数据、设备和船舶操作权。[3]接收成员还应确保船舶驾驶员与科学观察员充分合作，使观察员能够在不受阻碍或影响的情况下履行“科学观察员手册”（Scientific Observers Manual）规定的数据收集职责。[4]接收成员还应安排使用船舶的通信设备，由操作员代表科学观察员发送和接收信息。[5]在通知船长后，船只应允许科学观察员进行视察任务所需的访问，包括船舶的导航设备和人员，以确定船舶的位置、航向和速度。[6]根据所有相关国际海事规定，接收成员应对船只采取适当行动以确保科学观察员安全的工作条件，在观察员履行职责时提供保护、保障其安全和福利，并为他们提供医疗保

[1] Text of CCAMLR Scheme of International Scientific Observation, D.

[2] Text of CCAMLR Scheme of International Scientific Observation, B.

[3] Text of CCAMLR Scheme of International Scientific Observation, D.

[4] Text of CCAMLR Scheme of International Scientific Observation, D.

[5] Text of CCAMLR Scheme of International Scientific Observation, D.

[6] Text of CCAMLR Scheme of International Scientific Observation, D.

障，并保障他们的自由和尊严。[1]对于海上转移，成员国应在确保船舶经营人安全的条件下，经观察员同意进行观察员转移，在该期间，应最大限度地保障观察员和船员的安全，并提供经验丰富的船员在转移期间协助观察员。[2]接收国家应组织涉及科学观察员运输和登船的安排，以尽量减少对捕捞和研究作业的干扰。[3]如船长可能希望保留，科学观察员应向有关船长提供由科学观察员编写的记录副本。[4]接收成员的船舶应承担科学观察员的船上住宿和膳食费用。[5]双边安排应解决指定和接收成员认为适当的其他事项，例如责任和保密。[6]此外，接收成员应确保在部署任何科学观察员之前向船舶所有人或经营人或其指定人员通知文本附件二的紧急程序，并合作执行。[7]

二、进行视察

科学观察员进行的视察包括信息收集、视察报告两部分内容，“科学观察员手册”（Scientific Observers Manual-2011）是为观察员进行视察工作提供的指导性文件，内容大致分为三部分：准备科学视察工作的规范性文件、科学观察员指南、参考资料。科学观察员手册为观察员进行视察提供了诸如公约区域、数据系统等辅助支持，视察的内容也在其中特别规定。在视察内容方面，手册第二部分分不同的章节对视察内容的重点和细节进

〔1〕 Text of CCAMLR Scheme of International Scientific Observation, D.

〔2〕 Text of CCAMLR Scheme of International Scientific Observation, D.

〔3〕 Text of CCAMLR Scheme of International Scientific Observation, D.

〔4〕 Text of CCAMLR Scheme of International Scientific Observation, D.

〔5〕 Text of CCAMLR Scheme of International Scientific Observation, D.

〔6〕 Text of CCAMLR Scheme of International Scientific Observation, D.

〔7〕 Text of CCAMLR Scheme of International Scientific Observation, H.

行了规定。该视察手册的第三节规定，观察员所承担的任务应符合指定会员和接收科学观察员的会员之间双边安排的科学目标，并取决于进行视察的船只类型、所涉观察员的人数及专业技能。[1]只要有可能，每艘船上应有两名科学观察员。这样可以更好地覆盖所有捕捞作业以及收集与偶然死亡率和副渔获物有关的数据。[2]除了对于观察员人数的建议外，手册将选择视察内容和记录具体数据的权限均交由相关的观察员，并未要求观察员完全按照手册的规定进行视察，这与上文提及的《南极条约》下的两个视察清单比较类似。具体而言，观察员手册第一部分第二节规定了科学委员会确认的对商业捕捞船只研究的重点清单，以及对商业捕捞船只进行科学视察后的记录和报告结果。

此外，在 2019 年，南极海洋生物资源养护委员会新编了上文提及的“国际科学视察机制科学观察员手册磷虾捕捞 2020 年版”（Scheme of International Scientific Observation Scientific Observer's Manual Krill Fisheries Version 2020）和“国际科学视察机制科学观察员手册鳍鱼捕捞 2020 年版”（Scheme of International Scientific Observation Scientific Observer's Manual Finfish Fisheries Version 2020），其中特别规定了对南极磷虾、犬牙鱼和鲭鱼的视察，也规定了针对各种捕捞物的视察细节，包括外观、牙齿、器官，以及具体的采样要求等。

（一）信息收集

相关文件赋予了观察员信息收集职能，这也是国际科学视察机制观察员区别于其他种类南极视察观察员的特点之一。2019 年，南极海洋生物资源养护委员会新出台了两个科学观察员手册，分别是“国际科学视察机制科学观察员手册磷虾捕捞

〔1〕 Scientific Observers Manual, Part I, Section 3, 8.

〔2〕 Scientific Observers Manual, Part I, Section 3, 9.

2020年版”(Scheme of International Scientific Observation Scientific Observer's Manual Krill Fisheries Version 2020)和“国际科学视察机制科学观察员手册鳍鱼捕捞2020年版”(Scheme of International Scientific Observation Scientific Observer's Manual Finfish Fisheries Version 2020)。这两个手册规定了国际科学观察员的部分职能和义务。

手册规定，国际科学观察机制的目的是收集和验证对评估南极海洋生物资源种群状况以及捕捞对这些种群及相关物种和依赖物种种群的影响至关重要的科学信息。[1]观察员被要求在从事科学研究或公约区域内的海洋物种捕捞的船舶上，观察和报告船舶活动的运行情况，并从船上获取独立的捕捞物种样本。[2]观察员负责按照指示收集可靠和准确的数据，南极海洋生物资源养护委员会并不要求观察员对数据进行评估或解释，观察员应保持警惕，以确保不记录或报告此类数据或个人意见。此外，观察员没有执行权，不应尝试根据南极海洋生物资源养护委员会的规定指导船舶。[3]

在磷虾渔业中作业的船只必须配备“根据南极海洋生物资源养护委员会国际科学观察计划或由缔约方指定的任何其他观察员”任命的观察员［参见养护措施（CM 51-06）］。如果观察员是由缔约方任命的，即与船舶来自同一国家，则CM 51-06

---

〔1〕 Scheme of International Scientific Observation Scientific Observer's Manual Krill Fisheries Version 2020 and Scheme of International Scientific Observation Scientific Observer's Manual Finfish Fisheries Version 2020, 1.

〔2〕 Scheme of International Scientific Observation Scientific Observer's Manual Krill Fisheries Version 2020 and Scheme of International Scientific Observation Scientific Observer's Manual Finfish Fisheries Version 2020, 2.

〔3〕 Scheme of International Scientific Observation Scientific Observer's Manual Krill Fisheries Version 2020 and Scheme of International Scientific Observation Scientific Observer's Manual Finfish Fisheries Version 2020, 2.

规定观察员遵循的“科学数据收集和取样方案”应符合南极海洋生物资源养护委员会国际科学观察计划的要求以及《南极海洋生物资源养护委员会科学观察员手册》中的协议，包括应用科学委员会定义的优先级和工作计划。数据和观察员报告应根据南极海洋生物资源养护委员会国际科学观察计划的要求提交给南极海洋生物资源养护委员会，以纳入南极海洋生物资源养护委员会数据库。[1]

“国际科学视察机制科学观察员2020年版手册”附录二根据《国际科学观察计划》任命的科学观察员的职能和任务专门规定了科学观察员的职能和任务。[2]其规定：第一，从事科学研究或海洋生物资源捕捞船上的科学观察员的职能是观察和报告公约区域以《南极海洋生物养护公约》的目标和原则为基础的捕捞活动的开展情况和捕捞资源。[3]第二，为履行这一职能，科学观察员将使用科学委员会批准的视察格式执行以下任务[4]：①采集捕捞物以确定生物学特征；[5]②按捕捞物种记录生物数据；[6]③根据相关的养护措施记录捕捞物、数量和其他生物

[1] Scheme of International Scientific Observation Scientific Observer's Manual Krill Fisheries Version 2020 and Scheme of International Scientific Observation Scientific Observer's Manual Finfish Fisheries Version 2020，2.

[2] Scheme of International Scientific Observation Scientific Observer's Manual Krill Fisheries Version 2020, Appendix 2-Functions and tasks of Scientific Observers appointed in accordance with the Scheme of International Scientific Observation.

[3] Scheme of International Scientific Observation Scientific Observer's Manual Krill Fisheries Version 2020，1.

[4] Scheme of International Scientific Observation Scientific Observer's Manual Krill Fisheries Version 2020，2.

[5] Scheme of International Scientific Observation Scientific Observer's Manual Krill Fisheries Version 2020，1.

[6] Scheme of International Scientific Observation Scientific Observer's Manual Krill Fisheries Version 2020，1.

学数据；[1]④记录海鸟和海洋哺乳动物的纠缠和附带死亡率；[2]⑤报告为避免意外死亡而采取的措施；[3]⑥记录测量宣布的捕捞重量的程序和参数；[4]⑦使用科学委员会批准的视察格式准备视察报告，并通过指派成员提交至南极海洋生物资源养护委员会；[5]⑧经指派成员和接收成员的相互同意，协助渔船进行捕捞记录和报告程序；[6]⑨承担指派成员和接收成员相互同意后可能决定的其他任务；[7]⑩收集并报告有关在公约区域内发现未经许可或无法识别的渔船、未标记渔具以及回收渔具的数据，包括渔船类型识别、船只位置和活动以及渔具类型；[8]⑪收集有关渔具丢失和海上渔船进行垃圾处理的信息。[9]

（二）视察和报告

视察和报告职能是视察制度下观察员的主要任务。在视察和报告期间，观察员要遵守规范性文件的规定，遵循事件处置程序。

---

〔1〕 Scheme of International Scientific Observation Scientific Observer's Manual Krill Fisheries Version 2020, 1.

〔2〕 Scheme of International Scientific Observation Scientific Observer's Manual Krill Fisheries Version 2020, 1.

〔3〕 Scheme of International Scientific Observation Scientific Observer's Manual Krill Fisheries Version 2020, 1.

〔4〕 Scheme of International Scientific Observation Scientific Observer's Manual Krill Fisheries Version 2020, 1.

〔5〕 Scheme of International Scientific Observation Scientific Observer's Manual Krill Fisheries Version 2020, 1.

〔6〕 Scheme of International Scientific Observation Scientific Observer's Manual Krill Fisheries Version 2020, 1.

〔7〕 Scheme of International Scientific Observation Scientific Observer's Manual Krill Fisheries Version 2020, 1.

〔8〕 Scheme of International Scientific Observation Scientific Observer's Manual Krill Fisheries Version 2020, 1.

〔9〕 Scheme of International Scientific Observation Scientific Observer's Manual Krill Fisheries Version 2020, 1.

1. 文本 A 部分的规定

国际科学视察机制文本中文本 A 部分规定了部分观察员的职能与义务，并单立附件一以进行更详细的规定。文本 A 部分首先规定，委员会将具体规定船上科学观察员的活动，活动具体被规定在附件一中，而且可以根据科学委员会的建议进行修改。受视察和指派成员国可商定其他科学活动，但这些活动不得与委员会规定的活动发生冲突或减损。[1]被指派的科学观察员应为指派成员的国民，并应按照其所在船舶上的习惯和命令行事。[2]科学观察员应各自携带指派成员以委员会批准的形式签发的文件，将其确定为南极海洋生物资源养护委员会科学观察员。[3]科学观察员应在行程结束后一个月内或在返回本国后，通过指派成员向委员会提交所有观察员日志和每项视察任务的报告，并使用科学观察员手册中出现的科学委员会批准的格式撰写，秘书处应在收到后 14 天内将科学观察员报告的副本发送给接收成员，科学观察员报告的语言应采用委员会的一种官方语言，由指定和接收成员之间的双边协议商定。[4]指派成员应与科学观察员协商，负责澄清所收集的数据，视察结果以及部署期间可能发生的事件。[5]在审查观察员的报告后，接收成员应在发现任何差异后立即通知秘书处并指派成员，如果发出此类通知，指派和接收成员将尽一切努力解决问题，如果指定和接收成员通知秘书处他们无法解决此类问题，秘书处将标注任何未解决的差异。[6]

---

〔1〕 Text of CCAMLR Scheme of International Scientific Observation, A.
〔2〕 Text of CCAMLR Scheme of International Scientific Observation, A.
〔3〕 Text of CCAMLR Scheme of International Scientific Observation, A.
〔4〕 Text of CCAMLR Scheme of International Scientific Observation, A.
〔5〕 Text of CCAMLR Scheme of International Scientific Observation, A.
〔6〕 Text of CCAMLR Scheme of International Scientific Observation, A.

2. 附件一部分的规定

在文本附件一中具体规定了观察员的职能和任务。附件一名为“从事科学研究或海洋生物资源捕捞的船舶上的国际科学观察员的职能和任务”（Functions and Tasks of International Scientific Observers on board Vessels engaged in Scientific Research or Harvesting of Marine Living Resources）。从附件一的名称就可以看出该种观察员的视察内容与科学研究和捕捞活动直接相关。首先，附件一规定了科学观察员的作用：科学观察员在从事科学研究或收获海洋生物资源的船只上的作用是视察和报告“公约”区域捕捞活动的运作情况，以及《南极海洋生物资源养护公约》的目标和原则。[1]其次，规定了科学观察员的具体任务。在履行上述职能时，科学观察员将使用科学委员会批准的视察格式承担以下任务：[2]采集渔获物样本以确定生物学特征；[3]记录被捕物种的生物数据；[4]根据有关的养护措施记录副渔获物数量和其他生物数据；[5]记录海鸟和海洋哺乳动物的纠缠和偶然死亡率；[6]报告为避免偶然死亡而采取的措施；[7]记录测量所述捕获重量的程序和参数；[8]使用科学委员会批准的视察格式编写视察报告，并通过指派成员提交给南极海洋生物资源养护委员会；[9]在指派成员和接收成员的共同协议下，协助捕捞记录和

〔1〕 Text of CCAMLR Scheme of International Scientific Observation, Annex I.
〔2〕 Text of CCAMLR Scheme of International Scientific Observation, A.
〔3〕 Text of CCAMLR Scheme of International Scientific Observation, A.
〔4〕 Text of CCAMLR Scheme of International Scientific Observation, A.
〔5〕 Text of CCAMLR Scheme of International Scientific Observation, A.
〔6〕 Text of CCAMLR Scheme of International Scientific Observation, A.
〔7〕 Text of CCAMLR Scheme of International Scientific Observation, A.
〔8〕 Text of CCAMLR Scheme of International Scientific Observation, A.
〔9〕 Text of CCAMLR Scheme of International Scientific Observation, A.

报告程序；[1]承担指派成员和接收成员双方同意决定的其他任务；[2]收集并报告有关未经授权或不可识别的渔船，无标记渔具和公约区渔具回收的数据，包括船只类型识别，船只位置和活动以及渔具类型；[3]和收集有关渔船在海上的渔具损失和垃圾处理的资料。[4]但是无论是文本本身还是附件一均没有规定观察员的数量，指派观察员的数量应完全由指派国家决定。文本也规定称附件一所述的职能和任务范围不应被解释为以任何方式建议船上接受的观察员的数量。[5]

三、视察纪律与法律责任

除一般的成员国、观察员的要求以外，该文本还规定了对指派成员、接收成员、部署科学视察船只和观察员本身的纪律规则以及违反后果，虽然违反后果大多由相关人员的国籍国依照其国内法承担，但这可以看出该文本在执法规定上具有完整性。

（一）纪律规则

国际科学视察机制文本中文本 D 部分规定了纪律规则，目的是保持视察数据的客观性和科学完整性，相关的指派成员、接收成员、部署科学观察员的船只和科学观察员均应遵守和促进以下纪律规定。[6]

1. 观察员纪律规则

文本 D 部分规定，根据南极海洋生物资源养护委员会国际

---

[1] Text of CCAMLR Scheme of International Scientific Observation, A.

[2] Text of CCAMLR Scheme of International Scientific Observation, A.

[3] Text of CCAMLR Scheme of International Scientific Observation, A.

[4] Text of CCAMLR Scheme of International Scientific Observation, A.

[5] Text of CCAMLR Scheme of International Scientific Observation, G.

[6] Text of CCAMLR Scheme of International Scientific Observation, D.

科学视察机制任命的科学观察员不得违反接收成员法律和法规中规定的要求,[1]或违反适用于所有船舶人员的一般行为和安全规则，但这些规则不得干扰本计划下观察员的职责，或违反指派成员和接收成员之间的双边安排。[2]观察员不能禁止船只的正常运作和捕捞活动。[3]观察员不能直接或间接向任何从事南极海洋生物资源养护委员会监管的捕捞或鱼类加工活动的任何人提供或接受任何酬金、礼物、优惠、贷款或任何具有货币价值的东西，或者其利益可能影响科学观察员正式职责的履行或不履行，但船舶提供的膳食、住宿或工资除外。[4]观察员在视察过程中不能从事任何非法行为或任何其他活动，这些行为或其他活动会对其作为专业科学家、科学观察员，或收集数据的完整性，或对整个南极海洋生物资源养护委员会的形象产生负面影响。[5]观察员不能与从南极海洋生物资源养护委员会渔业收获或加工产品的任何船只或企业有任何经济利益或关系。[6]同时，观察员需承担相关的保密责任，指派成员应要求根据南极海洋生物资源养护委员会国际科学视察机制指派的科学观察员不得[7]向任何人披露在船上作出的口头、书面或其他证据或视察，或在加工设施中作出的视察，包括数据或商业敏感船只特定的捕捞、加工和营销信息，除了向秘书处、授权官员，以及按照双边安排的规定进行披露以外；[8]或将数据或观察员的日志从一艘船带到另一艘船，但如果观察员在重新部署到另一艘

[1] Text of CCAMLR Scheme of International Scientific Observation, A.
[2] Text of CCAMLR Scheme of International Scientific Observation, A.
[3] Text of CCAMLR Scheme of International Scientific Observation, A.
[4] Text of CCAMLR Scheme of International Scientific Observation, A.
[5] Text of CCAMLR Scheme of International Scientific Observation, A.
[6] Text of CCAMLR Scheme of International Scientific Observation, A.
[7] Text of CCAMLR Scheme of International Scientific Observation, A.
[8] Text of CCAMLR Scheme of International Scientific Observation, A.

船之前无法提交数据，科学观察员应采取合理步骤保护数据和观察员日志。[1]

2. 船员纪律规则

文本也规定了接收成员应该遵守的纪律规则，即部署科学观察员船舶的船东、船长、代理人和船员不得[2]直接或间接向科学观察员提供任何酬金、礼物、优惠、贷款或任何具有货币价值的东西，但船只提供的膳食、住宿或工资除外；[3]不得恐吓或干扰科学观察员的职责；[4]不得干扰或偏向科学观察员采用的抽样程序；[5]未经观察员明确同意，不得篡改、销毁或丢弃科学观察员收集的样本、设备、记录、摄影胶片、文件；[6]不得禁止、阻碍、威胁或胁迫观察员收集样本、进行视察或以其他方式履行观察员的职责；[7]不得骚扰科学观察员；[8]不得干扰或阻止观察员与指派成员通信，包括阻止科学观察员进入船舶的通信设备。[9]

（二）法律责任

如观察员或船员违反了上述纪律规则，其国籍国应当根据国内法追究其责任。文本 E 部分规定，当指派成员收到可能违反本计划规定的科学观察员的行动信息时，指派成员应根据其国内法采取迅速和适当的行动。指派成员应通知接收成员和委

[1] Text of CCAMLR Scheme of International Scientific Observation, A.
[2] Text of CCAMLR Scheme of International Scientific Observation, A.
[3] Text of CCAMLR Scheme of International Scientific Observation, A.
[4] Text of CCAMLR Scheme of International Scientific Observation, A.
[5] Text of CCAMLR Scheme of International Scientific Observation, A.
[6] Text of CCAMLR Scheme of International Scientific Observation, A.
[7] Text of CCAMLR Scheme of International Scientific Observation, A.
[8] Text of CCAMLR Scheme of International Scientific Observation, A.
[9] Text of CCAMLR Scheme of International Scientific Observation, A.

员会将采取的任何适当行动。[1]当接收成员收到有关可能违反本计划规定的船东、船长、代理人或船员的行动信息时，接收成员应根据其国内法采取迅速和适当的行动。接收成员应通知指派成员和委员会将采取的任何适当行动。[2]

四、紧急行动计划

文本的附件二规定了“紧急行动计划”（Emergency Action Plan）以指导在发生紧急情况后相关人员该如何处置。文本中认为，紧急行动计划是成员应对涉及科学观察员的紧急情况实施附件二所述的程序，接收成员应确保在部署任何科学观察员之前向船舶所有人、经营人或指定人员告知相关程序，并配合执行。[3]

（一）观察员的紧急情况

观察员在视察活动中可能遭受因自然原因或人为原因导致的灾难，而此时公约缔约国有义务救助观察员。

1. 观察员死亡、失踪或被推定落水

在附件二中规定如果观察员死亡、失踪或被推定落水，接收成员应进行如下工作内容：①应确保渔船[4]立即暂停所有捕捞作业；[5]②如果观察员失踪或被推定落水，立即开始搜救，并搜寻至少72小时，或直到海上救援协调中心（MRCC）取消搜查，除非更早发现观察员，或者除非接收成员指示继续搜索；[6]

---

[1] Text of CCAMLR Scheme of International Scientific Observation, E.

[2] Text of CCAMLR Scheme of International Scientific Observation, A.

[3] Text of CCAMLR Scheme of International Scientific Observation, H.

[4] Text of CCAMLR Scheme of International Scientific Observation, Emergency Action Plan, 1.

[5] Text of CCAMLR Scheme of International Scientific Observation, Emergency Action Plan, 1.

[6] Text of CCAMLR Scheme of International Scientific Observation, Emergency Action Plan, 1.

③立即通知接收成员，[1]在进行通知后，接收成员应立即通知指派成员，并应定期更新并酌情与指派成员协调；[2]④立即通知适当的 MRCC，并使用所有可用的通信方式提醒附近的其他船只；[3]⑤在任何搜救行动中充分合作；[4]⑥向有关当局提供有关该事件的报告；[5]⑦在所有官方调查和所有方向上充分合作，包括在适当情况下返回港口，并保留死者或失踪观察员的任何潜在证据、个人物品和住所。[6]其中，第①③⑦条适用于观察员死亡的情况，若观察员死亡，接收成员应要求渔船确保尸体保存完好，以便进行尸检和调查。[7]

2. 观察员遭遇严重疾病或严重伤害

如果观察员患有或受到可能危及其生命或安全的潜在严重疾病或严重伤害，则该船舶应通过相关的 MRCC 寻求医疗建议。如果相关医疗专业人员告知 MRCC 观察员患有严重疾病或受到伤害威胁其生命或安全，接收成员应确保该船只：[8]①立即停

[1] Text of CCAMLR Scheme of International Scientific Observation, Emergency Action Plan, 1.

[2] Text of CCAMLR Scheme of International Scientific Observation, Emergency Action Plan, 2

[3] Text of CCAMLR Scheme of International Scientific Observation, Emergency Action Plan, 1.

[4] Text of CCAMLR Scheme of International Scientific Observation, Emergency Action Plan, 1.

[5] Text of CCAMLR Scheme of International Scientific Observation, Emergency Action Plan, 1.

[6] Text of CCAMLR Scheme of International Scientific Observation, Emergency Action Plan, 1.

[7] Text of CCAMLR Scheme of International Scientific Observation, Emergency Action Plan, 3.

[8] Text of CCAMLR Scheme of International Scientific Observation, Emergency Action Plan, 4.

止捕捞作业；[1]②立即通知接收成员和 MRCC；[2]③采取一切合理行动照顾观察员，并提供船上可用和可能的任何医疗措施；[3]④如果是 MRCC 建议或指派成员要求，在切实可行的情况下，尽快令观察员下船并将其运送到配备所需护理条件的医疗机构；[4]⑤在疾病或伤害原因的任何和所有官方调查中充分合作；[5]

3. 观察员遭受攻击受到威胁

如果有合理理由认为观察员遭到殴打、恐吓、威胁或骚扰，以致其健康或安全受到威胁，接收成员应确保该渔船：[6]①立即采取行动以维护观察员的安全，并减轻和解决船上的情况；[7]②尽快通知接收成员和观察员提供者情况，包括观察员的地位和位置；[8]③如有要求，以接收和指派成员同意的方式和地点令观察员安全下船以便于获得所需的医疗；[9]④在事件的和所有官方调查中充分合作。[10]

---

〔1〕 Text of CCAMLR Scheme of International Scientific Observation, Emergency Action Plan, 3.

〔2〕 Text of CCAMLR Scheme of International Scientific Observation, Emergency Action Plan, 3.

〔3〕 Text of CCAMLR Scheme of International Scientific Observation, Emergency Action Plan, 3.

〔4〕 Ibid.

〔5〕 Text of CCAMLR Scheme of International Scientific Observation, Emergency Action Plan, 3.

〔6〕 Text of CCAMLR Scheme of International Scientific Observation, Emergency Action Plan, 5.

〔7〕 Text of CCAMLR Scheme of International Scientific Observation, Emergency Action Plan, 3.

〔8〕 Text of CCAMLR Scheme of International Scientific Observation, Emergency Action Plan, 3.

〔9〕 Text of CCAMLR Scheme of International Scientific Observation, Emergency Action Plan, 3.

〔10〕 Text of CCAMLR Scheme of International Scientific Observation, Emergency Action Plan, 3.

(二) 缔约方的协助义务

观察员遇到上述紧急情况，缔约方具有协助义务。一方面，作为受视察方的接收成员有义务进行调查并采取行动；另一方面，其他缔约方也有义务提供协助。

1. 接收成员的调查和行动

如果观察员从渔船下船后，指派成员确定（例如在观察员的情况汇报过程中发现）可能存在违反保护观察员的行为，包括涉及攻击或骚扰观察员的违规行为。指派成员应在渔船上通知接收成员和秘书处，接收成员和秘书处应：[1]①根据观察员提供的信息对事件进行调查，并根据调查结果采取适当行动；[2]②在指派成员进行的任何调查中充分合作；[3]③将调查结果和采取的任何行动通知指派成员或秘书处。[4]

2. 其他缔约方的协助

如有要求，指定和接收成员应在彼此的调查中进行合作，包括在适当和符合其国内法的情况下，通过提供事故报告，将其纳入涉及第①③④⑤段所述观察员的任何事项。[5] 缔约方应为观察员的船只进入其港口提供便利，以允许观察员下船。[6]

---

〔1〕 Text of CCAMLR Scheme of International Scientific Observation, Emergency Action Plan, 8.

〔2〕 Text of CCAMLR Scheme of International Scientific Observation, Emergency Action Plan, 3.

〔3〕 Text of CCAMLR Scheme of International Scientific Observation, Emergency Action Plan, 3.

〔4〕 Text of CCAMLR Scheme of International Scientific Observation, Emergency Action Plan, 3.

〔5〕 Text of CCAMLR Scheme of International Scientific Observation, Emergency Action Plan, 9.

〔6〕 Text of CCAMLR Scheme of International Scientific Observation, Emergency Action Plan, 6.

缔约方应尽可能协助后续的调查。[1]

第三节 南极海洋生物资源养护委员会视察系统

“南极海洋生物资源养护委员会视察系统”被规定在专门文件“南极视察机制文本”（Text of the CCAMLR System of Inspection）中，[2]该文本也是作为南极海洋生物资源养护委员会的基础性文件（Basic Documents）列于网站的第九部分（Part 9）。[3]同样，《南极海洋生物资源养护公约》第24条直接规定了该种视察机制，但并没有对本机制进行完整描述，其规定“Observation and Inspection”中的“Inspection”指的应是该机制。该文本包括14条，还有3张图片，完整地规定了该种视察机制。与国际科学视察机制相同的是，该种南极视察机制也是将机制内容规定于一个基础性文件中，但不同的是，还有不少的规范性文件对该种视察机制进行了规定，甚至在南极海洋生物资源养护委员会网站上也有专门的系统进行运营。

一、指派观察员

南极海洋生物资源养护委员会视察系统中完整规定了观察员的指派主体、指派标准和指派流程。

（一）指派观察员的国家

根据“南极视察机制文本”（Text of the CCAMLR System of

---

〔1〕 Text of CCAMLR Scheme of International Scientific Observation, Emergency Action Plan, 7.

〔2〕 Text of the CCAMLR System of Inspection, CCAMLR, https://www.ccamlr.org/en/document/publications/ccamlr-system-inspection (Last visiting date: 15 March 2021).

〔3〕 “Basic Documents”, https://www.ccamlr.org/en/document/publications/basic-documents-december-2011 (Last visiting date: 15 March 2021).

Inspection）第 1 条的规定：南极海洋生物资源养护委员会各成员国均可指定《南极海洋生物资源养护公约》第 24 条提及的观察员（Inspector）。[1]但是无论是公约还是该文本均没有规定指派观察员的具体程序或时间，这些应均由指派观察员的国家根据国内法或其规则自行决定。

（二）观察员的指派标准

文本第 1 条规定了观察员的指派标准，要求：①缔约国指定的观察员需要熟悉“公约”规定的待视察的捕捞和科学研究活动及采取的养护措施；[2]②缔约国指定的观察员须具有国籍，在进行南极视察时由其国籍国管辖；[3]③在视察过程中，观察员应通晓被视察船只船旗国的语言。[4]可见，观察员的指派标准以能力要求为主，与科学观察员相比，该种观察员应该是以熟悉国际法规定的官员和通晓其他国家语言的专家为主。

（三）观察员的指派流程

缔约国根据文本中规定的观察员指派标准选派观察员，在国内遴选完毕后需要在两周内告知南极海洋生物资源养护委员会[5]。之后，开展视察的国籍国内部门将在南极海洋生物资源养护委员会网站中根据有关程序填写相关信息以告知各方，网站上有专门页面可供“指派观察员”（Designated Inspectors），但没有网站账号的外部人员无法登录查看。根据文本的规定，虽然观察员的指派完全由缔约国负责，但是相关国家要对其所指派观察员资格的真实性负责。[6]

---

〔1〕 Text of the CCAMLR System of Inspection, I.

〔2〕 Text of the CCAMLR System of Inspection, I.

〔3〕 Text of the CCAMLR System of Inspection, I.

〔4〕 Text of the CCAMLR System of Inspection, I.

〔5〕 Text of the CCAMLR System of Inspection, I.

〔6〕 Text of the CCAMLR System of Inspection, I.

在南极海洋生物资源养护委员会网站上有专门的页面指导使用观察员信息填写系统，其名为“缔约国管理员管理观察员指南”（Guide for Party Administrators：Managing Inspectors）〔1〕。该指南规定了一系列页面的操作流程，同时也规定了指派观察员的一些禁止行为，比如除观察员自身原因以外，观察员的信息一经确定无法更改；缔约国可以任意增加指派，但对相关人员信息必须进行填写披露，委员会需要联系观察员以进行确认；缔约方若想减少已确认的观察员需要经过委员会规定的其他程序等。对此，文本规定委员会应备有成员指定的核证观察员登记册，〔2〕并应在委员会会议的当月最后一天时间之内向每一缔约方通报观察员登记册。〔3〕

二、视察义务与标准

观察员作为视察活动的执行者具有一系列的职能和义务。在视察过程中，为确认缔约方非当场的捕捞活动，文本规定了一系列的认定标准，并规定了缔约各方在视察中的协助义务。

（一）观察员的职能与义务

为保障视察活动的进行，文本规定了观察员的职能与义务。对于观察员的职能，文本规定了观察员的地位、身份、视察方式、视察内容等。对于观察员的义务，文本除规定了一般性的义务外还规定了观察员的身份标识制度。

〔1〕“Guide for Party Administrators：Managing Inspectors”，CCAMLR，https://support.ccamlr.org/hc/en-us/articles/206490727-Guide-for-Party-Administrators-Managing-Inspectors（Last visiting date：15 March 2021）.

〔2〕 Text of the CCAMLR System of Inspection，Ⅱ.

〔3〕 Text of the CCAMLR System of Inspection，Ⅱ.

1. 观察员的职能

在进行视察期间，文本规定观察员在船上应享有船只长官的身份。[1]具体而言，观察员在进行视察时的任务是核实对“公约”通过的养护措施的遵守情况，而养护措施作为南极海洋生物资源养护委员会通过的规范性文件被认为具有约束力，许多该公约下的南极制度均由养护措施所规定。视察方式上，由于该公约主要规定观察员有权在“公约”适用的地区登船临检，以确定船舶是否存在科学研究或捕捞海洋生物资源的行为，[2]因此，根据委员会网站的规定和以往的经验，观察员登船临检的方式有两种，分别是海上视察（At-sea inspection）和港口视察（Port inspections），具体内容在下文进行分析。视察内容上，观察员有权视察渔具、渔网、其他渔具、捕捞和科学研究活动，并且必须有权利获得为履行职能所需的捕捞量和位置数据的记录和报告。[3]根据文件的规定，这些记录和报告须以委员会核准或提供的格式填写，观察员在视察过程中还需标配相关身份证明文件[4]供受视察的船只进行查验。[5]在登船临检时，观察员也有义务出示证明文件以供受视察船只人员查阅，以确认是否是委员会授权的观察员，经受视察船只人员确认后观察员方可进行视察，这种方式更类似国内警察的执法方式。[6]

2. 观察员的义务

视察进行时，观察员须履行相关的义务。观察员进行视察时应确保受视察船只受到最小的干扰，且视察应限于确定有关

---

[1] Text of the CCAMLR System of Inspection, I.

[2] Text of the CCAMLR System of Inspection, Ⅲ.

[3] Text of the CCAMLR System of Inspection, Ⅵ.

[4] 具体的身份证明见下文。

[5] Text of the CCAMLR System of Inspection, Ⅵ.

[6] Text of the CCAMLR System of Inspection, I.

国家遵守委员会对有关船旗国有效措施的事实，[1]其目的是不影响船只正常的捕捞工作。观察员可根据需要拍摄照片和/或录像，以记录任何可能违反委员会有关措施的行为，[2]这种拍照或录像行为类似于执法过程中的取证行为。观察员应将委员会核准的识别标志[3]贴在任何看似用于违反有效养护措施的渔网或其他渔具上，并将此事实记录在所述的报告和通知中。[4]视察过程中，船长应提供适当协助，帮助视察履行职责，包括必要时使用通讯设备。[5]

此外，文件还要求观察员进行视察的船只应标配特殊船旗以证明视察任务正在进行中，而受视察的具体渔具及渔获物等也需要在视察后标记相关信息以证明其接受过视察。在进行登临视察时观察员有义务出示相关证明文件。以上这种证明观察员身份的制度在南极海洋生物资源养护委员会网站中被称为“观察员标识制度”，网站甚至设计了具体网页以供外界查询。在链接“观察员服务门户”（Service portal for inspectors）[6]中，一系列观察员标识被以文字和图片形式呈现出来，并随着实践不断修改完善。这些标识的设计规格均有具体要求，该制度规定了标识的颜色、文字、长宽、材质等以供受视察方确认防止出现不规范行为。

（1）身份证明文件。[7]身份证明文件即观察员在进行视察

---

〔1〕 Text of the CCAMLR System of Inspection，I.

〔2〕 Text of the CCAMLR System of Inspection，I.

〔3〕 识别标志内容见下文。

〔4〕 Text of the CCAMLR System of Inspection，Ⅵ.

〔5〕 Text of the CCAMLR System of Inspection，Ⅵ.

〔6〕 “Service portal for inspectors”，CCAMLR，https://www.ccamlr.org/en/compliance/service-portal-inspectors（Last visiting date：15 March 2021）.

〔7〕 “Service portal for inspectors”，CCAMLR，https://www.ccamlr.org/en/compliance/service-portal-inspectors（Last visiting date：15 March 2021）.

时有义务出具的一系列标识、证明，内容包括自己的个人信息、照片以及一些南极海洋生物资源养护委员会制作的多语言说明。根据 2021 年的最新版本，该证件证明背面有由英、法、俄、西、中、德、日、韩、波九国文字写成的说明，内容是：本证件持有人系根据南极海洋生物资源养护委员会之观察和检查制度获得授权的检查员。[1]

(2) 视察三角旗。[2]载有观察员的船只需在悬挂船旗之外额外悬挂进行视察活动的旗帜及其他标识以向其他船只宣示其正在开展视察活动。视察的旗帜并非公约旗帜而是一面黄色、蓝色相间的三角旗，规格由相关文件列明，要求旗帜长 200 厘米，宽 90 厘米，旗帜以中点分为四块，左上与右下为黄色，右上与左下为蓝色，左上黄色部分须印有南极海洋生物资源养护委员会的标志。

(3) 渔具识别标志。[3]渔具识别标志是指南极海洋生物资源养护委员会设计的一系列佩戴在渔具或渔获物上的标志、标识，以展现这些物品已经接受了视察并存在问题或不存在问题。同时，部分物品视察员还有权进行采样并将其放置于专用袋子中密封并带回继续研究。这些标识后的物品将被照相、编码并反映到视察报告中供之后回溯检查。

(二) 缔约方[4]的捕捞标准与义务

为在视察过程中确认缔约方是否进行了捕捞行为，同时为

---

[1] 根据英文原文翻译：The bearer of this card is an authorized inspector under the CCAMLR system of Observation & Inspection.

[2] "Service portal for inspectors", CCAMLR, https://www.ccamlr.org/en/compliance/service-portal-inspectors (Last visiting date: 15 March 2021).

[3] "Service portal for inspectors", CCAMLR, https://www.ccamlr.org/en/compliance/service-portal-inspectors (Last visiting date: 15 March 2021).

[4] 因为南极海洋生物资源养护委员会成员国和《南极海洋生物资源养护公约》成员国一致，因而存在"缔约国"和"成员国"混用的情况。

防止缔约方在观察员登临视察时隐匿相关证据，文本规定了确认缔约方捕捞的标准，并规定了受视察缔约方的配合义务。

1. 从事捕捞活动的标准

文本规定了一些标准以认定船只从事捕捞行为。其规定，出现在“公约”适用范围内的渔船，如果以下四个条件中的一个或多个被观察员报告，且没有相反的信息，则可以被推定为从事科学研究或捕捞海洋生物资源（或已经开始这样的行动）：[1]①渔具在使用中、最近已被使用或准备使用，[2]例如：网、线或盆在水中；拖网和拖车；诱饵钩、诱饵罐或捕集阱或解冻饵料可以使用；日志指示最近的捕捞或捕捞开始；②在“公约”地区的鱼正在被捕捞或最近被捕捞，[3]例如：在船上有新鲜的鱼或鱼类废物；鱼被冷冻；从运营或产品信息中可以看出；③渔船上的渔具在水中，[4]例如：渔具上有船只标记；与在渔船上的渔具相匹配；日志记录渔具在水中；④在“公约”地区的鱼类（或产品）被存放在船上。[5]

2. 缔约方的义务

《南极海洋生物资源养护公约》的每一缔约方均应向秘书处提供：[6]①在研究巡航开始前1个月，按照“养护措施对科学研究的适用”（养护措施24-01）所有旨在进行科研型捕捞船只的名称。[7]②根据“缔约方对其在公约地区的船旗国船只经营许可和视察义务”（养护措施10-02）发出许可证或许可

[1] Text of the CCAMLR System of Inspection, X.

[2] Text of the CCAMLR System of Inspection, X.

[3] Text of the CCAMLR System of Inspection, X.

[4] Text of the CCAMLR System of Inspection, X.

[5] Text of the CCAMLR System of Inspection, X.

[6] Text of the CCAMLR System of Inspection, Ⅳ.

[7] Text of the CCAMLR System of Inspection, X.

证发出的 7 天内，有关许可证或许可证的以下信息由其当局发给其授权他们在“公约”地区捕捞的船旗国船只：[1]船舶名称；授权捕捞的时间段（开始和结束日期）；捕捞地区；种定位；使用齿轮。③截至进行活动当年的 8 月 31 日，已提交了执行“缔约方对其在公约地区的船旗国船只经营许可和视察义务”（养护措施 10-02）的视察、调查和处罚规定步骤的年度报告。[2]缔约方在进行南极捕捞或研究活动前需要根据上述规定将上述信息提前交给秘书处备案，这是为了便于观察员视察相关的船只有无捕捞资格，捕捞的种群、数量、时间等内容是否与备案一致。

（三）载有观察员船只的义务

与上文提及的国际科学视察机制一样，并非指派观察员的国家有能力提供船只为观察员进行视察，所以指派观察员的国家也可能提供船只，也可能使用其他船只。因而文本规定，视察可由指派成员的船只进行视察，[3]也可以由其他船只视察。但是观察员所在的船只需携带委员会规定的标识及旗帜以证明视察活动已经展开且合规。[4]这些观察员也可以在船上进行视察，而观察员登船和下船时间表须由指派成员和船旗国之间进行安排。[5]

（四）受观察船只的义务

为了捕捞或进行海洋生物资源科学研究，出现在“公约”地区的任何船舶，遇到运送观察员的船舶（如带有相关飞行旗帜或信号旗）给予合适信号，应停止或采取必要的行动以便安

[1] Text of the CCAMLR System of Inspection, X.
[2] Text of the CCAMLR System of Inspection, X.
[3] Text of the CCAMLR System of Inspection, Ⅲ.
[4] Text of the CCAMLR System of Inspection, X.
[5] Text of the CCAMLR System of Inspection, X.

全和迅速地将观察员转移到该船只，除非该船只正在进行捕捞活动，在这种情况下，也应尽应对视察。[1]虽然观察员是进行视察行为的主体，但这并不意味着整个观察团均由观察员组成，文本规定，受视察船只的船长应允许由适当的助理陪同观察员登船对其进行视察。[2]

三、视察的流程和方式

通过根据材料总结出的自该视察制度运转以来的各类数据，可以看出该种南极视察的流程包括以下步骤：确定进行视察工作的国家、遴选并指派观察员、开展视察工作（其中包括登临船只、进行检查、填写相关信息报告）、编纂整理报告并提交、问题反馈及解决、会议讨论，若在视察过程中视察方或受视察方存在违法情况，则还需将违法情况上报其国籍国并根据其国内法开展追诉程序。

《南极海洋生物资源养护公约》以保护南极海域生物资源为宗旨，因此该种南极视察的对象主要是捕捞行为，而捕捞行为的载体为渔船，因而视察活动的一系列具体内容均围绕渔船展开。但并非所有进行捕捞行为的渔船均会受到视察，需要满足一定的条件，如正在正常行驶通过相关海域而未进行捕捞行为的船只一般不会被视察。由于渔船捕捞行为主要在海上开展并最终会回到所属国母港，因而南极海洋生物资源养护委员会视察系统也将视察方式分为“海上视察”(At-sea inspection）和“港口视察”（Port inspections）两种。其中，“海上视察”是一般性的视察，由载有观察员的船只在海上游弋期间针对正在航行的渔

[1] Text of the CCAMLR System of Inspection，V.

[2] Text of the CCAMLR System of Inspection，X.

船进行，并需要填写具体的视察表格而后报告给委员会；〔1〕而“港口视察”由养护措施 10-03 直接规定，由观察员在捕捞渔船的母港进行视察，其母港的地理范围主要以近南极港口为主，但实际上已不属于“公约”区域的范围，该种方式的视察依然需要填写视察表格并报告给委员会。〔2〕互相对比可以看出，这两种视察均对渔船进行视察，区别仅在于视察具体的开展位置，规制的模式均为在“公约”区域内的捕捞行为，只不过一种是正在捕捞、即将捕捞或刚完成捕捞，而另一种是已完成捕捞并回港。

（一）视察的流程

该种南极视察首先需要确定视察开展的成员国。每年的南极海洋生物资源养护公约年度会议会在秋季召开，在总结上一年度相关问题并进行养护措施立法安排后各方会对下一年度的各项安排进行讨论，其中南极海洋生物资源养护委员会将确认有意进行下一年度南极视察的缔约国；之后，缔约国将根据委员会对于观察员选派的标准及国内标准对本国观察员进行遴选指派并将名单报送委员会及其他缔约国；〔3〕在进行视察的过程中，观察员将登船在南极海域及存在南极捕捞渔业工作的港口进行视察，期间长达几个月，视察活动有可能随机遇到渔船并径行视察，也可能有针对性地对某些存在 IUU 捕捞的国籍国船只进行跟踪视察，具体的视察工作由观察员自行安排；在视察过程中，观察员将根据情况填写相关表格并记录相关信息，由于公约有四种语言的作准文本，因而报告表格（Inspection report

〔1〕 检查报告（At-sea inspection reports）链接里面的内容无账号密码情况下也无法访问。

〔2〕 该文件可以在养护措施 10-03 的要求（Conservation Measure 10-03）中找到。

〔3〕 指定观察员（Designated Inspectors）链接中的内容无账号密码情况下无法访问。

form）也有这四种语言的版本，观察员可以根据具体情况填写相应语言的表格。[1]此外，在南极海洋生物资源养护委员会网站上的“视察报告”（Inspection reports）项，进行海上视察的缔约国观察员需填写海上视察报告（At-sea inspection reports），进行港口视察的缔约国也需要填写港口视察报告（Port inspection reports）；视察报告填写完毕后将直接提交到南极海洋生物资源养护委员会及各成员国，同时报告还将直接反馈给船旗国，但视察报告内容并不会公开；在完成视察并提交报告后，相关国家可能会对视察内容进行外交途径的交流，并开展国内程序以处置违法船只及责任人；最后在下一年度的年度大会上，委员会和各个缔约国会对视察报告进行审议和讨论，各方会针对视察报告的内容进行陈述和回应，如果报告中提及船只违法行为及观察员违法行为，会议会讨论上述行为并要求相关各方提供工作进展的信息。

（二）海上视察

海上视察（At-sea inspection）的具体规定和相关文件并不公开，目前仅能根据现有的视察实践资料和学术成果对其进行研究，视察范围就是“公约”区域内的海域，视察方式以船只巡航并对捕捞渔船开展突击视察为主。南极海洋生物资源养护委员会中的文件 SCIC-04/06-Reports of at-sea inspections submitted in accordance with the CCAMLR System of Inspection 2003/04 详细记载了在 2003 年至 2004 年进行的海上视察，但该报告并不提供下载。综合南极海洋生物资源养护委员会网站资料以及各种学术资料，海上视察是指派成员指派观察员，由接收成员运载观察员，在公约区域内随机对进行科学活动或商业活动的捕捞船

[1] “Service portal for inspectors”, CCAMLR, https://www.ccamlr.org/en/compliance/service-portal-inspectors (Last visiting date: 15 March 2021).

只进行的登临、检查活动。但由于恶劣天气以及部分违法主体蔑视国际法的状况，视察活动经常很难顺利开展，因而海上视察并非每年开展，具体的内容详见第四节的“视察的实践”部分。

（三）港口视察

港口视察（Port inspections）的直接法律依据是养护措施10-03（Conservation Measure 10-03），全称为“对载有南极海洋生物资源渔船的港口视察”（Port inspections of fishing vessels carrying Antarctic marine living resources）。视察对象依然是《南极海洋生物资源养护公约》划定的南极海域内捕捞的船只，只是观察员需前往捕捞船只的母港进行视察，而其母港可能不在“公约”区域的海域。直接的法律依据养护措施10-03（Conservation Measure 10-03）由9条规定和附件组成，附件由两个表格构成，详细规定了港口视察的细节。

1. 缔约国的义务

如上文所述，该种南极视察并非对所有捕捞船只进行视察，需要满足一定的条件，即对“公约”区域海域内的某些海洋生物进行捕捞。该养护措施就规定观察员要对运载犬牙鱼物种的渔船进行视察，且运量需达到整体渔获物的一半，并且捕捞行为是在“公约”区域展开的。在满足上述条件后观察员即可对其进行视察。若观察员决定进行视察，则需要视察其捕捞文件，根据养护措施的规定，打算存放或者转运小型犬牙鱼（Dissostichus spp）的船只必须附有“捕获文件计划”（CDS）文件，文件记录的内容需要与实际的渔获物一致。在网站上的“南极海洋生物资源养护委员会指派观察员资源”（Resources for CCAMLR Designated Inspectors）项中，明确了视察活动应该在《南极海洋生物资源养护公约》范围内进行（Convention Area），应视察是否有活动违反了《南极海洋生物资源养护公约》以及其所产生的养护措施的规定；此外，网站还存在一个缔约方名单和以往观察员的列表以供相关船只查阅。除需要提交上文中观察员服务门户中的视察报告外还需要提交港口视察报告（Port inspection reports）。

根据养护措施 10-06 和 10-07 的规定，除视察、执法行动或紧急情况外，缔约方应采取一切必要措施，并遵守适用的法律法规和国际法，拒绝无权悬挂其国旗的渔船进入港口，[1]包括：列入南极海洋生物资源养护委员会根据养护措施 10-06 或 10-07 通过的 IUU[2]船舶清单；[3]声明他们参与了 IUU 捕鱼；[4]或未按第 4 段的规定作出声明或提供预先通知。[5]缔约方应视察这些视察、执法行动，及因紧急情况或未经许可而获准进入港口的任何渔船。[6]

对于 IUU 船舶的确认，在南极海洋生物资源养护委员会的网站上有“非法、未报告、不管制捕捞”（Illegal, unreported and unregulated fishing）[7]专栏对该种违法行为进行介绍。其中，其将 IUU 船舶分为三类，分别是“缔约国 IUU 船只列表”（Contracting Party IUU Vessel List）[8]“非缔约国 IUU 船只列表”

---

〔1〕 Conservation Measure 10-03, CCAMLR, 6.

〔2〕 IUU，即“非法、未报告、不管制”（Illegal, unreported and unregulated）的缩写。

〔3〕 Conservation Measure 10-03, CCAMLR, 6.

〔4〕 Conservation Measure 10-03, CCAMLR, 6.

〔5〕 Conservation Measure 10-03, CCAMLR, 6.

〔6〕 Conservation Measure 10-03, CCAMLR, 6.

〔7〕 “Illegal, unreported and unregulated (IUU) fishing”, https://www.ccamlr.org/en/compliance/illegal-unreported-and-unregulated-iuu-fishing (Last visiting date: 15 March 2021).

〔8〕 “Illegal, unreported and unregulated (IUU) fishing”, https://www.ccamlr.org/en/compliance/illegal-unreported-and-unregulated-iuu-fishing (Last visiting date: 15 March 2021).

(Non-Contracting Party IUU Vessel List)[1]“其他IUU船只列表”(Other IUU vessel lists)[2]。对于IUU与该种视察的关系，下文将进行详细评论。

2. 视察的对象

如上文所述，在港口接受视察的船只也并非所有渔船，而是符合养护措施10-03规定的渔船。养护措施规定了两类需接受视察的船只，分别是：①载有在“公约”区域海域内捕捞的小型犬牙鱼并停靠在港口的渔船，其打算卸载、转运载有的犬牙鱼；如果打算令小型犬牙鱼登陆、转运，被卸载或转运的同时须附有“养护措施10-05”要求的小型犬牙鱼捕捞文件（DCD），并且捕捞与文件中记录的信息须一致。[3]②载有在“公约”区域捕捞的小型犬牙鱼以外的物种且其占有整体渔获物总量50%的渔船。对这两种船只展开视察的目的是确定其在“公约”区域的捕捞活动是否按照《南极海洋生物资源养护公约》中规定的养护措施进行。[4]为了确定需要接受视察的船只，观察员需要考虑[5]①船只是否由于违反养护措施而被拒绝靠港[6]②其他成员国是否明确要求对其视察；[7]③是否有明确理由怀疑其从事非法、未报告和不管制（IUU）的捕捞活动或支持非法、未报

[1] “Illegal, unreported and unregulated (IUU) fishing”, https://www.ccamlr.org/en/compliance/illegal-unreported-and-unregulated-iuu-fishing (Last visiting date: 15 March 2021).

[2] “Illegal, unreported and unregulated (IUU) fishing”, https://www.ccamlr.org/en/compliance/illegal-unreported-and-unregulated-iuu-fishing (Last visiting date: 15 March 2021).

[3] Conservation Measure 10-05, CCAMLR, 1.

[4] Conservation Measure 10-05, CCAMLR, 2.

[5] Conservation Measure 10-05, CCAMLR, 3.

[6] Conservation Measure 10-05, CCAMLR, 1.

[7] Conservation Measure 10-05, CCAMLR, 1.

告和不管制的捕捞活动，包括来自区域渔业管理组织的信息。[1] 在养护措施的附件中还存在具体表格以让观察员直接填写：第一个表格是“南极海洋生物资源养护委员会港口视察报告——港口条目信息”(Part A CCAMLR Port Inspection Report Port entry information)，内容包括了被视察船只的航线、所属国、名称、船旗国、船只类型、渔具等。第二个表格是“南极海洋生物资源养护委员会港口视察报告——港口视察结果”(Part B CCAMLR PORT INSPECTION REPORT Results of CCAMLR port inspection)。表格之后由六部分组成：第一部分是确认提前通知的信息；第二部分是符合南极海洋生物资源养护委员会的养护措施；第三部分是从船只出港或转运的捕捞物；第四部分是船只上留存的捕捞物（如果相关）；第五部分是附加评论/说明/不合规的重点方面；第六部分是视察的完成。

3. 视察的标准和程序

养护措施还对视察期限、视察资料等内容进行了规定。其中，视察过程中需要填写一系列材料，这些材料均由南极海洋生物资源养护委员会规定了制式表格，观察员只需根据内容检查相关对象并填写，甚至根据选项进行选择即可。受视察方需要全力配合视察工作，但观察员也有义务在视察报告填写完毕后告知受视察方，若受视察方对相关程序或实体内容不满有权提出申诉等。

为方便第一和第二段所述的视察，缔约方应要求进入其港口的船舶提供附件 10-03 / A 中模板中包含的信息，并传达他们尚未参与的书面声明。在公约区内进行 IUU 捕捞或支持，并遵守南极海洋生物资源养护委员会的相关要求。缔约方应要求进入

[1] Conservation Measure 10-05, CCAMLR, 1.

其港口的船舶至少提前 48 小时提供附件 10-03 / A 中所载的信息，以便有足够的时间视察所需信息。缔约方可指定渔船可进入的港口。任何此类指定以及后续更改应至少在其生效前 30 天通知秘书处。秘书处应在南极海洋生物资源养护委员会网站上公布有关指定港口的信息。[1]

视察应按照国际法在进港后 48 小时内迅速进行。视察不应对船舶或船员造成不应有的负担，并应遵守南极海洋生物资源养护委员会视察系统的相关规定。港口视察期间的信息收集应遵循附件 10-03/B 中提供的模板。[2]

如果有证据表明该船违反南极海洋生物资源养护委员会养护措施，特别是当渔船被列入南极海洋生物资源养护委员会按照养护措施 10-06 或 10-07 采用的 IUU 船只清单时，缔约方应根据国际法禁止船舶靠岸或转运渔获物，或采取同等或更严格的其他监测、控制、监视或执法行动。缔约方应将其视察结果通知船旗国，并应与船旗国合作开展针对侵权行为所需的适当行动，并在必要时根据国家立法实施适当制裁。[3]

缔约方应在港口视察后 30 天内或在出现履行义务问题时尽快向秘书处提交一份报告，包括适当的照片和其他证明文件，说明根据本养护措施进行的每次视察的结果。秘书处应迅速将报告转交被视察船只的船旗国。[4]

所有港口视察报告应包括附件 10-03/A 中提供的完整模板，如果确定在公约区域内进行捕捞活动，则港口视察报告将包括附件 10 中提供的完整模板 10-03/B。秘书处应迅速向所有缔约

[1] Conservation Measure 10-05, CCAMLR, 4.

[2] Conservation Measure 10-05, CCAMLR, 5.

[3] Conservation Measure 10-05, CCAMLR, 7.

[4] Conservation Measure 10-05, CCAMLR, 8.

方和参加捕捞文件计划的任何非缔约方提交被拒绝进入港口或转运小型犬牙鱼或在公约区域内收获的任何其他物种的船只的报告。

4. 捕获文件机制

捕获文件机制（Catch Documentation Scheme，CDS）是南极海洋生物资源养护委员会实施的一系列有关养护措施的配套措施之一，这些配套措施以辅助养护措施实施为目的来支持南极海洋生物资源的保护和管理。这些措施旨在尽量减少捕捞活动可能对目标物种的可持续性的影响，以及对偶然捕获的物种和海洋生态系统的影响。南极海洋生物资源养护委员会要求在港口视察中，观察员要视察针对小型犬牙鱼的捕捞的文件，以确保其遵守了养护措施。而捕获文件实现了电子化，其由电子捕获文件机制支持，并基于互联网，以验证和储存小型犬牙鱼捕获文件。[1]

四、法律责任

文本规定的法律责任主要由两部分构成，分别是受视察船只违反公约或养护措施的情况，以及受视察船只拒不接受视察或对视察进行抗拒的情况。视察过程中，受视察船只必须配合观察员的工作，而观察员必须严格根据公约和养护措施进行视察工作，但相关的法律责任均由船旗国承担，观察员只有监督权而并无直接执法权。对于这些违法行为，每一缔约方在符合

〔1〕 Catch Documentation Scheme (CDS), The CDS is supported by the electronic CDS (e-CDS) that is a user-friendly web-based application. The e-CDS is used to create, validate and store Dissostichus Catch Documents, Dissostichus Export Documents, Dissostichus Re - Export Documents and Specially Validated Dissostichus Catch Documents., https://www.ccamlr.org/en/compliance/catch-documentation-scheme.

其适用的法律和条例的情况下，包括关于国内法院可接受证据的规则，应考虑并采取根据本计划指派成员的观察员报告或与报告相同的基础行动，其自己的观察员、缔约方以及指定的有关成员应进行合作，以为此类报告引起的司法或其他诉讼提供便利。[1]

（一）违反条约义务

在视察过程中，如果根据上述规定进行的视察活动，有证据表明违反“公约”采取的措施，船旗国应起诉并对涉事公司实施制裁。[2]具体而言，船旗国若对船只提起诉讼则需要提前告知委员会，并在之后的程序中逐一进行通报，包括检察程序、审判程序等，若诉讼出现问题则需要进行说明。[3]船旗国对违反《南极海洋生物资源养护公约》及养护措施的行为应进行严格惩罚以确保行为方不再犯，相关的违法渔获物将被没收并处以罚金。[4]船旗国有义务制止本国船只的违法捕捞行为并对其施加制裁。[5]观察员应完成认可的南极海洋生物资源养护公约视察报告表。[6]观察员应在视察报告表上提供书面解释，指出违反委员会有关措施的情况，观察员应允许受检船舶的船长在检验报告表上对检验的任何方面发表意见。[7]观察员应在检验报告表上签字，被检船长也应在检验报告表上签字，确认收到了报告。[8]在离开视察船只之前，观察员应向该船长提供已完成视

〔1〕 Text of the CCAMLR System of Inspection, Ⅵ.

〔2〕 Text of the CCAMLR System of Inspection, Ⅺ.

〔3〕 Text of the CCAMLR System of Inspection, Ⅻ.

〔4〕 Text of the CCAMLR System of Inspection, XIII.

〔5〕 Text of the CCAMLR System of Inspection, XIV.

〔6〕 Text of the CCAMLR System of Inspection, Ⅷ.

〔7〕 Text of the CCAMLR System of Inspection, Ⅵ.

〔8〕 Text of the CCAMLR System of Inspection, Ⅵ.

察表的副本。[1]观察员应在其抵达港口的15天内，向指定人员提供完整的视察表副本以及照片和录像。[2]

（二）对抗视察

如果船舶拒绝停止或拒绝以其他方式方便观察员的转移，或者船只的船长或船员干扰观察员的授权活动，涉及的观察员应编写详细报告，包括对所有情况的全面描述，并根据《南极海洋生物资源养护公约》第9条的有关规定向指派成员提交报告。[3]对观察员进行干涉或未能遵守观察员在履行职责时提出的合理要求的，应被认定为船旗国的行为，犹如将观察员的行为认定为观察员派遣国的行为一样。[4]船旗国应按照《南极海洋生物资源养护公约》第11条的规定报告根据本段采取的行动。[5]指定人员应在接待后15天内将视察表副本连同两份照片和录像带一起发送给南极海洋生物资源养护委员会执行秘书，该执行秘书须将该材料的一份副本在收到后的7天内转发给被视察船只。[6]在将完成的视察表格发送给船旗国15天后，该委员会执行秘书应将该表格连同船旗国收到的评论或意见（如有）一并交给所有缔约方。[7]任何补充报告或资料，或根据《南极海洋生物资源养护公约》第7条编写的任何报告，均由指派成员向委员会执行秘书提供，后者应向船旗国提供此类报告或资料，让其有机会发表评论，委员会执行秘书应在收到指派成员报告或资料之日起15日内向会员提交报告或资料，以及从船旗国收到的意

〔1〕 Text of the CCAMLR System of Inspection，Ⅵ.

〔2〕 Text of the CCAMLR System of Inspection，Ⅵ.

〔3〕 Text of the CCAMLR System of Inspection，Ⅶ.

〔4〕 Text of the CCAMLR System of Inspection，Ⅵ.

〔5〕 Text of the CCAMLR System of Inspection，Ⅵ.

〔6〕 Text of the CCAMLR System of Inspection，Ⅷ.

〔7〕 Text of the CCAMLR System of Inspection，Ⅵ.

见或评论（如有）。[1]

第四节 视察的发展与法律问题

根据《南极海洋生物资源养护公约》第24条的视察自1980年在《南极海洋生物资源养护公约》中首次被规定，再到1989年南极海洋生物资源养护委员会视察系统开始运作，历经了9年时间的安排及完善。1992年，国际科学视察机制也开始实行。时至今日，该种视察已经进行了30多年。这30多年，既是国际局势变化、国际合作加深的关键期，也是技术进步、南极生物资源开发的迅猛发展期。在这个背景下，《南极海洋生物资源养护公约》得到了发展和完善，并在南极区域发挥了重要作用。但由于该种南极视察下的规范性文件繁多且专业性强，因而还存在很多问题需要改进。

一、视察的发展

在30多年的实践中，缔约方会议针对视察采取了一系列措施加以改进，该种南极视察呈现出一些发展趋势，在视察实践中，无论是国际科学视察机制还是南极海洋生物资源养护委员会视察系统均呈现出一定发展。

（一）缔约方会议对视察的完善

历年的缔约方会议均会对视察进行讨论。而自1994年至今，缔约方会议的讨论也不断完善了视察机制。针对国际科学视察机制，缔约方共完善了以下问题：第一，针对缺乏有关在海上部署观察员的实际人数、旅行持续时间和所覆盖地区的信

[1] Text of the CCAMLR System of Inspection，Ⅸ.

息，〔1〕缔约方决定将相关信息及活动报告提供给委员会的做法得到了各方认可；〔2〕第二，委员会向指派成员、船旗国提供报告，船旗国有权在委员会审议之前发表评论，但却没有规定时间表或期限，〔3〕可能会损害视察机制的有效性以及成员随后采取的任何执法行动的有效性，〔4〕因而智利提出建立了一个闭会期间程序对于成员违法行为和所采取的行动加以通知；〔5〕第三，针对摄影和录像证据，缔约方规定应向指派成员和执行秘书提供复制的照片和录像用以视察表格的副本，然后由执行秘书将副本转发给被视察船舶的船旗国；〔6〕第四，针对视察活动对航行自由影响，委员会将法国关注的克格伦和克罗泽岛（Kerguelen and Crozet Islands）周围的专属经济区排除在外；〔7〕第五，针对“捕捞的定义”，委员会采用“指标清单”以协助观察员进行视察，观察员可以从中“推测”捕捞活动是否已经发生或将要发生；〔8〕

---

〔1〕 Rosemary Rayfuse, “Enforcement of High Seas Fisheries Agreements Observation and Inspection under the Convention for the Conservation of Antarctic Marine Living Resources”, *The International Journal of Marine and Coastal Law*, Vol. 13, Issue. 4, p. 78.

〔2〕 Report of the Twelfth Meeting of the Commission, 1993, para. 6. 5.

〔3〕 Rosemary Rayfuse, “Enforcement of High Seas Fisheries Agreements Observation and Inspection under the Convention for the Conservation of Antarctic Marine Living Resources”, *The International Journal of Marine and Coastal Law*, Vol. 13, Issue. 4, p. 78.

〔4〕 Rosemary Rayfuse, “Enforcement of High Seas Fisheries Agreements Observation and Inspection under the Convention for the Conservation of Antarctic Marine Living Resources”, *The International Journal of Marine and Coastal Law*, Vol. 13, Issue. 4, p. 79.

〔5〕 Rosemary Rayfuse, “Enforcement of High Seas Fisheries Agreements Observation and Inspection under the Convention for the Conservation of Antarctic Marine Living Resources”, *The International Journal of Marine and Coastal Law*, Vol. 13, Issue. 4, p. 78.

〔6〕 SCOI Report, 1996, paras. 1. 69 - 1. 72 and Report of the Fifteenth Meeting of the Commission, 1996, para. 7. 24. OIS, Articles Ⅵ (d), Ⅷ (d) and Ⅷ (e).

〔7〕 Report of the Thirteenth Meeting of the Commission, 1994, para. 5. 20.

〔8〕 Rosemary Rayfuse, “Enforcement of High Seas Fisheries Agreements Observation and Inspection under the Convention for the Conservation of Antarctic Marine Living Resources”, *The International Journal of Marine and Coastal Law*, Vol. 13, Issue. 4, p. 80.

第六，针对船只通知系统（Vessel Notification System，VNS），常设视察委员会将该系统适用于国内范围，由成员国对本国船只进行监视并向秘书处报告确定其国民是否违反养护措施。[1]

（二）视察的发展趋势

纵观30年来该种视察的发展，可将发展趋势归纳为以下三方面：

1. 视察程度逐渐严格

该种南极视察在设立之初即以保护并合理利用南极区域内的生物资源为目的，通过派遣船只装载观察员进行港口和海上视察的方式严格管控捕捞活动。然而，在20世纪90年代，南极海洋生物资源养护委员会统计发现，一些IUU捕捞齿鱼的数量超过了一般经授权渔船报告渔获量的6倍，其意识到南极海洋鱼类非但没有从20世纪70年代以来的过度捕捞中恢复，反而受到IUU捕捞的严重影响，因而视察工作增加了对IUU捕捞行为的执法工作。时至今日，虽然一般认为公约地区的IUU捕捞水平已经下降，但这仍然是委员会关注的问题，其认为这依然有可能严重破坏南极海洋生物资源养护委员会的养护目标。为此，进行港口视察的养护措施10-03会根据要求对视察内容进行修改，并根据其他养护措施的内容进一步加强视察的严格程度。比如，为解决IUU捕捞问题，南极海洋生物资源养护委员会曾通过建立缔约方IUU渔船清单（养护措施10-06）、非缔约方IUU渔船清单（养护措施10-07）、国民控制（养护措施10-08）三个养护措施，逐渐增强视察范围，逐步修改养护措施10-03的规定以加强严格程度。[2]此外，在缔约国义务和捕捞

---

[1] Schedule of Conservation Measures in Force 1997/1988, p. 55.

[2] "Illegal, unreported and unregulated (IUU) fishing", https://www.ccamlr.org/en/compliance/iuu (Last visiting date: 15 March 2021).

船只义务方面，南极海洋生物资源养护委员会也要求观察员在视察期间视察公约区域内可能或已知的IUU船只，并确定其国籍国，并及时向南极海洋生物资源养护委员会提供详细信息；南极海洋生物资源养护委员会甚至还鼓励一般的渔船如果有能力直接向进行IUU捕捞的船旗国进行报告，让船旗国参与调查。

2. 视察效力涉及非缔约国

根据一般的国际法原理，公约对第三国既无损也无益，即公约的权利义务对缔约国以外的国家并不产生任何效力。然而在上文提及的对IUU捕捞的执法问题，南极海洋生物资源养护委员会不仅规定了对缔约国IUU捕捞行为的船只清单，还规定了非缔约国IUU捕捞行为的船只清单。根据分析，缔约方IUU渔船清单没有任何船只，南极海洋生物资源养护委员会称并无任何缔约方船只进行IUU捕捞行为。[1]对于非缔约国IUU捕捞行为的船只清单，其列明了自2003年至2016年的船只，包括船只名称（Vessel name）（包括曾用名）、船旗国（Flag）、IMO识别号（IMO number）、呼号（Callsign）、行为的性质和日期（Nature and date of activity）、年度（Year listed）、所有权历史（Ownership history）。[2]对于进行IUU捕捞的船只，南极海洋生物资源养护委员会网站有专门的页面进行介绍，包括其具体信息和照片。除了在南极海洋生物资源养护委员会体系对非缔约国IUU捕捞行为的视察外，南极海洋生物资源养护委员会甚至同三个地区性渔业管理组织进行合作以对公约区域北部边界的IUU

---

[1] "Contracting Party IUU Vessel List: There are currently no vessels included on the Contracting Party IUU Vessel List", https://www.ccamlr.org/en/compliance/contracting-party-iuu-vessel-list (Last visiting date: 15 March 2021).

[2] "Non-Contracting Party IUU Vessel List", https://www.ccamlr.org/en/compliance/iuu-vessel-lists (Last visiting date: 15 March 2021).

捕捞行为进行更大力度的执法，网站上列出了南太平洋区域渔业管理组织（South Pacific Regional Fisheries Management Organisation，SPRFMO）、东南大西洋渔业组织（South East Atlantic Fisheries Organisation，SEAFO）、南印度洋渔业协定（Southern Indian Ocean Fisheries Agreement，SIOFA）这三个组织及其自行确定的存在IUU捕捞行为的船只清单，在进行该种视察时，对于IUU捕捞行为的执法活动涉及三部分内容，视察的效力也涉及非缔约国。

3. 规范性文件愈加复杂

在公约生效时，彼时的南极海洋生物资源养护委员会并没有完备的规范性文件规定该种视察的细节，但随着时间发展，大量的养护措施出现，并一再更新。与《南极条约》中的南极视察不同的是，南极海洋生物资源养护委员会并没有对规范性文件进行清晰的划分，甚至除了公约、基础性文件和养护措施外，其他规范性文件大多与报告等内容结合，复杂而又混乱。这也导致了时至今日，该种南极视察下规范性文件的效力问题仍存在争议。目前，对于上文中分析的南极海洋生物资源养护委员会的基本文件，及其他涉及视察的非养护措施、非公约的文件分类及模式均不清晰，这些文件究竟是如何通过、由何编纂均不明确，因而其效力也不明确。

二、视察的实践

在视察完成后，视察材料及相关报告会被直接提交南极海洋生物资源养护委员会。委员会在进行讨论和评估后会将视察中出现的问题通知相关缔约国及其国内主管部门。在每年召开的南极海洋生物资源养护公约年度会议上，最终的报告会涵盖上一年度的视察情况，而待会议结束后，相关材料也会整体编纂打包上传至南极海洋生物资源养护委员会的网站。年度会议报告主要由两部分构成：一部分为最终报告（Final Report），其记录了年度会议对所有议程的讨论及各方的回应，在视察部分，委员会先会对该年度视察的整体情况进行总结，并提出一系列违反养护措施的情况，之后各缔约方再对其进行回应，阐述意见并提出建议；另一部分为会议的具体文件（Meeting documents），包括了年度会议进行过程中委员会下辖各部门进行的各类会议，其中科学委员会是最重要的下辖部门，而常设视察委员会是委员会下主管南极视察的部门，比如在第35届南极海洋生物资源养护公约年度会议上，由新西兰开展的视察就被提交至年度会议，并以CCAMLR-XXXV/BG/36命名，但可惜的是，该类会议文件并不提供下载。[1]对于视察实践而言，大部分的视察报告并不提供下载，因而在研究中只能获取部分被披露的内容及每年南极海洋生物资源养护公约年度会议最终报告中有关视察的总结部分。

（一）国际科学视察机制

国际科学视察机制于1992年正式建立，直至今日共进行了多次完善。在1992年至2019年的南极海洋生物资源养护公约年度会议上，常设视察委员会和其他的成员国均对视察进行过讨论，年度会议报告中会包括一些关于国际科学视察机制的观点、报告或统计数据。总体而言，国际科学视察机制主要关注点为南极区域的各种捕捞活动，包括对延绳钓船、拖网船和磷虾捕捞船的视察。视察报告的内容逐渐增多，最新的报告已经包括了历年捕捞物种及数量。国际科学视察机制基本在每个季度均会开展，但进行视察的国家主要还是以传统的主权声索国和南

[1] 国家海洋局极地考察办公室是中国拥有南极海洋生物资源养护委员会网站账号和密码的单位之一。

美洲国家为主，被视察对象也以进行南极捕捞活动较为频繁的国家为主。由于历年年度报告中关于该种视察的内容极为有限，且相关的常设视察委员会报告又不允许下载，因而目前对该制度的了解比较有限。

（二）南极海洋生物资源养护委员会视察系统

南极海洋生物资源养护委员会视察系统在 1989 年讨论并通过后已经经历了 30 多年的发展和实践。总体而言，视察活动并没有得到各国很好的支持，以至于南极海洋生物资源养护委员会在年度会议报告中多次呼吁各国积极开展视察。根据统计，主要参与的国家在历年视察中基本以南极主权声索国和南美国家为主，视察范围也仅以南极半岛区域为主。由于视察对象为各种船只，而在南极海域开展作业的船只并不多，再加上部分船只抗拒视察，因而视察难度很大。但是经过统计，依然可以看出视察活动的数量呈现增多趋势，观察员的数量也在增多，特别是港口视察的次数也呈上升趋势。由于无法阅读相关的视察报告，因而对该视察机制下视察的变化和发展仅以目前的文件为准。

三、视察的法律问题

《南极海洋生物资源养护公约》作为专门保护南极海域生物资源并促进其合理利用的专门性公约具有很强的专业性，其附属的科学委员会可以通过最新的检测手段判断公约区域内的生物资源状况，及时出台或调整养护措施的内容和捕捞配额。而作为公约的履约监督机制，该种南极视察是保障南极海洋生物资源养护委员会政策或法律得到贯彻和遵守的重要一环，它的存在有效监督了公约区域内的捕捞活动，保护了南极海洋的生物资源，促进了生物多样性整体保护水平的提高。在视察过程中也促进了与其他国际组织的合作。

该种南极视察的主要任务就是监督公约区域内的捕捞活动。无论是国际科学视察机制，还是南极海洋生物资源养护委员会视察系统，或者是港口视察抑或海上视察，视察对象均是渔船，视察内容一是渔船是否存在违反公约或养护措施的非法捕捞、过量捕捞等行为，二是对捕捞行为对南极海洋生物资源状况造成影响的评估。通过几十年的实践，在上文提及的 IUU 捕捞行为船只清单中，没有缔约国的船只存在 IUU 捕捞行为的情况，这足以证明视察机制的存在有效规制了公约区域内的捕捞活动。虽然非缔约国存在 IUU 捕捞行为的情况，但根据统计，自 2003 年至今，共有 16 艘船只存在 IUU 捕捞行为，船旗国包括多哥、赞比亚、安哥拉、伊朗、尼日利亚、坦桑尼亚、圣文森特和格林纳丁斯。平均到每年，存在 IUU 捕捞行为的船只不超过 2 艘。时至今日，南极海域的捕捞活动基本处于南极海洋生物资源养护委员会的监控之下，再配以视察机制对 IUU 捕捞的规制，一些坚持在南极区域进行无限制捕捞的国家只能选择不加入公约。可见，公约对于非缔约国的 IUU 捕捞行为也存在规制作用。《南极海洋生物资源养护公约》并非单纯把相关的其他国际组织当作观察员，而是将其他国际组织的工作内容作为视察工作的重要参考。如上文提到的 IUU 捕捞行为，观察员需要视察上文提及的三个区域性渔业组织下的 IUU 捕捞行为船只清单，如若发现相关行为，则应当根据该种视察的规定对船只登临视察，并记录相关数据，保留相关证据。《南极海洋生物资源养护公约》虽然是典型的区域性国际公约，但是由于南极特殊的法律地位，再加上海洋生物资源具有频繁跨界的属性特征，这就导致客观上南极海洋生物资源养护委员会在区域管理中必须与其他国际组织进行合作，防止一些船只在南极海域边界进行捕捞而影响对整个南极海域生物资源的养护和管理。

但与所有的国际法制度一样，该种南极视察也存在很多问题影响了视察的效果，也影响了南极条约体系整体的效力。但无论是从国际法效力和制度安排角度，还是从国际社会互相角力的角度看，生物资源管理问题也一直是国际环境法中的难题，而南极海洋生物资源养护委员会能设立视察机制，并在南极区域顺利开展，已经实属不易。事实上，南极海洋生物资源养护委员会在合规和执行问题上遇到的问题与其他公海渔业协定相同，其在数据收集和监督执法方面均存在问题。〔1〕南极海洋生物资源养护委员会经常会遇到数据不充足或不准确的问题，以及其他诸如过度捕捞、死亡率过高和附带渔获物问题。〔2〕公约成员国经常为保护本国国民而对其违反养护措施的行为进行辩护，一些养护措施由于内容的复杂性、缺乏适当的执行保障措施，或是其他与国内法抵触的情况而最终无法得到遵守。〔3〕此外，一些南极海洋生物资源养护委员会下的管理模式和理念也存在争议。

（一）开展实践困难

虽然该种南极视察机制具有很大潜力，但问题在于迄今为止缺乏实践经验。成员国在向委员会提供观察员人数、视察天数、捕捞船只信息或其遵守养护措施等信息方面存在违规问题，

〔1〕 Laurence Cordonnery, "Environmental Protection in Antarctica Drawing Lessons from the CCAMLR Model for the Implementation of the Madrid Protocol", *Ocean Development & International Law*, Vol. 29, Issue. 2, p. 132.

〔2〕 Laurence Cordonnery, "Environmental Protection in Antarctica Drawing Lessons from the CCAMLR Model for the Implementation of the Madrid Protocol", *Ocean Development & International Law*, Vol. 29, Issue. 2, p. 132.

〔3〕 Laurence Cordonnery, "Environmental Protection in Antarctica Drawing Lessons from the CCAMLR Model for the Implementation of the Madrid Protocol", *Ocean Development & International Law*, Vol. 29, Issue. 2, p. 133.

因而很难评估其效果究竟如何。此外，虽然经过视察和报告程序，船旗国可对本国船只的违法行为进行制裁，但很多情况下如果发生调查和法律程序的延迟则最终实施制裁的可能性并不高，甚至一些船只进行了一年的非法捕捞却未被追责。[1]因此自 1992 年以来，常设视察委员会和委员会就一直呼吁成员国能够更加积极地开展南极视察以确保其船旗国按照现行养护措施在公约区域内开展活动并确保及时有效地处理违法行为。[2]该种南极视察机制在开展的最初几年并不成功，一方面开展的视察次数较少，另一方面也缺乏令人满意的法律效果，但在一些捕捞活动较多的区域依然开展了视察，因而取得了一定程度的成功。一系列的因素共同影响了该种南极视察的效果。这些因素包括各种理论和实践上的限制，包括制度的设计缺陷和法律、政治上的限制，特别是该机制最终由各国运行，并最终取决于船旗国的法律制裁成效。事实上，由于南极的特殊地理位置，公约区域与所有成员国的港口都距离较远。南极本身是一个广阔且不适宜居住的区域，区域内的捕捞活动也互相距离很远，因而从某种意义上说，公约区域内的捕捞船只数量并不多，目前也没有一个有效的方法来获取船只在公约区域内进行捕捞的时间或地理位置。并非所有船只均配有观察员，而配有观察员也并不意味着观察员一直在船只上，由于南极海域面积巨大，载有观察员的船只遇到其他捕捞船只的可能性也不大。如果遇到了可被视察的捕捞船只，船只距离、天气条件等因素允许才可以登临视察，这就给了一些船只以客观情况为由逃避视察的

---

〔1〕 Laurence Cordonnery, "Environmental Protection in Antarctica Drawing Lessons from the CCAMLR Model for the Implementation of the Madrid Protocol", *Ocean Development & International Law*, Vol. 29, Issue. 2, p. 134.

〔2〕 Report of the Thirteenth Meeting of the Commission, 1994, paras. 5. 12–5. 14 and para. 1. 29.

借口，进而影响到之后船旗国国内的法律程序。实际上的限制更多是由于观察员的选择、培训和部署所带来的成本和其他困难。由于观察员选派门槛的因素，部分成员国无法保证观察员的语言和专业技能。对观察员的培训也依赖于各成员国独立进行。实际上，视察机制的流程也取决于成员国的意愿。

在实践中，对该种南极视察机制的最大制约来自政治和法律方面。虽然其处于国际条约的规制下，但实际上是由各成员国运行，观察员负责向其指派国家汇报情况，视察报告也不会直接被发到其他国家，而是经历各种程序，这种严重的迟滞会导致制裁程序不可能进行。此外，制裁程序取决于船旗国本身的司法系统，公约无法针对成员国拒绝调查或失败的情况进行进一步追责。调查、起诉和实施制裁取决于每个成员国司法系统，并且不存在针对成员国的失败或拒绝调查或起诉的追索权。在这方面，1997 年，对上文涉及的部分问题，视察机制进行了部分补充，尽管在解释上存在分歧的可能性仍使某些会员国有可能推卸责任。〔1〕

（二）公约内容及效力缺陷

总结来看，南极海洋生物资源养护委员会下的规范性文件存在以下几类：第一类是《南极海洋生物资源养护公约》，其国际法效力毋庸置疑，但其中对视察机制的规定比较笼统且没有任何细节。第二类是南极海洋生物资源养护委员会网站列出的基础性文件（Basic Documents）。然而对于其效力问题，网站并没有进行任何规定。如果将基础性文件与公约并列为第一部分，则初步判定其他的基础性文件应该也具有国际法效力，而其中

〔1〕 Laurence Cordonnery, "Environmental Protection in Antarctica Drawing Lessons from the CCAMLR Model for the Implementation of the Madrid Protocol", *Ocean Development & International Law* , Vol. 29, Issue. 2, p. 134.

第九部分和第十部分是对于该种视察机制的具体规定。第三类是南极海洋生物资源养护委员会通过的各种养护措施（Conservation Measure），养护措施的通过依赖整个南极海洋生物资源养护委员会的议事程序，成员国需要广泛协商并投票，代表了国家意志，被认为具有约束力，因而上文介绍的视察内容或视察流程中提及的养护措施可以作为该种南极视察的直接规定，各国也需要接受视察。第四类则是其他南极海洋生物资源养护委员会通过的规范性文件，诸如观察员手册、观察员标识、观察员选派等，这些文件虽然直接规定了有关视察机制，但是部分文件并不公开，因而无法得知其内容。但目前来看，并没有发生过违反这些规范性文件的情况，也没有发生过缔约国接受视察时投诉观察员的情况。总体而言，规范性文件效力不清的情况存在于众多的国际组织或国际条约机构，但南极海洋生物资源养护委员会下的规范性文件效力问题如果得不到妥善处理，可能会引发国际纠纷。

在《南极海洋生物资源养护公约》下规定了两种视察，分别是国际科学视察机制和南极海洋生物资源养护委员会视察系统，前者视察以“Observation”为准，后者以“Inspection”为准，但核心区别在于前者的观察员以科学家或专业学者为主，视察目的更多的是从科学角度视察相关国际法文件的执行情况和具体效果；而后者对于人员并无太多规定，视察目的则是保障相关缔约国的捕捞行为完全遵守公约和南极海洋生物资源养护委员会下的其他规范性文件，其中以养护措施为主。而在南极海洋生物资源养护委员会视察系统下又规定了两种独立的视察方式，分别是港口视察和海上视察。对于港口视察，无论是对各方的权利义务，还是视察的内容都进行了相关规定，极具科学性和专业性。但是海上视察的相关规定却并不公开。因此对于公约下的这几种视察方式，并无清晰的隶属关系，南极海洋生物资源养护委员会也没有文件对其关系进行解释。这几种视察方式目前来看是各自独立存在的，但公约明显在制定时没有预料到当下的复杂情况，因而也只能靠各种规范性文件对其进一步完善或剥离，这也导致了规范性文件的日渐庞杂。

自 1994 年以来，公约区域内的成员在无节制措施和封闭季节的情况下无节制捕捞，而在其他成员的专属经济区内的成员非法捕捞情况已经非常严重，以至于成员开始抱怨捕捞量的增加有可能损害整个南极海洋生物资源养护委员会的信誉和生命力。[1]迄今为止，《南极海洋生物资源养护公约》下最引人注目的当属南极海洋保护区（AMPA）的建设，其保护标准之高，超过大部分国家的国内保护区，而以中国和俄罗斯为代表的国家对于其设立也存在不同意见。可见，整个《南极海洋生物资源养护公约》的养护理念依然存在较大争议，因而许多属于南极条约协商国的国家并非该公约成员，而该公约下仅有 24 个成员属于南极海洋生物资源养护委员会成员，还有 11 个国家并未批准公约。可见其养护理念在国际社会依然存在较大的争议，而该种南极视察的效力却已经可以涉及其他的非缔约方，从国际法原理角度其实是存在争议的，这也容易引起激烈的国际纠纷。

该种南极视察对于各个时间节点的要求并不明确，比如各成员国只需在“本季度尽快更新其公约区域内的船只清单”；从颁发之日起，通过秘书处向其他成员提供有关已颁发的许可证或许可证的信息，为期 14 天。[2]其风险在于观察员在进行视察

---

〔1〕 Report of the Thirteenth Meeting of the Commission, 1994, para. 5. 12; Report of the Fourteenth Meeting of the Commission, 1995, paras. 7. 1-7. 15; Report of the Fifteenth Meeting of the Commission, 1996, paras. 7. 12-7. 15.

〔2〕 Article. V（b）.

发现问题前，捕捞船只可能会预先进行一段时间非法捕捞，再对其许可证等信息加以更新。[1]此外，提交视察报告的时限也存在漏洞，特别是要求指派成员提交报告以及随后秘书处向船旗国反馈报告结合在一起。根据公约第 8 条规定，观察员自抵达港口之日起 15 天时间内，而不是从开展视察之日起 15 天内，需将报告转发给指派成员，而指派成员又有 15 天时间将报告转发给秘书处，秘书处又有 7 天时间将报告发给船旗国，因而船旗国总共可能有 37 天的等待期才能收到本国船只的违法通报。[2]可见。这种延误可能会破坏船旗国为调查违法行为、收集必要证据的努力，尤其是当其收到通报时，可能违法船只已经将渔获物卸载或转运。此外，公约第 9 条对闭会期间补充报告或拒绝停止或便利检查的报告没有时间限制，只是要求秘书处在收到补充报告后 15 天内将其转发给其他成员国评论。[3]并没有说明补充报告是指派成员收到船旗国意见后的 15 天内转发还是只转发相关的评论内容。

（三）公约区域边界管理困难

由于《南极海洋生物资源养护公约》的覆盖区域与《南极条约》相比更为复杂。公约本身作为养护和管理南极海域的公约，与其他边界相对确定的公约相比就有很大不同，而南极海域的范围历来就存在争议，作为印度洋、大西洋、太平洋的一部分，无论是海洋生物资源的丰富性，还是气候和水文地理特

---

〔1〕 SCOI Report, 1997, para. 1. 42.

〔2〕 Laurence Cordonnery, "Environmental Protection in Antarctica Drawing Lessons from the CCAMLR Model for the Implementation of the Madrid Protocol", *Ocean Development & International Law* , Vol. 29, Issue. 2, p. 134.

〔3〕 Laurence Cordonnery, "Environmental Protection in Antarctica Drawing Lessons from the CCAMLR Model for the Implementation of the Madrid Protocol", *Ocean Development & International Law* , Vol. 29, Issue. 2, p. 135.

征都具有渐变性，无法向国家领土边界那样进行划分。而无论是环境污染还是生物种群均存在跨界问题，况且部分国家的专属经济区和大陆架还有延伸至“公约”区域内的情况，所以在“公约”区域的边界经常会出现IUU捕捞情况，而公约又无法对其进行有效规制。基于此，南极海洋生物资源养护委员会也与其他国际组织合作以更好管理公约区域边界，但视察机制作为一项保证公约义务得到履行的机制，不可能将有限的资源集中于公约边界区域，而且这些区域远离南极大陆，而靠近其他国家的领土，客观上也不利于视察行为开展。渔业资源作为一项重要的生物资源，随着世界人口发展，尤其是南半球国家的发展，将处于越来越重要的地位，可以预见的是，在不久的将来，公约区域内的海洋生物资源必将成为许多国家争夺的对象，这也可能将进一步加大公约区域边界的管理问题。

船旗国执法在公海渔业方面普遍无效，因此与其他国际条约一样，也影响了南极海洋生物资源养护委员会并引发了越来越多的关注。〔1〕在缺乏有效的船旗国执法的情况下，必须设计和实施确保遵守和执行公约义务的替代方法，而不是单方面扩展沿海国的管辖权。〔2〕在这种情况下，公约第24条的视察机制变得尤为重要。〔3〕为避免船旗国的管辖而更换船旗的船

〔1〕 Laurence Cordonnery, “Environmental Protection in Antarctica Drawing Lessons from the CCAMLR Model for the Implementation of the Madrid Protocol”, *Ocean Development & International Law*, Vol. 29, Issue. 2, p. 134.

〔2〕 Laurence Cordonnery, “Environmental Protection in Antarctica Drawing Lessons from the CCAMLR Model for the Implementation of the Madrid Protocol”, *Ocean Development & International Law*, Vol. 29, Issue. 2, p. 136.

〔3〕 Laurence Cordonnery, “Environmental Protection in Antarctica Drawing Lessons from the CCAMLR Model for the Implementation of the Madrid Protocol”, *Ocean Development & International Law*, Vol. 29, Issue. 2, p. 134.

只，[1]非成员国在与公约区域接壤的非成员国专属经济区内非法捕捞，以及非成员国在公约区域内“未报告”捕捞问题。[2]这种不受管制的捕捞活动既影响了所捕捞种群的状态，也对南极海洋生物资源养护委员会通过的一系列既有养护措施的实施效果构成了威胁。[3]

此外，部分公约成员国可能出于自身管辖海域的管理而排除部分公约水域的适用，这就导致公约该水域的视察力度被削弱，存在更多的 IUU 捕捞情况。其他成员国专属经济区内进行非法捕捞，涉及养护措施和视察机制在该水域下适用的问题。比如法国就将其管辖水域排除出养护措施管辖，智利就以此为借口说明其为何无法控制或追诉一些在法国管辖水域内发现的违反养护措施的非法捕捞船只。[4]另一个涉及专属经济区的问题是如果阿根廷反对英国同时开展该种南极视察以及其国内法中的视察，英国指派的观察员身份突然从南极海洋生物资源养护委员会下的观察员转变为本国观察员，并在英阿双方的争议海域同时开展双重视察，阿根廷对此表示反对，根源在于英阿双方的领土主权争议。[5]《南极海洋生物资源养护公约》缔约

〔1〕 Laurence Cordonnery, “Environmental Protection in Antarctica Drawing Lessons from the CCAMLR Model for the Implementation of the Madrid Protocol”, *Ocean Development & International Law* , Vol. 29, Issue. 2, p. 137.

〔2〕 Laurence Cordonnery, “Environmental Protection in Antarctica Drawing Lessons from the CCAMLR Model for the Implementation of the Madrid Protocol”, *Ocean Development & International Law* , Vol. 29, Issue. 2, p. 138.

〔3〕 Laurence Cordonnery, “Environmental Protection in Antarctica Drawing Lessons from the CCAMLR Model for the Implementation of the Madrid Protocol”, *Ocean Development & International Law* , Vol. 29, Issue. 2, p. 134.

〔4〕 SCOI Report, 1997, paras. 1. 12-1. 15.

〔5〕 SCOI Report, 1996, paras. 1. 73-1. 77. Laurence Cordonnery. “Environmental Protection in Antarctica Drawing Lessons from the CCAMLR Model for the Implementation of the Madrid Protocol”, *Ocean Development & International Law* , Vol. 29, Issue. 2, p. 141.

国之间在南极治理问题以外的领土纠纷和政治问题可能也会对检查系统和南极海洋生物资源养护委员会的整体执行产生不利影响。

第五章

南极条约体系外的南极视察

在国际层面，南极视察制度中最重要的两种南极视察机制当属第三章和第四章分析和介绍的根据《南极条约》第 7 条和《关于环境保护的南极条约议定书》第 14 条规定的视察，和根据《南极海洋生物资源养护公约》第 24 条规定的视察，这两种视察构成了南极条约体系下国际法层面南极视察制度的主要部分。但是，由于南极的特殊法律地位，以及国际组织、国际条约机构、各个国家等之间错综复杂的关系，南极视察制度还存在南极区域其他国际组织和国际条约机构进行的南极视察和相关国家根据国内法发起的南极视察。其中，南极区域其他国际组织和国际条约机构进行的南极视察由国际组织和国际条约机构展开，除极个别政府间南极区域的国际组织外，南极区域其他非政府组织的南极视察本身并无国际法效力，仅仅是其组织自行进行的公益性视察活动，但通过上文分析，无论是国际组织在南极条约体系下国际法文件中的地位，还是两种南极视察中对非政府组织活动的提及，或者对其他国际组织执法报告的参考，都可以看出南极条约体系下两种南极视察与国际组织有着千丝万缕的联系。而针对相关国家根据国内法发起的南极视察，又是一些国家单方面进行的国内法执法监督活动。

本章共分为两节，全面介绍了南极条约体系外的南极视察，并根据法律依据的不同将其分为国际法和国内法两部分。第一节国际性南极视察首先介绍南极区域除南极条约体系外的国际组织和条约机构，包括政府间国际组织、条约机构及部分非政府间国际组织；之后介绍南太平洋区域渔业管理组织进行的视察，包括国际法依据、海上登船和视察机制、南太平洋区域渔业管理组织观察员机制介绍，归纳其与南极条约体系下视察相比的特点；最后介绍南极条约体系外视察的特点和问题。第二节国内法中的南极视察，首先介绍南极立法现状，通过介绍典型国家南极立法，梳理我国南极立法的现状和未来展望；之后介绍依国内法规定开展南极视察的法理基础，从南极视察的性质、南极事务管辖、国家主权等角度进行分析，最后介绍国内法中有关南极视察规定的表现形式，特别是南极检查。

第一节　国际性南极视察

除第三章、第四章论述的南极条约体系下的两种南极视察机制外，在南极区域还存在一系列国际组织和条约机构，也会开展南极视察。但与上文提及的视察机制相比，这些国际性南极视察专注于某些领域，缔约的国家较少，还有部分非政府组织开展的南极视察并不属于传统的国际法范畴，因而本节对其进行概括性梳理分析。

一、南极区域的国际组织和条约机构

南极区域的国际组织主要以区域性国际组织为主，包括一定的全球性但关注南极问题的国际组织。南极区域的国际条约机构主要是南极区域的区域性国际条约。在国际组织上，南极

区域的国际组织主要是政府间的南大洋渔业组织，而非政府间国际组织主要是一些理念激进的环境保护组织，以及国际旅游协会等，此外，还有一些不具有国际组织标准的国际条约机构也会根据自身协定开展南极视察。

（一）政府间国际组织或条约机构

南极条约体系虽然是一个完备的国际法制度，但其并非国际组织，仅依据国际法文件成立了一些机构处理行政事务。而南极区域一些国际组织具有更高的组织性，拥有自己的交通工具或者办事机构，并与在南极开展活动的国家展开了合作。在南极视察方面，这些政府间国际组织根据自身的宗旨，对南极区域内的渔业活动进行履约监督，对非法捕捞行为展开视察。此外，还有一些专门性的国际条约下属的国际条约机构根据条约也开展了专业性较强的南极视察。具体而言，南极区域存在以下三个主要的政府间国际组织或条约机构管理渔业活动、进行视察。

1. 南太平洋区域渔业管理组织

南太平洋区域渔业管理组织（South Pacific Regional Fisheries Management Organisation，SPRFMO）〔1〕成立于2012年，宗旨是长期保护和可持续利用南太平洋渔业资源，从而保护资源所在的海洋生态系统。〔2〕公约区域主要包括南太平洋的公海，覆盖地球约1/4的公海区域。南太平洋区域渔业管理组织关注重点即商业捕捞，主要是南太平洋的竹夹鱼（jack macker-el）和赤

〔1〕 该组织缔约方包括澳大利亚、智利、中国、库克群岛、古巴、厄瓜多尔共和国、欧盟、法罗群岛、韩国、新西兰、秘鲁、俄罗斯、美国、瓦努阿图。合作非缔约方包括哥伦比亚、丹麦、利比里亚、巴拿马。

〔2〕 Schiffman H. S.，“The South Pacific Regional Fisheries Management Organization (SPRFMO)：an improved model of decision-making for fisheries conservation”，*Journal of Environmental Studies and Sciences*，Vol. 3，Issue. 2，2013，pp. 209~216.

鱿（jumbo flying squid），以及在较小程度上通常与西南太平洋海山相关的深海物种。[1]该组织由一个委员会和若干附属机构组成，秘书处在新西兰惠灵顿。[2]该组织的公约区域与南极海域存在部分重叠，边界与南极海域边界互相吻合，因而南极海洋生物资源养护委员会也是该组织的政府间组织观察员。公约文件《南太平洋海域公海渔业资源的保护与管理公约》（Convention on the Conservation and Management of High Seas Fishery Resources in the South Pacific Ocean）第26条至第28条规定了视察机制（Inspection and Observation），其网站也有专门页面和系统负责该机制运行，下文将对该部分内容进行分析。[3]值得一提的是，该国际组织也是该部分提到的三个政府间国际组织中中国唯一加入的组织，国内的主管机构为农业农村部。

2. 东南大西洋渔业组织

东南大西洋渔业组织（South East Atlantic Fisheries Organisation，SEAFO）[4]成立于2001年，也是第一个建立的区域渔业管理组织，常设秘书处设于纳米比亚斯瓦科普蒙德。该组织的目标是确保东南大西洋所有海洋生物资源的长期保护和可持续利用，并保护资源所在的环境和海洋生态系统，与相关的国家

---

〔1〕 Koehler H.，"Introductory Note - South Pacific Regional Fisheries Management Organization"，*International Legal Materials*，2007，pp. 891~893.

〔2〕 Penney A.，Clark M.，Dunn M.，"A descriptive analysis of New Zealand bottom trawl catch & effort in the proposed convention area of the South Pacific Regional Fisheries Management"，2007.

〔3〕 "At-Sea Boarding and Inspection Info"，http://www.sprfmo.int/measures/information-related-to-boarding-and-inspection-at-sea/（Last visiting date：15 March 2021）.

〔4〕 该组织缔约方包括安哥拉、日本、欧盟、韩国、纳米比亚、挪威、南非。俄罗斯和乌克兰签署了公约但还未被批准。

和国际组织合作，以确保兼容的养护和管理措施。〔1〕东南大西洋渔业组织的关注重点主要是东南非共同市场中重要的鱼类物种，包括定栖或分离跨物种的金眼鲷、橘棘鲷、鲨鱼，深水无须鳕和红蟹。〔2〕该组织由委员会、科学委员会，遵约委员会、行政和财务常设委员会组成，行政和财务常设委员会作为附属机构和秘书处。委员会可不时设立其他附属机构，以协助实现公约的目标。该组织的所辖区域主要是大西洋东南部，靠近非洲西海岸，与南极海域有部分重叠。公约文件《大西洋东南部渔业资源保护和管理公约》(Convention on the Conservation and Management of Fishery Resources in the South East Atlantic Ocean)第15条至第16条规定了视察机制（Inspection and Observation），网站中有相关的视察表格提供给观察员下载。〔3〕

3. 南印度洋渔业协定

《南印度洋渔业协定》(Southern Indian Ocean Fisheries Agreement，SIOFA)〔4〕于2006年7月7日在罗马签署，并于2012年6月生效。由于该协定的区域与南极海域存在部分重叠，边界与南极海域边界也互相吻合，因而南极海洋生物资源养护委员会也是该协定的合作组织，双方还缔结了一个双边协定（Arrange-

〔1〕 Ng K.，Wong J.，“The South East Asian Federation of Organizations for Medical Physics (SEAFOMP): Its history and role in the ASEAN countries”，*Biomedical Imaging and Intervention Journal*，Vol. 4，Issue. 2，2008.

〔2〕 Ng K.，Wong J.，“The South East Asian Federation of Organizations for Medical Physics (SEAFOMP): Its history and role in the ASEAN countries”，*Biomedical Imaging and Intervention Journal*，Vol. 4，Issue. 2，2008.

〔3〕 “Reporting Forms”，http://www.seafo.org/Management/Reporting-Forms (Last visiting date: 15 March 2021).

〔4〕 该协定缔约方包括澳大利亚、库克群岛、欧盟、法国、日本、韩国、毛里求斯、塞舌尔、泰国。肯尼亚、马达加斯加、莫桑比克、新西兰也是该协定的签署国，但尚未批准。此外，还存在一个合作的非缔约方：科摩罗。

ment between the SIOFA and the Commission for the Conservation of Antarctic Marine Living Resources）以处理相关事务。[1]南印度洋渔业协定的目标是通过缔约方合作以确保协定区域内的渔业资源长期保护和可持续利用，并考虑发展中国家，特别是最不发达国家和小岛屿发展中国家的需要。[2]物种方面，南印度洋渔业协定涵盖该区域内的鱼类、软体动物、甲壳类动物等渔业资源，但不包括高度洄游鱼类和受沿海国渔业管辖的物种，主要关注拟五棘鲷、小鳞犬牙南极鱼、橘棘鲷、狗鲨、南极栉鲳、大目金眼鲷。[3]该组织也规定了视察机制，但《南印度洋渔业协定》的内容非常庞杂，其中并没有对视察机制进行直接规定，仅仅提及了视察（Inspection）。而在其养护和管理措施（Conservation and Management Measure）中的“建立一个港口视察机制养护和管理措施2017/08”（Conservation and Management Measure establishing a Port Inspection Scheme（Port Inspection 2017/08））进行了专门规定。但由于其网站非常简单，除此以外并没有其他详细的规定。

（二）非政府组织

除一些政府间国际组织外，南极区域还活动着大量的非政府组织（Non-Govermental Organization）。非政府组织独立于政府管理范围之外，具有较强的社会联合性，并容易在各国社会之间形

---

〔1〕 Pankaz, Das, Rezoan, et al., “Incorporating Taiwan in International Fisheries Management: The Southern Indian Ocean Fisheries Agreement Experience”, *Milcom*, Vol. 1, 2018.

〔2〕 Xiong M. S., Fan W., Tang F. H., et al., “Overview of South Indian Ocean Fisheries Agreement and the countermeasures of pelagic fishery in China”, *Fishery Information & Strategy*, 2016.

〔3〕 Xiong M. S., Fan W., Tang F. H., et al., “Overview of South Indian Ocean Fisheries Agreement and the countermeasures of pelagic fishery in China”, *Fishery Information & Strategy*, 2016.

成超脱国别的联系，因而在推行自身理念时往往较为激烈，在进行南极视察时与政府间的南极视察体系并不一致。非政府组织具有独立的资金来源，部分组织有能力购买适航南极的载具，往往采用调查、揭发的方式开展南极视察，对于发现的违反国际条约义务或其自身认为不利于环境保护的行为均会进行制止、曝光，虽然其行为过于激烈且理念与普遍接受的并不一致，但在南极治理中依然扮演了重要角色，填充了南极区域行政管理较弱的空白地带。与其他国际非政府组织不同，南极条约体系及其他政府间国际组织和条约机构均接纳非政府组织参与会议，客观上承认了其在南极治理中的重要地位并乐于令其发挥一定影响力，承担国际法上的履约监督职责。一些能力较强的南极非政府组织也会开展南极视察（Inspection or Observation），其中又以绿色和平组织（Greenpeace）、南极和南大洋联合会（Antarctic and Southern Ocean Coalition，ASOC）和南极旅游业者国际协会（International Association of Antarctic Tour Operators，IAATO）最具代表性。

1. 绿色和平组织

绿色和平组织（Greenpeace）是全球著名的非政府环保组织，于 1971 年由美国和加拿大的激进环保主义者成立，宗旨是保护地球孕育全部多样性生物的能力。[1]绿色和平组织主要关注气候变化、森林采伐、过度捕捞、商业捕鲸、基因工程以及反核议题。与一般的国际组织不同，该组织一直以激烈的行动而闻名，对“破坏环境”的行为直接采取对抗或反破坏以达成目的，在联合国经济及社会理事会也拥有一般咨询地位，[2]并

[1] Ensure the ability of the Earth to nurture life in all its diversity.

[2] “List of non-governmental organizations in consultative status with the Economic and Social Council as of 1 September 2011”, http://csonet.org/content/documents/E2011INF4.pdf (Last visiting date: 15 March 2021).

且是国际非政府组织责任宪章组织的创始者之一。[1]该组织是全球性的以环境保护为宗旨的非政府组织，在南极地区的保护区建设和捕捞限额等方面发挥了很大作用。

绿色和平组织是全球性的非政府国际组织，对于环境保护具有强烈、严格的主张，自成立之初就有专门的分支机构负责南极环境保护事务。在20世纪70年代，南极地区被证明蕴含丰富的石油和矿藏资源，相关的政府或公司也准备对南极区域进行开采活动。绿色和平组织于1979年首次提出将南极作为“世界公园”的想法，认为只有在南极建立一个永久性基地才能对南极的其他主权声索国构成挑战。1987年，绿色和平组织经过两次尝试，终于在南极建立了“世界公园基地”。该基地一直运转，绿色和平组织甚至想通过“建国”的方式成为南极条约协商国。[2]该南极基地自1987年至1992年运营，并于1992年因一些原因被拆除。在1988年至1995年，绿色和平组织共进行了6次南极考察（Antarctica Expeditions），并在1988年至1989年的考察活动中视察了南极半岛的南极条约协商国科考站，该组织按照自身的规定和南极条约体系下的内容进行了视察，而相关站点也接受了非政府组织的视察，视察完成后该组织还编写了视察报告（Inspection Report）并通报了所有南极条约当事方。在1989年至1990年的考察期间，该组织继续进行了视察活动，受视察的各类南极站点（Antarctic stations）达39个。[3]在考察期间，驻

〔1〕“International Non-Governmental Organisations Accountability Charter: Charter Background. Ingoaccountabilitycharter. org”, https://web. archive. org/web/20130513170305/http://www. ingoaccountabilitycharter. org/about-the-charter/background-of-the-charter/ (Last visiting date: 15 March 2021).

〔2〕该站于1992年关闭并拆除。

〔3〕L. Elliot, “*International Environmental Politics: Protecting the Antarctic*”, protecting the Antarctic, Springer, 1994, p. 62.

站人员监测了邻近科考站的污染情况，并通报相关国家对其负责。其中，15 名该组织成员曾抗议法国在迪蒙·迪维尔科考站（Base Dumont d'Urville）建立简易机场，并曝光了建立过程中出现的挖掘企鹅栖息地的丑闻。[1]曝光后，法国建筑工人强行驱逐了该组织的抗议者，但由于组织成员的不懈努力，法国最终放弃了建造该机场的计划。事后，法国科学家也承认建立简易机场的行为违反了《南极条约》的规定。[2]随着绿色和平组织在南极区域的行动，越来越多的南极条约协商国也意识到保护南极区域的重要性，最终通过了《关于环境保护的南极条约议定书》，并对南极矿物开采实行了 50 年的最低限度禁令。绿色和平组织在南极建立基地并实行视察活动的行为开创了非政府组织进行南极视察的先河。

2. 南极和南大洋联合会

1978 年成立的南极和南大洋联合会（Antarctic and Southern Ocean Coalition，ASOC）是全球性非政府环保组织，以保护南极大陆及南大洋环境为宗旨。作为南极区域重要的专门性非政府组织，南极和南大洋联合会具有南极条约协商会议和南极海洋生物资源养护委员会的观察员身份，在每年的年度会议上均会派员参与旁听，并参与会议讨论和报告审议。[3]在南极视察上，南极和南大洋联合会承担着南极条约体系之外非政府组织对南极条约体系下南极视察的监督职能，不仅会对以往的视察活动

---

〔1〕“1991-International Treaty saves the Antarctic from deadly threat”, Greenpeace, http://www. greenpeace. org/international/en/about/history/how - we - saved - antarctica/ (Last visiting date: 15 March 2021).

〔2〕“Creating the World Park Antarctica”, https://www. greenpeace. org/usa/victories/creating-the-world-park-antarctica/

〔3〕Bederman D. J., “Antarctic and Southern Ocean Coalition's Convention on Antarctic Conservation”, *Geo. intl Envtl*, Vol. 1, 2013.

进行评议，而且会根据自身规范提出更高标准的视察要求，比如在2016年的南极海洋生物资源养护公约年度会议上提出将“磷虾”资源纳入“港口视察”的视察对象中；[1]除传统的环境保护和渔业资源利用外，南极和南大洋联合会还关注南极区域的旅游发展，如在2018年就对英国罗瑟拉站的旅游者纪念品商店和博物馆的功能进行了关注。[2]

3. 南极旅游业者国际协会

1991年成立的南极旅游业者国际协会（International Association of Antarctic Tour Operators，IAATO）[3]由7家大型南极旅游公司共同组建，目的是会提供适当租金，对环境安全、无害的私人主体前往南极的国际非政府组织。[4]协会总部设在美国罗得岛州普罗维登斯市，成员自愿加入，加入时要满足协会严格的要求。申请成为协会成员的组织，必须在其组织的南极旅游活动中设置一名观察员，该观察员会在旅游活动过程中评估该申请者活动的规范性，形成报告文件，并向该协会报告，协会将根据报告内容决定是否接受新成员。协会还规定南极旅游的组织者、经营者、游客应在进入南极之前进行相关培训，提升游客环保意识、规范游客活动范围和游览方式。[5]在国际南极旅游的管理上，IAATO的主要作用有两个：一是将协商会议

---

〔1〕 CCAMLR，Report of the Thirty-fifth meeting of the Commission，2016，p. 36.

〔2〕 “Port Lockroy has no running water and the function of museum and souvenir shop for tourists should be considered”，Antarctic and Southern Ocean Coalition，https://www.facebook.com/antarcticsouthernocean/（Last visiting date：15 March 2021）.

〔3〕 “IAATO Observer Checklist for Associate（B1）Members Ship-based operations with Landings”，ATS，http://www.ats.aq/devAS/ats_governance_listinspections.aspx（Last visiting date：15 March 2021）.

〔4〕 “What is IAATO，Objectives”，IAATO，http://iaato.org/objectives（Last visiting date：15 March 2021）.

〔5〕 Stonehouse，Bernard，“IAATO：an association of Antarctic tour operators”，Polar Record，Vol. 28，Issue. 167，1992，pp. 322~324.

通过的建议或措施及时对其成员实施；二是监督成员能够严格遵守各项南极条约体系文件及协会自身章程等内部文件。〔1〕协会成立后编纂了《南极旅游从业者活动指南》《南极游客活动指南》等指导性文件，为前往南极的游客及从业者提供了行动指南，获得了国际社会的好评。〔2〕如今，南极旅游业者国际协会成员已达到100多家公司和组织，包括船舶运营商、陆上运营商、船舶代理、旅行社、政府办公室和从现有运营商租用船舶和飞机的旅游公司。〔3〕虽然该协会是一个各国经营者组成的自律组织，但目前仍是南极旅游的主要管理机构，承担规制南极旅游活动的重要职能，该国际组织的宪章性文件及规范性文件已经成为南极旅游行业发展的重要指导。〔4〕虽然该组织是非政府机构，但该协会成员对南极旅游市场的绝对支配地位使其在当前管理中发挥了难以替代的作用。〔5〕自1992年该组织获得南极条约协商会议专家席位之后，一直以专家观察员的身份参加南极条约协商会议。可以预测，南极旅游市场依然会逐步增长，因而规制南极旅游活动不仅需要主权国家国内层面的行动，具有南极区域专业性且权威性较强的国际组织也要发挥重要职能。通过协调各经营南极旅游的公司，形成一套通用的管理标准和

---

〔1〕 Landau D., Splettstoesser J., "Management of Tourism in the Marine Environment of Antarctica: The IAATO Perspective", *Tourism in Marine Environments*, 2007.

〔2〕 Jabour J., Carlsen J., "International Association of Antarctica Tour Operators (IAATO)", *Earth Sciences*, 2008.

〔3〕 IAATO, "International Association of Antarctic Tour Operators", https://oceanwide-expeditions.com/partner/iaato (Last visiting date: 15 March 2021).

〔4〕 Davis P. B., "Antarctic visitor behaviour: Are guidelines enough", *Polar Record*, Vol. 12, Issue. 178, 1995, pp. 327～334.

〔5〕 Haase D., Lamers M., Amelung B., "Heading into uncharted territory? Exploring the institutional robustness of self-regulation in the Antarctic tourism sector", *Journal of Sustainable Tourism*, Vol. 4, Issue. 17, 2009, pp. 411～430.

行业准入标准已经成为共识。[1]而我国的一些大型国际旅游公司也加入了南极旅游业者国际协会，为今后我国南极旅游业的发展提供了更广阔的平台。[2]

南极旅游业者国际协会进行的视察重点关注南极旅游活动。在2006年，该协会根据《南极条约》下南极视察的视察清单制定了“南极旅游业者国际协会观察员视察清单”[IAATO Observer Checklist for Associate（B1）Members Ship-based operations with Landings]。[3]该视察清单与南极旅游直接相关，内容包括五部分，[4]第一部分为出航准备与文档，包括船只在游客登船后是否会为其提供行动指南，是否告知乘客前往南极旅游的一系列行文准则，是否进行了南极条约体系和行动指南方面的培训教育；第二部分为南极条约和国内立法，分为五小部分，符合国内立法、符合运营商的预先通知和环境影响评估合规性、符合管理计划、符合南极条约协商会议第18-1号建议、符合访问科考站的标准程序，主要视察相关的旅游经营者的资质，包括其是否具有南极的旅游经营许可、废物处置许可等，对于从业人员，观察员会视察其专业能力和综合素质，航行过程中会关注其活动对生态环境和正常科考活动的影响等；第三部分为船

---

〔1〕《中国成为第三大南极旅游国，评论称政策待松绑》，载 http://www.chinanews.com/gj/2014/06-11/6267754.shtml，最后访问日期：2021年3月15日。

〔2〕“IAATO Annual Meeting 2019 - Cape Town - IAATO”，https://iaato.org/wp-content/plugins/ed-sso-system/includes/auth-check.php? redirect_url = http://cncc.bingj.com/cache.aspx? q=caissa+IAATO&d=5057620530638816&mkt=en-US&setlang=en-US&w=J4GpVaA8chf78OAsJh-JeDLDC2Eb161g（Last visiting date：15 March 2021）.

〔3〕“Report of the International Association of Antarctica Tour Operators 2006-2007 Under Article Ⅲ（2）of the Antarctic Treaty”，ATS，http://www.ats.aq/devAS/ats_governance_listinspections.aspx（Last visiting date：15 March 2021）.

〔4〕“Report of the International Association of Antarctica Tour Operators 2006-2007 Under Article Ⅲ（2）of the Antarctic Treaty”，ATS，http://www.ats.aq/devAS/ats_governance_listinspections.aspx（Last visiting date：15 March 2021）.

只作业，主要包括船舶是否根据“IAATO 跟踪计划”报告其航向，船只是否具备足够救生装备及符合安全标准，是否对油料泄漏准备了预案及废物处理步骤是否合规等；第四部分为标准与规则，十三个小部分包括经营者人员组成是否符合标准，是否为乘客提供了足够的信息指南和行动指南，是否对乘客进行了足够的安全培训和生态保护培训，在登陆时是否考虑到当地野生动物的休息以及对南极特别保护区（ASPA）和南极特别管理区（ASMA）规定的遵守等；第五部分为其他意见和建议。〔1〕

总的来看，这是一份针对南极旅游活动的全方位视察清单，关注了南极旅游活动中的组织者、参与者、保障者等各方，对于活动安全、应急处置、环境保护等多方面内容进行了细致规定，其依托自身的行业规章与行动指南，兼顾了目前生效的国际法和国内法文件。〔2〕视察结束后，相关观察员将会提交相关报告及视察清单，提交的相关材料也会成为南极旅游业者国际协会年度报告的组成部分。而南极旅游业者国际协会也会在每年发布年度报告（Annual Report），并送交南极条约协商会议进行评议。〔3〕

（三）与南极条约体系的关系

上文提及的几个国际组织有的是专门负责某项南极活动，有的是负责与南极区域接壤的部分活动，但均涉及其与南极条约体系的关系。南极条约体系下的国际条约机构负责与这些国

〔1〕 C. Lüdecke, “Gorgeous landscapes and wildlife: the importance and danger of antarctic tourism”, *Estudios Hemisféricos y Polares*, Vol. 1, 2010, pp. 1~19.

〔2〕 Jabour J., Carlsen J., “International Association of Antarctica Tour Operators (IAATO)”, *Earth Sciences*, 2008.

〔3〕 Jabour J., Carlsen J., “International Association of Antarctica Tour Operators (IAATO)”, *Earth Sciences*, 2008.

际组织进行工作协调，其涉及相关会议的参与、视察工作的分工以及信息共享等。

1. 观察员与合作伙伴

在南极条约秘书处南极条约协商会议的网页下，南极条约协商会议由南极条约协商国以及非南极条约协商国中的观察员、受邀请专家组成。其中，非南极条约协商国的观察员成员中就包括南极海洋生物资源养护委员会，受邀请专家包括南极和南大洋联合会和南极旅游业者国际协会。〔1〕南极条约秘书处还负责《关于环境保护的南极条约议定书》下环境保护委员会（The Committee for Environmental Protection）的工作，环境保护委员会当局和成员页面中也列明南极海洋生物资源养护委员会、南极和南大洋联合会和南极旅游业者国际协会为观察员。在南极海洋生物资源养护委员会合作成员列表下，南太平洋区域渔业管理组织、东南大西洋渔业组织、南印度洋渔业协定是南极海洋生物资源养护委员会合作的政府间国际组织，互相以观察员身份参加彼此会议，相关安排和谅解备忘录互相提供英文服务；〔2〕而南极和南大洋联合会是南极海洋生物资源养护委员会的非政

〔1〕 The Antarctic Treaty Consultative Meeting（ATCM），“The meeting consists of representatives of：the Consultative Parties，non-Consultative Parties：Observers - currently the Scientific Committee on Antarctic Research（SCAR），the Commission for the Conservation of Antarctic Marine Living Resources（CCAMLR）and the Council of Managers of National Antarctic Programs（COMNAP）invited Experts，such as the Antarctic and Southern Ocean Coalition（ASOC）and the International Association of Antarctica Tour Operators（IAATO）”，https://www.ats.aq/e/ats_meetings_atcm.htm（Last visiting date：15 March 2021）.

〔2〕 Cooperation with others，Intergovernmental organisations，“The Commission and the Scientific Committee，cooperate with the following intergovernmental and non-governmental organisations，including through participation，as observers，in each others' meetings（MOUs and Arrangements are available in English only）”，https://www.ccamlr.org/en/organisation/cooperation-others（Last visiting date：15 March 2021）.

府组织合作伙伴。[1]

2. 注重南极不同领域的活动

南极条约体系主要注重南极区域的和平、非核化利用，同时切实保护南极环境。[2]在南极视察方面，视察内容也主要集中于非军事化、环境保护和捕捞保护，对于近些年以来新发展的南极旅游关注不够，而对于环境保护的力度，国际社会对于此又存在诸多争议。而这些国际组织则将关注重点放在对捕捞限额和物种的管控以及对旅游活动的监督上，通过吸引南极条约协商国加入或与其国内开展南极活动的法人或机构展开合作的方式进一步突破现有国际法文件的限制，以更高标准、更严格的态度开展南极视察，形成了与南极条约体系下南极视察并驾齐驱的态势。而观察员和合作伙伴的身份让这些国际组织与南极条约体系联系得更加紧密，构成了南极条约体系外的重要补充，在南极视察中，也成了维护南极区域和平和环境的重要组成部分。由于南极条约体系下各个国际条约机构的固有缺陷，无法百分百管理好南极区域内的各个区域，而这些国际组织正好从内容和地理层面构成了有益补充。

3. 监督南极条约下国际条约机构工作

南极条约下的国际条约机构与国际组织存在密切的联系，其存在互相监督的关系也促进了南极事业的整体发展。[3]南极

---

〔1〕 Cooperation with others, Intergovernmental organisations, "The Commission and the Scientific Committee, cooperate with the following intergovernmental and non-governmental organisations, including through participation, as observers, in each others' meetings (MOUs and Arrangements are available in English only)", https://www.ccamlr.org/en/organisation/cooperation-others (Last visiting date: 15 March 2021).

〔2〕 Stephens A., "The extended continental shelves of sub-Antarctic Islands: implications for Antarctic governance", *Polar Record*, Vol. 4, Issue. 46, 2010, pp. 312~327.

〔3〕 Stephens A., "The extended continental shelves of sub-Antarctic Islands: implications for Antarctic governance", *Polar Record*, Vol. 4, Issue. 46, 2010, pp. 312~327.

条约体系下的会议会邀请国际组织参加，国际组织参与会议时会对相关的报告进行审议，并发表意见或进行评论，这些意见或评论会被记入相关的会议报告并公示。由于一些国际组织激进的理念，在进行评论或发表意见时往往会采取比一般国家更直接或强势的方式，其监督的严格性也高于一般的正式成员。此外，国际组织还会采取会议外进行媒体报道的方式对会议进行监督，或是直接曝光影响南极环境的违法行为。

二、南太平洋区域渔业管理组织进行的视察

南太平洋区域渔业管理组织（South Pacific Regional Fisheries Management Organisation，SPRFMO）是上述政府间国际组织中比较权威的渔业管理组织，成立时间虽短但成员较多，其也是本节提及的政府间国际组织和条约机构中中国唯一加入的。通过分析其规范性文件及其网站内容可知，南太平洋区域渔业管理组织的组织架构比较清晰，网站内容充实且有条理，规范性文件中对于视察的规定比较系统且完善。[1]因此本节选取该组织中的视察进行介绍，以其为代表来阐述政府间国际组织开展南极视察的特点。

（一）南太平洋区域渔业管理组织视察的国际法依据

南太平洋区域渔业管理组织的整体组织架构与南极海洋生物资源养护委员会类似，其视察架构也大致分为海上登船视察和 SPRFMO 观察员机制（Inspection 和 Observation）两部分。在规范性文件体系中，组织的宪章性文件——《南太平洋海域公海渔业资源的保护与管理公约》首先对该视察机制进行了粗略

〔1〕 Schiffman H. S.，"The South Pacific Regional Fisheries Management Organization (SPRFMO)：an improved model of decision-making for fisheries conservation"，*Journal of Environmental Studies and Sciences*，Vol. 3，Issue. 2，2013.

的规定，而在该组织的网页中存在海上登船和视察与 SPRFMO 观察员机制两种视察机制，并有详细的规范性文件进行规定。[1]

1. 《南太平洋海域公海渔业资源的保护与管理公约》

该组织的宪章性文件《南太平洋海域公海渔业资源的保护与管理公约》（Convention on the Conservation and Management of High Seas Fishery Resources in the South Pacific Ocean）的第 26 条至第 28 条规定了视察机制。

在第 26 条港口国的责任[2]中，第 2 款规定：委员会的每个成员应：[3]落实委员会就在公约地区从事捕鱼的渔船进入和使用其港口而采取的养护和管理措施，包括渔业资源的靠岸和转运、船上视察渔船、文件、渔获物和渔具以及使用港口服务等措施。[4]第 3 款规定：如果委员会成员认为使用其港口的渔船违反了本公约的规定或委员会通过的养护和管理措施，则应通知船旗国、委员会和其他有关国家和适当的国际组织。委员会成员应向船旗国提供，并酌情向委员会提供有关该事项的完整文件，包括任何视察记录。[5]该条提及了对渔船、文件以及捕捞物的视察工作，并明确了发现违法行为后的通知对象。

---

[1] Koehler H.,"Introductory Note - South Pacific Regional Fisheries Management Organization", *International Legal Materials*, 2007.

[2] Article 26 of Convention on the Conservation and Management of High Seas Fishery Resources in the South Pacific Ocean, Port State Duties.

[3] Article 26 of Convention on the Conservation and Management of High Seas Fishery Resources in the South Pacific Ocean, Port State Duties, 2.

[4] Article 26 of Convention on the Conservation and Management of High Seas Fishery Resources in the South Pacific Ocean, Port State Duties.

[5] Article 26 of Convention on the Conservation and Management of High Seas Fishery Resources in the South Pacific Ocean, Port State Duties, Article 26, 3.

第27条“监督、遵守和执行”[1]规定：委员会应建立适当的合作程序，以有效监测、控制和监督捕捞，并确保遵守本公约以及委员会通过的养护和管理措施，除其他外[2]，包括：①缔约方在海上和港口的视察计划，包括缔约方在公约区域内登船和视察彼此的船舶的程序，以及在该计划可能参加的缔约方视察船和航空器的通知程序；[3]②管制和监督转运；[4]③符合国际法的非歧视性市场相关措施，监测转运、上岸和贸易，以预防、制止和消除IUU捕捞，包括酌情捕获文件计划；[5]④报告所发现的违规行为，调查的进展和结果以及采取的执法行动；[6]⑤处理IUU捕捞活动，包括确定从事IUU捕捞活动的船只，并采取适当措施预防，制止和消除IUU捕捞，例如制定IUU渔船清单，以便船舶所有者和经营者参与在这些活动，剥夺其在这些活动所产生的利益。[7]该部分是对视察机制的直接规定，与南极海洋生物资源养护委员会的视察机制一样，也在“Inspection”下规定了海上视察和港口视察两种机制，但该视察机制更像是SPRFMO整个执法和监督机制下的一个重要环节。而后，第27

[1] Article 26 of Convention on the Conservation and Management of High Seas Fishery Resources in the South Pacific Ocean, Port State Duties, Article 27, Monitoring, Compliance and Enforcement.

[2] Article 26 of Convention on the Conservation and Management of High Seas Fishery Resources in the South Pacific Ocean, Port State Duties, Article 27, 1.

[3] Article 26 of Convention on the Conservation and Management of High Seas Fishery Resources in the South Pacific Ocean, Port State Duties.

[4] Article 26 of Convention on the Conservation and Management of High Seas Fishery Resources in the South Pacific Ocean, Port State Duties.

[5] Article 26 of Convention on the Conservation and Management of High Seas Fishery Resources in the South Pacific Ocean, Port State Duties.

[6] Article 26 of Convention on the Conservation and Management of High Seas Fishery Resources in the South Pacific Ocean, Port State Duties.

[7] Article 26 of Convention on the Conservation and Management of High Seas Fishery Resources in the South Pacific Ocean, Port State Duties.

条第3款还规定：如果在本公约生效后3年内，委员会未采用第1款①项所述的海上视察程序，或根据1995年协定[1]有效履行委员会成员义务的替代机制确保遵守委员会通过的养护和管理措施，1995年协定第21条和第22条应适用于缔约方，如同这些条款是本公约的一部分，“区域”内渔船的登船和视察以及随后的任何执法行动，应按照第21条进行。1995年协定的第22条和委员会可能决定的其他实际程序对于执行这些条款是必要的。[2]该公约于2012年生效，经过安排，视察的具体程序和细节采用了与1995年协定第21条和第22条一致的规定。

在第28条中，规定了SPRFMO观察员机制，[3]即，委员会应在本公约生效后3年内或委员会可能同意的其他时期内，制定一个观察员方案，以收集经核实的渔获量和努力量数据和其他科学数据和与捕捞活动有关的其他信息，以及其对公约区域和海洋环境的影响。观察员方案收集的信息应酌情用于支持委员会及其附属机构，包括遵约和技术委员会的职能。观察员方案应由委员会秘书处协调，并应以灵活的方式组织，其中应考虑到渔业资源的性质和其他相关因素。在这方面，委员会可以签订提供观察员方案的合同。[4]第一，观察员方案应由独立和公正的观察员组成，这些观察员来自委员会认可的方案或服务

〔1〕 1995 Agreement（1995年协定）指的是“执行1982年12月10日《联合海洋法公约》有关养护和管理跨界鱼类种群和高度洄游鱼类种群的规定的协定”，通用简称为“联合国鱼类种群协定”，该规范性文件中将其简化为“1995年协定”。

〔2〕 Article 26 of Convention on the Conservation and Management of High Seas Fishery Resources in the South Pacific Ocean, Port State Duties, Article 27, 3.

〔3〕 Article 26 of Convention on the Conservation and Management of High Seas Fishery Resources in the South Pacific Ocean, Port State Duties, Article 28, Observer Programme.

〔4〕 Article 26 of Convention on the Conservation and Management of High Seas Fishery Resources in the South Pacific Ocean, Port State Duties, Article 28, 1.

提供者。该方案应尽可能与其他区域、次区域和国家观察员方案相协调。[1]第二，委员会应制定观察员方案，同时考虑到科学委员会和技术委员会的建议。该方案应按照委员会制定的标准，规则和程序运作，除其他外包括：[2]①委员会成员经该委员会成员同意，悬挂委员会另一名成员旗帜的船只安排观察员的安排；[3]②适用于不同渔业资源的覆盖水平，以监测和核实渔获量、努力量、获物构成和捕捞作业的其他细节；[4]③收集、确认和报告与执行本公约条款和委员会通过的养护和管理措施有关的科学数据和信息的要求；[5]④确保观察员在船上的住宿安全和培训要求，并确保观察员能够充分利用和使用船上的所有相关设施和设备，以便有效履行其职责。[6]南极海洋生物资源养护委员会下的科学观察员机制类似，SPRFMO 观察员机制也以视察科学项目为重点，并规定了相关程序性内容。

2. 养护和管理措施 11、16

海上登船和视察机制（At-sea boarding and inspection）是公约中提及的视察（inspection）的具体体现，由 SPRFMO 下的养护和管理措施 11（CMM-11）所规定，而 SPRFMO 发布的 CMM-11 又采用了 1995 年规定第 21 条、第 22 条详述的登船和视察程

[1] Article 26 of Convention on the Conservation and Management of High Seas Fishery Resources in the South Pacific Ocean, Port State Duties.

[2] Article 26 of Convention on the Conservation and Management of High Seas Fishery Resources in the South Pacific Ocean, Port State Duties.

[3] Article 26 of Convention on the Conservation and Management of High Seas Fishery Resources in the South Pacific Ocean, Port State Duties.

[4] Article 26 of Convention on the Conservation and Management of High Seas Fishery Resources in the South Pacific Ocean, Port State Duties.

[5] Article 26 of Convention on the Conservation and Management of High Seas Fishery Resources in the South Pacific Ocean, Port State Duties.

[6] Article 26 of Convention on the Conservation and Management of High Seas Fishery Resources in the South Pacific Ocean, Port State Duties.

序。[1]该养护和管理措施并未对视察机制的细节进行规定，而是由两部分构成：第一，回顾了公约第 27 条第 3 款的规定，CMM-11 将现行的视察机制导向至 1995 年规定第 21 条和第 22 条详述的登船和视察程序，要求缔约方根据该规定中的视察规定进行视察；[2]第二，回顾合作非缔约方（CNCPs）根据“非缔约方合作规则”的承诺，缔约方可按照 1995 年协定第 21 条和第 22 条所载程序对悬挂合作非缔约方国旗的船只进行海上视察，自 2015 年 8 月 24 日起生效，直至委员会采用特定的 SPRFMO 海上机制。[3] CMM-11 的规定主要是将 1995 年规定的视察运用到 SPRFMO 中，并将视察效力涉及悬挂合作非缔约方国旗的船只。而“1995 年联合国鱼类种群协定”（1995 UN Fish Stock Agreement）第 21 条和第 22 条规定的视察机制将直接适用到 SPRFMO 的海上视察中。

SPRFMO 观察员机制（SPRFMO Observer Programme，SPRFMOOP）是公约中提及的国际科学视察（Obeservation）的具体体现。该机制与南极海洋生物资源养护委员会下的国际观察员机制相似，均是科学家对捕捞过程科学性和捕捞结果的一次视察。SPRFMO 观察员机制共由三个规范性文件构成，分别是征集 SPRFMO 观察员机制认证评估员的提案（Call for Proposals for a SPRFMO Observer Programme Accreditation Evaluator）、SPRFMO 观察员机制认证评估员的评标程序（Process for Tender Evaluation of

---

[1] SPRFMO,“AT-SEA BOARDING AND INSPECTION INFO”, http://www.sprfmo.int/measures/information-related-to-boarding-and-inspection-at-sea/ (Last visiting date: 15 March 2021).

[2] Conservation and Management Measure Relating to Boarding and Inspection Procedures in the SPRFMO Convention Area.

[3] Conservation and Management Measure Relating to Boarding and Inspection Procedures in the SPRFMO Convention Area.

the SPRFMO Observer Programme Accreditation Evaluator)、养护和管理措施 16-2019 观察员机制（CMM 16-2019 Observer Programme)。[1] SPRFMO 观察员机制的规定比较细致完备，明确规定了相关人员的选派程序，并对一般的视察机制规定进行了补充和完善。养护和管理措施 16-2019 观察员机制是对该机制的直接规定，下文将对其进行全面介绍。

（二）海上登船和视察机制

规定海上登船和视察机制（At-sea boarding and inspection）的两个规范性文件是养护和管理措施 11（CMM -11）和“1995 年联合国鱼类种群协定”(1995 UN Fish Stock Agreement)。根据公约和 CMM-11 的规定，1995 年协定第 21 条和第 22 条规定的视察机制将直接适用到 SPRFMO 的海上视察中。1995 年协定中第 21 条和第 22 条规定了视察机制，其中，第 21 条规定了视察机制的实体部分，第 22 条规定了视察机制的程序部分。

1. 分区域和区域执法合作

1995 年协定第 21 条[2]规定由 18 款组成，规定了缔约国进行视察工作的义务、船旗国的权利和义务，违法行为判定标准等。规定要求，在此区域或区域渔业管理组织或安排所涵盖的公海，该组织的成员国可以通过授权的观察员对悬挂本公约缔约国船旗的渔船进行登船和视察，以确保遵守跨界鱼类的养护和管理措施建立的种群和高度洄游鱼类种群。[3]各国应当通过次区域或区域渔业管理组织或安排建立视察程序。此类程序应

---

[1] “Observer Programme”, http://www.sprfmo.int/measures/observer-programme/ (Last visiting date: 15 March 2021).

[2] 1995 UN Fish Stock Agreement, Subregional and regional cooperation in enforcement.

[3] 1995 UN Fish Stock Agreement, Subregional and regional cooperation in enforcement, Article 21, 1.

符合本条和第22条规定的基本程序，不得歧视该组织的非成员或该安排的非参与者。登船和视察以及随后的执法行动应按照此类程序进行。各国应适当宣传根据本款确定的程序。[1]

2. 登船和视察的基本程序

1995年协定第22条规定了登船和视察的基本程序，[2]其规定视察国应确保其正式授权的观察员：[3]①向船长提交全权证书，并根据这些措施编制有关公海地区现行的有关养护和管理措施或规则和条例的文本副本；[4]②在登船和视察时向船旗国发出通知；[5]③在登船和视察期间，不得干扰船长与船旗国当局沟通的能力；[6]④向船长和船旗国当局提供船上和视察报告的副本，并在其中注明船长希望列入报告的任何异议或陈述；[7]⑤如果没有发现严重违规的证据，应在视察完成后立即离开船舶；[8]⑥避免使用武力，除非在确保观察员安全和观察员在执行任务时受阻的必要程度。使用的力度不得超过在这种情

[1] 1995 UN Fish Stock Agreement, Subregional and regional cooperation in enforcement, Article 21, 2.

[2] 1995 UN Fish Stock Agreement, Subregional and regional cooperation in enforcement, Article 22

[3] 1995 UN Fish Stock Agreement, Subregional and regional cooperation in enforcement, Article 22, 1.

[4] 1995 UN Fish Stock Agreement, Subregional and regional cooperation in enforcement.

[5] 1995 UN Fish Stock Agreement, Subregional and regional cooperation in enforcement.

[6] 1995 UN Fish Stock Agreement, Subregional and regional cooperation in enforcement.

[7] 1995 UN Fish Stock Agreement, Subregional and regional cooperation in enforcement.

[8] 1995 UN Fish Stock Agreement, Subregional and regional cooperation in enforcement.

况下合理要求的限度。[1]视察国的正式授权观察员应有权视察船舶，其许可证、装备、设备、记录、设施、鱼和鱼产品以及验证是否符合相关养护和管理措施所需的任何相关文件。[2]船旗国应确保船长掌握：[3]①接受并协助观察员迅速和安全地登船；[4]②与依照这些程序进行的船只合作并协助视察；[5]③在执行职务时不得妨碍、恐吓或干扰观察员；[6]④允许观察员在登船和视察期间与船旗国和视察国政府联系；[7]⑤向观察员提供充分便利，包括适当的食物和住宿；[8]⑥便利观察员安全下船。[9]如果船长拒绝按照本条和第21条的规定接受登船和视察，船旗国应按照普遍接受的国际规则，与安全有关的程序和做法的情况除外。在海上，有必要延迟登船和视察，指示船长立即提交登船和视察，如果船长不遵守该指示，则应暂停船舶的捕捞授权并命令船舶立即返回港口。船旗国应告知视察国在本款所述情况

---

〔1〕 1995 UN Fish Stock Agreement, Subregional and regional cooperation in enforcement.

〔2〕 1995 UN Fish Stock Agreement, Subregional and regional cooperation in enforcement, Article 22, 2.

〔3〕 1995 UN Fish Stock Agreement, Subregional and regional cooperation in enforcement, Article 22, 3.

〔4〕 1995 UN Fish Stock Agreement, Subregional and regional cooperation in enforcement.

〔5〕 1995 UN Fish Stock Agreement, Subregional and regional cooperation in enforcement.

〔6〕 1995 UN Fish Stock Agreement, Subregional and regional cooperation in enforcement.

〔7〕 1995 UN Fish Stock Agreement, Subregional and regional cooperation in enforcement.

〔8〕 1995 UN Fish Stock Agreement, Subregional and regional cooperation in enforcement.

〔9〕 1995 UN Fish Stock Agreement, Subregional and regional cooperation in enforcement.

出现时采取的行动。[1]

（三）SPRFMO 观察员机制

SPRFMO 观察员机制共由三个规范性文件构成，分别是征集 SPRFMO 观察员机制认证评估员的提案（Call for Proposals for a SPRFMO Observer Programme Accreditation Evaluator）、SPRFMO 观察员机制认证评估员的评标程序（Process for Tender Evaluation of the SPRFMO Observer Programme Accreditation Evaluator）、养护和管理措施 16-2019 观察员机制（CMM 16-2019 Observer Programme）。[2]

1. 征集 SPRFMO 观察员机制认证评估员的提案

征集 SPRFMO 观察员机制认证评估员的提案（Call for Proposals for a SPRFMO Observer Programme Accreditation Evaluator）由 a、b、c、d 四部分组成，分别介绍了背景、目标、指南和招标人信息。在背景介绍中，其回顾了该组织的宗旨以及覆盖海域[3]，并回顾了组织的成员构成。[4]该提案的目的是为建立 SPRFMO 观察员机制提供方案和支持，并在方案开始前的过渡期尽可能让相关的成员建立自身的观察员机制，以待之后 SPRFMO 观察员机制的完全推行。

2. SPRFMO 观察员机制认证评估员的评标程序

SPRFMO 观察员机制认证评估员的评标程序（Process for Tender Evaluation of the SPRFMO Observer Programme Accreditation Evaluator）篇幅较短，主要规定了评标的具体程序，包括标书发

---

[1] 1995 UN Fish Stock Agreement, Subregional and regional cooperation in enforcement, 4.

[2] "Observer Programme", http://www.sprfmo.int/measures/observer-programme/ (Last visiting date: 15 March 2021).

[3] Call for Proposals for a SPRFMO Observer Programme Accreditation Evaluator.

[4] Call for Proposals for a SPRFMO Observer Programme Accreditation Evaluator.

送的时间[1]、秘书处与投标人的交流[2][3]、评估的排名[4]等。根据拟议的候选名单，委员会主席应当与其他分会的主席进行协商，挑选出三个最佳方案进行对比，并最终选定方案。[5]

3. 养护和管理措施16-2019观察员机制

养护和管理措施16-2019观察员机制（Conservation and Management Measure Establishing the SPRFMO Observer Programme, CMM 16-2019）是专门为该观察员机制规定的养护和管理措施，内容全面且包括很多细节。该措施包括养护和管理措施16及三个附件（Annex）。其中养护和管理措施16本身由8节构成，分别是通用规则（General Rules）、部署观察员（Deployment of Observers）、覆盖水平（Levels of Coverage）、认证（Accreditation）、数据采集（Data Collection）、报告（Reporting）、评论（Review）、生效（Entry into Force）。对于该种视察机制的目的，措施规定：确定以确保收集可用于有效评估和管理SPRFMO渔业资源的数据和信息，包括目标物种和兼捕物种，以及捕捞活动与公约区域内发生的环境和物种的相互作用，以提高未来科学建议，同时考虑到生态系统。[6]附件一观察员的最低标准（Annex 1 Min-

[1] Process for Tender Evaluation of the SPRFMO Observer Programme Accreditation Evaluator.

[2] Process for Tender Evaluation of the SPRFMO Observer Programme Accreditation Evaluator.

[3] Process for Tender Evaluation of the SPRFMO Observer Programme Accreditation Evaluator.

[4] Process for Tender Evaluation of the SPRFMO Observer Programme Accreditation Evaluator.

[5] Process for Tender Evaluation of the SPRFMO Observer Programme Accreditation Evaluator.

[6] Conservation and Management Measure Establishing the SPRFMO Observer Programme.

imum Standards for Observers）共由两部分组成，分别规定了观察员的权利（Observer rights）和责任观察员职责（Observer duties）。附件二船只经营者、船长、官员和船员的职责（Annex 2 Duties of Vessel Operators, Captain, Officers and Crew）共由4部分组成，分别规定了船舶经营人和船长的权利、船舶经营人和船长的职责、安全指导简报、紧急情况下的程序。附件三SPRFMOOP下的最低认证标准（Annex 3 Minimum standards for accreditation under the SPRFMOOP）共由13部分组成，分别是公正、独立和正直，观察员资格，观察员培训，观察员培训师，简报和总结，数据验证过程，观察员身份证，协调观察员安置和观察员部署，观察员安全设备，回应关于观察员不端行为的指控，争端解决，观察员安全，保险和责任。该附件是委员会规定的观察员标准，其观察员评估程序即根据下列标准进行认证。〔1〕

（四）南太平洋区域渔业管理组织视察的特点

南太平洋区域渔业管理组织视察作为中国唯一加入的南极周边政府间渔业组织，对于视察机制的规定非常完善且有条理。与之前南极海洋生物资源养护委员会下的视察机制相比，视察架构依然是法律视察和科学视察的双重视察机制，这也是渔业视察的标准配置。此外，1995年协定的做法既保障了视察效率，又推动了自身机制下视察机制的发展。

1. 渔业双重视察机制

纵观南极海洋生物资源养护委员会和南太平洋区域渔业管理组织下的视察机制，一个显著的特点就是均拥有双重视察机制，即“Inspection”和“Observation”。“Inspection”作为南极视察机制中普遍存在的视察方式，主要是从履约监督角度对在

〔1〕 ANNEX 3 Minimum standards for accreditation under the SPRFMOOP.

南极地区的活动进行视察，在该组织下，该种视察的目的也是监督相关国家甚至是非成员国的渔业行为是否符合捕捞限额。[1]而“Observation”作为渔业视察中特有的视察方式更具有科学研究色彩，通过研究养护和管理措施的配额要求，与实践中的保护效果进行对比，一方面视察立法效果，另一方面为组织下的科学委员会提供科学依据和进一步的立法建议。而无论是哪种视察，视察对象都是在进行渔业作业的船只，为保护自身利益，渔船必然会从各个方面抗拒视察，而该组织下的两种视察也都明确规定了船只人员的权利义务，并规定了对观察员的保护手段。[2]

2. 灵活适用 1995 年协定

1995 年协定规定了视察的相关内容，但对此国内学界并无相关研究，目前只有数篇关于渔业管理的文章略有涉及。[3] 1995 年协定作为整个渔业活动中的指导性文件规定了极为细致的视察机制。作为南太平洋区域有影响力的渔业管理组织，由于其成立时间不长且成员国不多，该组织并没有直接建立自身的视察机制，而是以 1995 年协定中的视察规定作为缓冲，在 2024 年之前积累实践经验，并给予成员国提交建议和依照自身条件进行视察工作的权限。在保证视察活动有序进行的同时，该组织不断地积累经验，确保 2024 年能够建立自身的视察机

〔1〕 Koehler H.，“Introductory Note-South Pacific Regional Fisheries Management Organization”，International Legal Materials，2007.

〔2〕 Koehler H.，“Introductory Note-South Pacific Regional Fisheries Management Organization”，International Legal Materials，2007.

〔3〕 Schiffman H. S.，“The South Pacific Regional Fisheries Management Organization (SPRFMO)：an improved model of decision-making for fisheries conservation”，*Journal of Environmental Studies and Sciences*，Vol. 3，Issue. 2，2013.

制。[1]目前，世界上最早的国际性渔业视察源于上文提及的《南极海洋生物资源养护公约》下的南极视察，之后1995年协定作为全球性的渔业规制文件对其进行了借鉴适用，而本部分提及的南太平洋区域渔业管理组织也对其进行了适用，实际上是视察机制由特殊适用到一般适用后再进行特殊适用。[2]目前1995年协定已经成为南极区域乃至全球渔业视察机制的范本，全球性及区域性的渔业视察机制均对其进行借鉴。[3]

3. 视察效力的突破

南极海洋生物资源养护委员会和该组织都对非成员国的捕捞行为进行了规定，而该组织中规定的对于非成员国船只的视察基本上参照了对成员国船只视察的规定。一般而言，国际法对于非缔约国既无损也无益。[4]而无论是南极海洋生物资源养护委员会还是该组织下的南极视察，其均对非成员国船只进行视察进行了规定，并将非成员国IUU捕捞船只进行跟踪记录。这种对国际法效力的突破可以有效制止非成员国以无相关国际义务为由进行的捕捞活动，但却也会增加观察员与相关船只人员产生冲突的风险。

三、视察的特点与问题

与第三章、第四章论述的两种南极视察机制不同，该节中

[1] 刘艳红、黄硕琳：《公海渔业制度的发展及我国的公海渔业权益》，载《海洋湖沼通报》2009年第1期，第164页。

[2] 刘艳红、黄硕琳：《公海渔业制度的发展及我国的公海渔业权益》，载《海洋湖沼通报》2009年第1期，第164页。

[3] 刘艳红、黄硕琳：《公海渔业制度的发展及我国的公海渔业权益》，载《海洋湖沼通报》2009年第1期，第166页。

[4] 梁西：《国际法的社会基础与法律性质》，载《武汉大学学报（社会科学版）》1992年第4期，第33页。

的南极视察并非指具体的一种南极视察机制，而是指一类视察。由于其他国际组织的专业性，尤其是非政府国际组织的特殊地位，该类南极视察具有显著的特点和优势，但也在国际法制度层面存在一些劣势和缺陷。通过整体上分析该类视察的主体、内容及具体细节，可以总结出以下内容：

（一）视察的特点

与南极条约体系下的两种南极视察相比，南极条约体系下的国际组织和条约机构由于并不处于南极条约体系下，因而均只关注某一方面的南极问题，具有专业性和相对独立性，呈现出以下特点：

首先，无论是政府间国际组织还是非政府间国际组织，其关注对象均存在重点，并集中于南极条约体系较少涉及的专业领域，诸如渔业捕捞、商业旅游等方面。这些国际组织规模不大，成员不多，或不具有浓厚的政府色彩，无论是内部行政架构还是视察活动均具有极强的专业性。[1]上文介绍的政府间国际组织主要是三大渔业组织，范围基本囊括南半球海洋的所有部分，相关的成员国也均是具有丰富捕捞经验的国家，其规定的视察机制专门以渔业捕捞视察为对象，无论是视察内容还是配套机制构建均具有很高的专业性；而上文提及的三大非政府组织也均是世界公认权威的专业组织，其视察内容既包括目前现有南极法律机制中的重点环节，也包括上文两种南极视察中的薄弱环节，甚至包括目前南极条约体系内国际法文件还未规制的内容，有效地对南极条约体系下的南极视察形成补充。

其次，由于非政府组织的独立性，上文提及的三个非政府组

〔1〕何驰：《国际法上的非政府组织：理论反思与重构》，载《中外法学》2020年第3期，第828页。

织进行的南极视察中，视察完全具有国际性。[1]这三个非政府组织均具有较高的独立性，机构虽然遍布全球各地，但其成员并非各国政府，整体人员构成并不以国籍进行划分。而与上述两种南极条约体系下的南极视察和政府间组织进行的南极视察不同，非政府组织进行的南极视察均由其自身开展，观察员均由组织自己选择而并非由成员选派，因而成员来自世界各地，且并不以国籍等因素进行划分，具有完全的国际性。视察过程中，相关的观察员直接对组织视察的非政府组织负责，由于观察员并非其国籍国的公务人员，视察活动与被视察国家的南极活动不存在行动前的信息交流，因而视察过程也具有国际性。视察完成后，视察报告或相关信息将直接被非政府组织在媒体上公开，或报送南极条约下的国际条约机构会议，不会发送给南极条约协商国或其他国家的政府机构。

最后，由于这些国际组织的专业性，其视察过程可以更加明确、高效地进行，因而视察标准往往高于上述两种南极条约体系下的视察制度。在政府间国际组织中，对于渔业捕捞活动的视察涉及项目众多，养护和管理措施标准和细致程度高于南极海洋生物资源养护委员会的养护措施，视察内容更加具有针对性。规范性文件中，视察的环节更加复杂，不仅明确规定了观察员的权利义务，也从缔约国和受视察船只角度进行了规定，甚至规定了对条约外船旗国船只的域外效力视察，并明确了视察发现违法行为的法律责任。非政府国际组织进行的南极视察更加严格，采用的标准往往高于现有的通用标准，且不考虑受视察人的态度，甚至在不沟通的情况下进行突击视察。在视察过程中，由于观察员的个人性格或工作态度，会严格依照相关

〔1〕何驰：《国际法上的非政府组织：理论反思与重构》，载《中外法学》2020年第3期，第828页。

标准进行视察，对于主观判断不符合环境保护的情况就会进行批评。在视察结束后，观察员也会出于自身原因严格填写视察清单，其中更少存在疲于应付或人情世故的情况，而作为专业性强的非政府组织由于脱离政府控制更会严格执行自身的标准、规定，对违法行为不留情面地披露。

（二）视察的问题

然而，由于该类南极视察在全球缺乏广泛的共识，因而也存在一些缺陷，主要表现在以下几点：

第一，视察对第三国的效力存在争议。南极海洋生物资源养护委员会下的南极视察关注了非缔约国的 IUU 捕捞问题，而该类南极视察下的国际组织直接在其视察内容中将非缔约国船只纳入视察范围，其国际法依据是该类视察参照的是 1995 年协定中的规定。〔1〕然而，1995 年协定的缔约国并非在法理上当然接受其他国际组织的视察活动，因而南太平洋区域渔业管理组织在其规范性文件上一方面规定了对非缔约国船只进行视察的细节，另一方面又规定了纷繁的对观察员人身保护的规定。〔2〕从实践上讲，目前也没有任何报告中涉及对非缔约国船只进行视察的细节，仅仅存在非缔约国 IUU 船只的名单，至于对于名单上的船只如何处理，也没有相关的信息可以查询。〔3〕在南极区域构建海洋保护区的大背景下，南大洋周边区域的海域也需要统筹管理以配合南极地区整体渔业资源养护，而部分渔业国

〔1〕 刘艳红、黄硕琳：《公海渔业制度的发展及我国的公海渔业权益》，载《海洋湖沼通报》2009 年第 1 期，第 166 页。

〔2〕 刘艳红、黄硕琳：《公海渔业制度的发展及我国的公海渔业权益》，载《海洋湖沼通报》2009 年第 1 期，第 166 页。

〔3〕 Gallic B. L. , Cox A. , "An economic analysis of illegal, unreported and unregulated (IUU) fishing: Key drivers and possible solutions", *Marine Policy*, Vol. 30, Issue. 6, 2009, pp. 689～695.

家并非南极海洋生物资源养护委员会成员，或是地区主要渔业组织成员，这就与养护体系的构建产生了冲突。在国际法对第三国效力和对南极区域有效保护的目标中，这些国际组织显然选择了后者，但在国际习惯层面还未形成相关规则，因而更显得这种效力缺乏基础。[1]

第二，非政府组织视察并不具有法律拘束力。目前，非政府组织在环境保护、人道主义活动、人权保护等领域具有比政府间组织更高的影响力。[2]只有那些对主权没有兴趣的组织才有可能实现对主权的超越。[3]考虑到南极区域的特殊性，非政府组织进行的南极视察的确发挥了重要作用。与视察对第三国的效力一样，非政府组织视察的国际法效力也存在疑问。实际上，国际法主流观点并不将非政府国际组织作为国际法主体，因而其进行的视察实际上并无任何国际法效力。然而，由于非政府组织的成员并非主权国家，因而其通过的规范性文件也不具有国际法效力，进行的视察工作一直以来并不被当作执法活动，仅仅被作为非政府组织的公益活动或监督行为。[4]但与上文南极条约体系下的南极视察制度相比，非政府组织的视察也有着完整的流程和体系，并已实践多年。在每年的南极条约协商会议和南极海洋生物资源养护委员会年度会议上，作为观察

〔1〕 Gallic B. L., Cox A., "An economic analysis of illegal, unreported and unregulated (IUU) fishing: Key drivers and possible solutions", *Marine Policy*, Vol. 30, Issue. 6, 2009, pp. 689~695.

〔2〕 熊李力：《论非政府专业国际组织在中国的影响力》，载《太平洋学报》2010年第4期，第2页。

〔3〕 Samuel P. Huntington, "Transnational Organizations in World Politics", *World Politics*, Vol. 25, No. 3, 1973, p. 368.

〔4〕 Gallic B. L., Cox A., "An economic analysis of illegal, unreported and unregulated (IUU) fishing: Key drivers and possible solutions", *Marine Policy*, Vol. 30, Issue. 6, 2009, pp. 689~695.

员的非政府组织也会参会并提交相关的视察报告，会议的官方报告中也会记载观察员的发言和观点，所提交的视察报告也会在会议的官方报告中进行记录。基于此，可以看出，非政府组织进行的南极视察虽然本身不具有国际法效力，但却可以对南极条约体系施加影响。〔1〕

第三，视察不具有普遍意义。本章涉及的政府间国际组织以渔业组织为主，虽然覆盖了南大洋海域，并在渔业捕捞行业具有重要地位，但涉及国家并不多，与南极条约体系下国际条约的成员国相比显得很少，而且一些国家还未被批准加入。非政府的国际组织以专业性和公益性组织为主，在南极地区具有重要影响，但却在其他国家中并不处于主流地位，其行为甚至与政府利益存在直接冲突，因而有些政府与非政府组织联系并不密切，甚至还有些政府对非政府组织的行为持反对态度。实践中，本节提及的国际组织和条约机构进行视察规模显著小于上述两种在南极条约体系下的南极视察，且组织规模小、人手有限，无法完全视察其目标的所有活动。在这些国际组织中，只有南极旅游业者国际协会目前获得了较为广泛的认可，构建的行业标准已经成为经营南极旅游活动企业的共识，组织的南极视察活动也较广泛地为世界各国所接受。南极旅游业者国际协会的发展路径为其他开展南极视察的国际组织提供了发展思路。

---

〔1〕 Schiffman H. S. , "The South Pacific Regional Fisheries Management Organization (SPRFMO) : an improved model of decision-making for fisheries conservation", *Journal of Environmental Studies and Sciences*, Vol. 3, Issue. 2, 2013.

第二节　国内法中的南极视察

国内法中的南极视察指的是相关国家国内法中规定的南极执法监督活动，根据实施主体的不同又可以分为依据国内法中的南极视察和南极监督。其中，依据国内法的南极视察在学界目前暂时被称为南极检查。在各国进行南极活动的过程中，依据相关国际法进行活动的同时也需要规定相关的国内法，这不仅是相关国家履行国际义务的必要形式，也是行使主权的有力表现。当今在南极活动的主流国家均或多或少在国内有专门针对南极的立法，而中国也对南极立法进行着不断推进。目前，国内法中对南极视察的规定存在三种，而所谓的“南极检查”即根据国内法由国内执法机关展开的南极视察活动。

一、南极立法现状

由于法系和文化体系的不同，各国的南极立法呈现不同的形式和繁简各异的状态。[1]目前，全球参与南极活动的国家已达近百个，其中大部分均依托南极条约体系，少部分依托南极区域其他的政府间或非政府间国际组织。而这些国家中，以官方名义开展南极活动的也多达数十个。开展南极活动涉及跨境运输、跨境环境保护、跨境人员规制等多方面内容，虽然南极条约体系及其他众多国际规范性文件对其进行了规定，但进行国内南极立法均符合理论和实践上的需要。一方面，进行南极立法是彰显参与南极活动和治理的重要方式，另一方面国际法也需要纳入、转化为国内法。众多国家根据在南极活动的不同

---

〔1〕 郭红岩：《南极活动行政许可制度研究——兼论中国南极立法》，载《国际法学刊》2020 年第 3 期，第 51 页。

强度和历史可以分为三种：第一种是南极主权声索国，其国内南极立法类似国内其他区域立法，主权声索的前提要求声索国的南极立法极为完善，因而本书研究的南极视察也在其国内法中有充分规定；[1]第二种是在南极区域开展活动较多的国家，其国内南极立法相对完善，但大多属于国际法的纳入和转化，独立的南极立法主要是依属人原则对国内南极活动者的规制；[2]第三种是在南极地区开展活动较少的国家，这些国家由于实力较弱，因而参与的南极活动较少，国内南极立法相对不完善，甚至没有任何规定。[3]不同的南极立法现状导致不同国家对于南极事务的规制需求不一致，因而对于南极视察也具有不同意义上的理解。[4]

（一）典型国家的南极立法

由于南极区域特殊的生态环境，拥有较为丰富南极立法的国家主要以近南极国家和发达国家为主，本书在此选择澳大利亚和美国的南极立法进行介绍。澳大利亚作为近南极国家具有丰富的南极立法，而美国作为超级大国也开展了很多南极活动，在其国内法中也具有较为丰富的南极立法。值得一提的是，澳大利亚和美国作为英美法系国家在南极立法上均较多采用编纂法的方式进行，这是由于其对南极区域的管理主要以行政和司法管理为主，并不存在很多司法判例。

---

〔1〕 Rothwell D. R.,"Sovereignty and the Antarctic Treaty", *Polar Record*, Vol. 46, Issue. 236, 2009, pp. 17~20.

〔2〕 Rothwell D. R.,"Sovereignty and the Antarctic Treaty", *Polar Record*, Vol. 46, Issue. 236, 2009, pp. 17-20.

〔3〕 Jackson A.,"Antarctica Without Borders", *Issues*, Vol. 100, 2012.

〔4〕 郭红岩：《南极活动行政许可制度研究——兼论中国南极立法》，载《国际法学刊》2020年第3期，第52页。

1. 澳大利亚

澳大利亚作为开展南极活动较早的国家，其国内有比较丰富的南极立法。与一般的立法模式不同，虽然澳大利亚是英美法系国家，但在南极立法上采取了法典立法的模式，究其原因是目前涉及南极区域的案件极少，无法拥有足够的案例作为判例法的支撑。[1]在成文法方面，其于1933年就颁布了《南极领土接受法案》(Australian Antarctic Territory Acceptance Act)，以立法形式宣称南极主权，并规定其南极领土（Australia Antarctic Territory，AAT）由联邦政府直辖。[2]由于该法案仅仅规定了法律上对南极的主权，因而澳大利亚在1954年又颁布《澳大利亚南极领土法》（Australian Antarctic Territory Act）对行政管理及国内立法适用等方面进行了规定。《澳大利亚南极领土法》规定澳大利亚首都领地的法律在南极地区除部分内容外均可以适用，首都领地的法院对南极领土的案件拥有司法管辖权；此外，澳大利亚总督还可根据议会授权制定了专门的南极领土法律，效力高于一般法。[3]在1959年《南极条约》签订后，澳大利亚于1960年颁布《南极条约法案》（Antarctic Treaty Act)，对《南极条约》中涉及已有国内法的部分进行了修改。[4]《南极条约法案》规定其适用对象仅限于具有南极条约当事方国籍的观察员、科考人员等，[5]并规定了非澳大利亚国民在南极领土行为的管辖权为其国籍国。[6]在加入1964年《保护南极动植物议定措

〔1〕 Haward Marcus, et al., "Australia, the Antarctic Treaty and the Law of the Sea", *Australian Journal of Maritime & Ocean Affairs*, 2010.

〔2〕 Australian Antarctic Territory Acceptance Act, 2.

〔3〕 Australian Antarctic Territory Act.

〔4〕 Davis R., "Enforcing Australian Law in Antartica: The HSI Litigation", *Melbourne Journal of International law*, Vol. 8, 2006.

〔5〕 Antarctic Treaty Act, 3.

〔6〕 Antarctic Treaty Act, 4.

施》和1972年《南极海豹保护公约》后，澳大利亚联邦议会又通过了《南极条约（环境保护）法》[Antarctic Treaty Act（Environment Protection）1980]。而后又根据《关于环境保护的南极条约议定书》及其附件的规定进行了多次修改。1980年《南极条约法》规定了特别保护区制度以及环境影响评估许可制度，还规定了观察员（Inspector）由环境部长负责选派，[1]联邦与其他领地警察具有观察员的身份及权限。该法还规定了相关破坏环境违法行为的惩戒措施。除上述这些法律外，澳大利亚还制定了《海洋保护法》《南极禁止矿产活动法》《环境保护与生物多样性保存法》等。[2]这些法律有一些是为了履行加入国际条约后的国际义务而制定的，也有一些是单纯为了对其南极领土行使管辖权。但通过分析可以看出澳大利亚的南极立法历史悠久且完善细致，其将加入南极条约体系所需履行的国际义务转化为国内法，并将自身针对南极的立法进行积极修改补充，形成了典型的南极地区主权声索国的南极立法体系。[3]

2. 美国

美国虽然不是南极区域的主权声索国，但由于其强大的科技和经济实力，早在19世纪南极探索时期就已经进行了大量的南极活动。[4]在其他国家纷纷对南极提出主权要求时，美国战略性地反对其他国家的主权声索，并以取得南极实际控制权为目标。[5]第二次世界大战后，考虑到第二次世界大战时纳粹德

[1] Antarctic Treaty（Environment Protection）Act 1980, Part 4-Inspectors.

[2] 吴宁铂：《澳大利亚南极立法体系及其困境》，载《边界与海洋研究》2017年第2期，第118页。

[3] 吴宁铂：《澳大利亚南极立法体系及其困境》，载《边界与海洋研究》2017年第2期，第118页。

[4] 陈力：《美国的南极政策与法律》，载《美国研究》2013年第1期，第67页。

[5] Schreider A. A., Bulychev A. A., Galindo-Zaldivar J., et al. "Geochronology of the American-Antarctic Ridge", *Oceanology*, Vol. 46, Issue. 1, 2006, pp. 114~122.

国在南极的活动，美国开始推动《南极条约》的签署以建立一套针对南极地区的国际机制。《南极条约》生效后，美国的南极事务管理框架以政府和国会为主。国务院层面，南极政策/工作小组（Antarctic Policy/Working Group，APWG）负责总体指导；国家科学基金会（Naitonal Science Foundation，NSF）负责美国南极活动的资金运作和事务管理；国防部、国土安全部负责南极活动的后勤保障；国务院负责南极政策指导以及南极条约的解释和执行。国会层面，主要以立法和拨款方式实现南极管理。[1]立法上，主要有1978年《南极保护法》、1984年《南极海洋生物资源保护法》、1990年《南极保护法》、1996年《南极科学、旅游和保护法》。与澳大利亚相类似，几部重要法律也是依托于南极条约体系下国际法文件而颁布的，但这些法律中也包含了美国国内行政机关对南极活动的审批、许可制度，司法机关对南极活动的管辖权，还规定了违反法律后的惩罚措施等。[2]在行政管理上，美国公民前往南极是需要经过行政许可的，需要在出行前填写DS-4131表格。[3]与一般的国家不同，美国的南极立法除一般有约束力的法律外还存在不少政策性文件或指南。此外，美国判例法中还存在对南极地区活动行使管辖权的案例，比如“贝蒂诉美国”案（Beattie v，United States）[4]“史密斯诉

〔1〕 Hattersley-Smith R.，“The Antarctic Treaty Regime：Law，Environment and Resourcesby Gillian D. Triggs；Antarctica：The Next Decade. Report of a Study Groupby Anthony Parsons”，*Geographical Journal*，Vol. 154，Issue. 1，1988，pp. 103~104.

〔2〕 Hattersley-Smith R.，“The Antarctic Treaty Regime：Law，Environment and Resourcesby Gillian D. Triggs；Antarctica：The Next Decade. Report of a Study Groupby Anthony Parsons”，*Geographical Journal*，Vol. 154，Issue. 1，1988，pp. 103~104.

〔3〕 Entry Requirements，travel. state. gov/travel/cis_ pa_ tw/cis/cis_ 5173. html = entry_ requirements.（Last visiting date：15 March 2021）.

〔4〕 Beattie v. United States，756F. 2d91（D. C. Civ.. 1984 as amended. 1985）

美国”案（Smith v，United States）[1]。

（二）中国的南极立法

与发达国家和传统的近南极国家不同，中国的南极活动起步较晚但发展速度较快。但目前中国的南极立法依然呈现分散、破碎的状态，暂时还没有法律层级的规范性文件，其他的规范性文件层级也较低，对许多南极活动并没有进行规制和管理，对很多突发事件的处理需要依靠主管部门的文件。[2]

1. 中国的南极立法现状

截至2020年11月25日，中国知网上只有中国政法大学郭红岩教授、复旦大学陈力教授和武汉大学李仁真教授发表的三篇关于中国南极立法的文章，郭红岩教授针对中国南极立法和南极活动行政许可制度研究进行了分析；陈力针对中国未来南极立法中可能涉及的问题进行了分析；李仁真教授对我国加快推进南极活动立法进行了思考和建议。

根据南极条约秘书处网站的显示，目前南极条约协商国共有29个，非协商国共有25个，[3]波兰、印度和中国是仅剩的三个没有南极立法的国家。[4]目前中国的法律层级上并没有专门的南极法，只有一个《全国人民代表大会常务委员会关于加入〈南极条约〉的决定》。行政法规层面，国务院于2004年颁布的《国务院对确需保留的行政审批项目设定行政许可的决定》，规定国家海洋局负责行使中国南北极考察活动的审批权。

[1] （91-1538）507 U.S.197（1993）.

[2] 如“侣行”节目中的“北京号”在2019年前往南极区域进行活动，中国主管部门就根据部门协调的意见对其进行了规制。

[3] “Parties”，https://www.ats.aq/devAS/Parties? lang=e（Last visiting date：15 March 2021）.

[4] 李仁真：《关于加快推进南极活动立法的思考和建议》，载《边界与海洋研究》2017年第1期。

国务院于2013年又颁布了《国家海洋局主要职责内设机构和人员编制规定》以规定由原国家海洋局负责具体的履约职能。此外，行政法规层面还有《国务院关于决定加入〈南极海洋生物资源养护公约〉的批复》和《国务院办公厅关于撤销国家南极考察委员会的通知》两个文件，但均不是对南极事务进行具体规定的文件。由此可见，国务院将南极事务权限下放到原国家海洋局负责。2018年，国务院再次改革并组建了自然资源部，国家海洋局归入该部并对外保留牌子，而海洋保护职责则交由新组建的生态环境部，原国家海洋局负责的保护区管理职责则部分交由自然资源部下设的国家林业和草原局。[1]目前，主管南极事务的机构为自然资源部国家海洋局极地考察办公室和中国极地研究中心。部门规章方面，截至2019年8月4日，各部委共发布17篇部门规章，具体内容如下：

表8　中国目前的南极规范性文件

	名　称	发布部门
1	国家南极考察委员会、财政部、劳动人事部、外交部、民政部关于“我国赴南极考察人员生活待遇的暂行规定”的通知	财政部、原劳动人事部、外交部、民政部
2	国家南极考察委员会、财政部、劳动人事部关于我国赴南极考察人员生活待遇的规定	国家南极考察委员会、财政部、原劳动人事部
3	农业部关于拨付南极海洋生物资源开发利用项目前期工作经费的通知	原农业部

〔1〕《十三届全国人大一次会议批准国务院机构改革方案》，载http://www.xinhuanet.com/politics/2018lh/2018-03/17/c_1122549771.htm，最后访问日期：2021年3月15日。

续表

	名　称	发布部门
4	国家海洋局关于印发《中国南极内陆站建设项目管理办法》的通知	原国家海洋局
5	农业部关于下达2010年南极海洋生物资源开发利用项目资金的通知	原农业部
6	海关总署关于南极科考采集的土壤原产地确定问题的通知	海关总署
7	国家海洋局办公室关于印发南极考察队管理规定的通知	原国家海洋局
8	国家海洋局办公室关于印发南极考察培训工作管理规定的通知	原国家海洋局
9	国家海洋局办公室关于印发《南极考察计划管理规定》的通知	原国家海洋局
10	国家海洋局办公室关于印发《南极考察队员考核管理规定》的通知	原国家海洋局
11	南极考察活动行政许可管理规定	原国家海洋局
12	国家海洋局关于印发《南极考察活动环境影响评估管理规定》的通知	原国家海洋局
13	国家海洋局办公室关于收看《征战南极》系列纪录片的通知	原国家海洋局
14	国家海洋局关于印发《南极活动环境保护管理规定》的通知	原国家海洋局
15	国家海洋局办公室关于印发《访问中国南极考察站管理规定》的通知	原国家海洋局
16	国家海洋局办公室关于印发《南极活动环境影响评估文件目录》的通知	原国家海洋局

续表

	名　称	发布部门
17	国家海洋局办公室关于印发南极特别保护区、南极特别管理区、南极海洋保护区基本信息的通知	原国家海洋局

其中，原国家海洋局共发布 12 篇，其他部委共发布 5 篇。但这些部门规章以规制在南极活动的科考人员为主，极少涉及一般公民的南极活动。原国家海洋局还发布过两个征求意见稿，分别是《国家海洋局极地考察办公室关于征求〈南极活动环境保护管理规定（征求意见稿）〉意见的通知》和《国家海洋局极地考察办公室关于征求〈中国南极考察队南极环境保护工作总则（草案）〉意见的通知》。这两个征求意见稿直到今日也没有被正式通过。除规范性的法律文件外，原国家海洋局还颁布过几个守则和规定作为内部文件，如《中国南极考察队员守则》《南极考察队管理规定》，其可见于极地考察办公室网站，但目前已无法浏览。

2. 中国的南极立法计划

目前，中国没有将已加入的南极条约体系下的国际法文件转化为国内法进行立法，其他南极条约下未规定的内容，中国的立法也以规范性文件形式对其进行规定，随着中国南极活动的增多，南极立法的迫切性也将进一步加强。中国于 1983 年加入《南极条约》，相关的南极立法工作却并未展开。2017 年，南极立法工作再次进入立法规划。[1] 自 21 世纪以来，中国的南极活动在官方和民间都呈现出迅猛增长的趋势，极地作为“战

〔1〕《南极立法列入全国人大常委会立法规划，我国为何就南极立法?》，载 https://baijiahao.baidu.com/s?id=1587951313788294006&wfr=spider&for=pc，最后访问日期：2021 年 3 月 15 日。

略新疆域”也事关国家安全与发展。[1]目前，《中华人民共和国南极活动与环境保护法》已在立法进程中，并将在未来几年继续讨论并推进。作为中国南极立法中将要通过的层级最高的法律，该法的通过将改变中国在法律层面不存在南极立法的事实，为今后更好开展南极活动，特别是南极视察，提供立法支持。然而，存在一些问题仍需解决：首先，作为最高层级的南极立法，一系列已通过的南极政策或规范性文件均需要进行修正或重新制定、编纂，这牵扯到不少不同层级的行政部门，需要较长的周期；其次，该部法律将南极的执法与监督分为三部分，分别是前文所述的国家视察、南极检查和行政监督，缺乏对南极视察理论和南极执法与监督体系的全方位研究，争议颇大；最后，随着《关于环境保护的南极条约议定书》附件的生效，该法将面临刚生效即可能被修改的状况。

二、国内法规定南极视察的法理基础

国内法规定的南极视察与国际法层面具有明显的区分，然而这种规定并非一些国家随意而为，背后存在的法理基础是由南极视察的履约监督、执法监督性质和南极事务的属人管辖原则所决定的，在国内法规定南极视察也是一国主权的体现。

（一）南极视察的履约、执法监督性质

无论是上文涉及的哪种南极视察，目的都是检查南极活动是否违反相关法律，并对违法行为进行曝光，交予相关主体进行处理。南极视察属于法律制度中的履约监督或执法阶段，以保障法律制度得到遵守。而绝大多数现有国际法制度都缺乏一

〔1〕《南极立法列入全国人大常委会立法规划，我国为何就南极立法?》，载 https://baijiahao.baidu.com/s? id=1587951313788294006&wfr=spider&for=pc，最后访问日期：2021 年 3 月 15 日。

个完善的履约监督机制，这是由国际法主体的平等关系决定的，而设立单独的履约监督机构也并非国际法制度的普遍设计。因而在国内法层面规定南极视察也有两方面的原因：第一，从履约监督的角度看，国际法缺乏履约监督机制或是规定不充分就需要国内法进行纳入、转化或细化补充；第二，从纯国内法执法监督角度看，南极区域作为一些国家行使管辖权的区域，无论是从主权宣称角度进行行政管理，或是从属人管辖层面进行管理，均需要在国内法中构建执法监督机制，因而所谓的履约监督和执法监督实际上是国际法层面和国内法层面进行南极治理的两面，国际法的履约是主权国家对外的表现，国内法上的执法是主权国家对内的表现。因而作为以法治国家为主体的南极活动主体以立法形式规定南极视察的内容就是合乎逻辑的了。

（二）南极事务的属人管辖原则

在国际法层面的南极视察中，发现违法行为后均由违法人员国籍国进行管辖，可见在国际法层面南极事务为绝对的属人管辖。[1]在国内法层面，虽然历史上一些国家对南极主权提出要求，但其国内南极立法依然坚持管辖豁免，将违法人员管辖权交予违法人员国籍国，这一方面是其国内南极立法的单方面行为，另一方面也与南极条约体系的规定相一致。[2]在一般的国际法制度中，属地管辖一直是优先原则，但由于现有南极区域地位未定或主权冻结，因而无法适用属地原则，属人主义就

〔1〕 陈力：《论我国南极立法的适用范围》，载《复旦学报（社会科学版）》2020年第3期，第194页。

〔2〕 Lefeber R.，"The Exercise of Jurisdiction in the Antarctic Region and the Changing Structure of International Law：The International Community and Common Interests"，*Netherlands Yearbook of International Law*，Vol. 21，2009，pp. 81～137.

成了南极区域的主要管辖原则。[1]国际条约或一些国家国内的南极立法将违法行为人的管辖与惩治权交予其国籍国，若其国籍国也是南极条约体系下的缔约国，则当然有义务进行南极立法予以规制，这也是实现属人管辖的必然要求。[2]从这种意义上来说，没有南极立法或者对相关内容没有规定不利于更好地履行国际义务。[3]

（三）国家主权在南极事务中的体现

目前，南极区域的法律地位依然存在争议，但根据《南极条约》中的表述，各主权声索国对于南极主权的要求处于冻结状态，并没有否认主权要求的合法性，仅仅是在各国的主权之上设立南极条约体系代为履行部分职责。对于对南极进行主权声索的国家，在国际法对南极法律制度作出安排之前，其国内已经有相关的法律进行了规定，南极领地也当然地为其固有领土，一切南极领地的制度安排以适用国内法律为原则，配以特殊的南极立法为例外，南极视察工作成为其国内执法监督工作的组成部分。南极条约体系建立后，这些国家虽然根据条约内容对国内南极立法进行了调整，但南极视察作为其执法监督工作的一部分与南极条约体系下的国际法义务相重叠且并不矛盾。对于这些国家而言，南极视察是其国家主权的体现，且不存在任何争议。对于其他国家而言，在国内南极立法中规定南

---

〔1〕 Lefeber R.，"The Exercise of Jurisdiction in the Antarctic Region and the Changing Structure of International Law：The International Community and Common Interests"，*Netherlands Yearbook of International Law*，Vol. 21，2009，pp. 81～137.

〔2〕 Lefeber R.，"The Exercise of Jurisdiction in the Antarctic Region and the Changing Structure of International Law：The International Community and Common Interests"，*Netherlands Yearbook of International Law*，Vol. 21，2009，pp. 81～137.

〔3〕 Lefeber R.，"The Exercise of Jurisdiction in the Antarctic Region and the Changing Structure of International Law：The International Community and Common Interests"，*Netherlands Yearbook of International Law*，Vol. 21，2009，pp. 81～137.

极视察内容是对本国国民权利的保障和行为的约束，也是履行国际义务的表现，也从另一方面彰显了其在南极事务中的国家主权。

三、国内法对南极视察的规定

根据南极立法内容可以得知不同国家南极立法的完善程度不尽相同，甚至一些国家在南极开展了许多南极活动但却依然没有完善的南极立法。在这些拥有南极立法的国家中，对于南极视察的规定大致可分为三种方式：国际法南极视察的转化、国际法南极视察的补充细化、规定根据国际法的南极视察。而在一些没有南极立法的国家，南极视察的工作大多交由相关主导部门自行安排，相关的标准与政策并不公开。为更直观地介绍该部分规定，以下对于具体规定类型的介绍以澳大利亚、新西兰、南非、日本、加拿大五个国家的南极立法为例。澳大利亚和新西兰作为南半球地理独立且距离南极较近的国家自独立伊始就对南极存在主权声索，由于得天独厚的地理优势和历史关系，开展南极活动较早、规模较大，在南极地区开展了许多行动并保持政策一致。〔1〕南非与南极隔海相望，并曾于 1963 年对南极提出非正式的主权要求，当时并未得到国际社会认可，1994 年南非政府撤销该主权要求，其管辖的爱德华王子群岛（Prince Edward Islands）与南极海域距离很近，因此其周边所附属的专属经济区海域会与南极海域互相影响，随着其成为南极条约协商国，在南极区域的活动也越来越多。〔2〕日本作为传统

〔1〕 吴宁铂：《澳大利亚南极立法体系及其困境》，载《边界与海洋研究》2017 年第 2 期，第 123 页。

〔2〕 赵宁宁：《南非参与南极事务的利益关切与政策选择》，载《西亚非洲》2017 年第 6 期，第 97 页。

的捕鲸国在南大洋开展了大量捕捞活动，在20世纪初也曾进行过南极考察，并提出过非正式的主权声索。[1]加拿大并非南极条约协商国，但由于极地国家的特征也具有丰富的国内立法。[2]因此，这些国家均为代表性的具有不同南极立法模式的国家，部分国家的国内南极立法可以被借鉴，而其中有关南极视察的内容也可以被我国吸纳。

（一）国际法南极视察的转化

一些国家的南极立法会根据加入的国际法文件进行修改，也会根据国际法文件的规定制定相关单行法对国际条约进行转化。对于南极视察，一些国家的南极立法会将《南极条约》和《南极海洋生物资源养护公约》中的南极视察转化为国内法。以日本《关于保护南极环境行为的法律》（南極地域の環境の保護に関する法律）为例，其是根据1991年《关于环境保护的南极条约议定书》而制定的。[3]在其第4章监督（監督）中的第22条[4]现场检查（立入検査）专门规定了检查制度，其中第2款规定："《关于环境保护的南极条约议定书》第14条第2款规定的观察员在议定书规定的范围内对南极区域的建筑、载具等有权进行视察，并有权视察相关图书、文件及其他物品并对人员进行询问。"该款将《关于环境保护的南极条约议定书》中观察员的职权转化为国内法并进行了进一步确认。对于观察员的选派程序等内容，该法律没有进行规定，应由日本外务省与相关

〔1〕梁怀新：《日本的南极战略评析》，载《国际研究参考》2018年第10期，第23页。

〔2〕Adams, Peter, Peterborough, etc., "Canada, the Antarctic and the Madrid Protocol", *Arctic*, 2003.

〔3〕Milne S., "The Japanese 'Special Declaration': Threat to the Rule of International Law in the Antarctic", *Environmental and planning law journal*, Vol. 36, Issue. 2, 2019, pp. 153~164.

〔4〕南極地域の環境の保護に関する法律，監督，第二十二条立入検査。

部门进行协调。

（二）国际法南极视察的补充细化

另一些具有南极立法的国家在纳入和转化国际法外还规定了南极视察的细节问题，如观察员选派程序、负责部门等。一些补充细化的规定从实践方面进一步规范了南极视察机制。由于南极条约体系并未规定观察员的国内选派标准及流程，则在立法上并不存在相关内容补充细化的国际义务，这些国家的立法行为是单纯的国内法，但依然实现了国内法与国际法的衔接，因而本书才可以对国内法的南极视察内容进行分析以实现完整性。一般而言，这种补充细化往往只是对《南极条约》下南极视察内容的补充细化，《南极海洋生物资源养护公约》下的南极视察并未出现在这些国家的综合性南极立法中。以南非《第60号南极条约法案》（Antarctic Treaties Act No. 60 of 1996）为例，在第5条观察员（Inspectors）、观察员（observers）和其他官员（5. Inspectors, observers and other officials）中专门规定了视察机制，[1]其中第1款规定：部长可以根据《1994年公务员法》（1994年第103号公告），任命该部门的职位，任职人员为观察员（Inspectors）、观察员（observers）或任何条约中考虑的其他官员；通过宪报公告，并经国防部长同意，在南非海军指定一名或多个职级为任何条约中的观察员（Inspectors）、观察员（observers）和其他官员；通过宪报公告，将任何其他人指定为在任何条约中规定的观察员（Inspectors）、观察员（observers）和其他官员。在该法中，南非规定了本书第一种南极视察的观察员以及南极海洋生物资源养护委员会下的观察员与国际科学观察员的选派主体和标准及其具体程序，对南极条约体系下的

[1] Article 5 of Antarctic Treaties Act No. 60 of 1996.

南极视察内容进行了补充规定。[1]

但值得注意的是这种补充规定完全属于国内法范畴，仅是与国际法上的南极视察直接相关，却并不属于国际法范畴。国际法主体只要履行了国际条约中对于南极视察的规定即履行了国际法义务，相关的国际条约组织或是国际组织也并不关注其国内法中关于南极视察的补充规定。但不可否认，这种对南极视察的补充规定彰显了相关国家对于南极视察的重视，从某种意义上来说，这不仅是相关国家主动承担国际责任的表现，也是对在南极进行活动权利的外在表现和宣示。

（三）国内法的南极视察

除了上述两种国内法中对南极视察的规定，部分具有完善南极立法的国家还规定了根据国内南极立法所进行的南极执法监督，包括国内法层面的南极视察（南极检查）及南极监督，其完全独立于上文中提及的国际法层面的南极视察。由于目前没有任何学术成果对南极视察和其他的南极执法监督方式进行区分，因而理论上可将其称为“规定根据国内法所进行的南极视察”，或依照立法学界的意见将其称为南极检查和南极监督。而理论上的南极监督实际上是观察员内部的自我监督，因而本书仅探讨国内法南极执法监督中的南极视察，即所谓的“南极检查”。

1. 实施主体

一般而言，根据国内法所进行南极视察的主体也被称为观察员，由其国籍国根据相关规定的标准和程序进行选派。观察员大多具有行政职务，往往是警察或其他执法部门的工作人员，

---

〔1〕 DJ Devine, “Implementing the Convention on the Regulation of Antarctic Mineral Resource Activities 1988: Options relating to the identification of operators in South African law”, 1988.

在其本职工作中就具有执法监督职能。由于南极区域并不存在相关国家的行政部门，因而执法监督工作也需要由相关人员兼职进行。如澳大利亚《南极条约法案》(Antarctic Treaty Act 1980)的第四部分观察员（Part 4-Inspectors）第13条至第18条就专门规定了南极执法监督，其中第13条任命观察员就规定：环境部长可以以书面形式指定一名人员作为观察员，〔1〕但第14条规定：任何澳大利亚联邦警察或领土警察部队的成员为当然观察员，并不需要部长直接任命。〔2〕再如新西兰《南极环境保护草案》（Antarctica Environmental Protection Act 1994）的第六部分其他规定（Part 6-Miscellaneous provisions）第二部分观察员（Inspectors）第39条至第50条12个条文专门规定了南极执法监督，其第39条规定主管部长可任命三种观察员，分别是一般观察员、直接向部长负责的总检察员和特别观察员，〔3〕其中，特别观察员要求该人需以专业身份行使与本法令赋予特别执法监督相同的职能和权力，并且该人需是国家的高级服务人员或雇员。〔4〕可见，在该种南极视察中观察员类型有不同的分类。这些进行国内视察的观察员往往依据国内法，在主权声索国内部被认为是正常的国内活动，然而由于南极特殊的法律地位，其国内视察行为反而因为其特殊性才呈现出该种形式。

2. 实施对象

国内法层面的南极视察实施对象大致与国际法层面的视察

---

〔1〕 Article 13 of Antarctic Treaty Act 1980.

〔2〕 Article 13 of Antarctic Treaty Act 1980, Article 14.

〔3〕 Article 39 of Antarctica Environmental Protection Act 1994, Part 6-Miscellaneous provisions.

〔4〕 Rolland S. E., "Whaling in the Antarctic (Australia v. Japan: New Zealand Intervening)", The American Journal of International Law, Vol. 108, Issue. 3, 2014, pp. 496~502.

对象相同，但完全具有国内性，不会视察其他国家的南极设施。如加拿大颁布的《第20号南极环境保护法案》（Antarctic Environmental Protection Act No. 20 of 2003）在南极视察（Inspections in the Antarctic）一章第45条指定观察员（Designation of inspectors）、第46条观察员权力（Powers of inspectors）、第47条生产文件和样品（Production of documents and samples）三个条文中专门规定了执法与监督制度，其中第46条规定，观察员可在任何合理时间进入南极任何地方，观察员有合理理由认为该地方有任何行为可适用或与其管理有关的任何文件；[1]在房屋占有人同意的情况下观察员也可以对其房屋进行执法监督；观察员还可以在任何合理时间指示将已在南极的加拿大船只或加拿大飞机、任何其他由加拿大拥有的运输工具移至可进行执法监督的地方，并在合理时间内扣留；同时，如果在获得同意的情况下，观察员也可以对非加拿大人所有的任何科考站、安装设备、海上锚定平台、运输集装箱或运输工具进行执法监督。第47条规定，主管部长有权在任何合理的时间内和以任何合理的手段，以登记信件或个人要求的方式，要求在南极的任何加拿大人在部长指定的地点生产在南极采集的样本或文件，或在南极进行测试或测量。[2]可见，在加拿大的南极立法中，执法监督对象与上文的两种南极视察的视察对象大致相同。

3. 执法监督目的

国内法进行南极执法监督的目的与之前两种南极视察的目的有很大区别。之前两种南极视察的目的主要是检查相关的南

---

〔1〕 Article 46 of Antarctic Environmental Protection Act No. 20 of 2003, Inspections in the Antarctic.

〔2〕 Article 47 of Antarctica Environmental Protection Act 1994, Part 6-Miscellaneous provisions.

极活动是否违反了南极条约体系下国际条约所规定的国际法，目的大多是防止南极生态环境被破坏，促进南极非军事化和无核化；而根据国内法进行南极执法监督的目的主要是检查相关的南极活动是否违反了其国内法，目的大多是防止相关犯罪行为或妨碍司法程序的发生。[1]比如在澳大利亚《南极条约法案》（Antarctic Treaty Act 1980）第 16 条中就规定了无须手令即可逮捕的情况：如观察员合理地相信如下情况，观察员可以不经手令逮捕任何人：①该人已犯或正犯着违反本法的罪行；②针对该人的传票法律程序不会生效。任何人根据第 1 款被捕的，由观察员立即将该人送到或稍后将其带到法官或其他适当权力机构依法处理。……本条并不妨碍任何依据其他法律的逮捕。[2]第 17 条规定了观察员的一般权力，其中也提及：观察员可搜查车辆、雪橇、飞机或船只中任何有关本法的犯罪物品；或任何有关违反民事处罚条文或实施本法令所犯罪行的证据。[3]第 18 条规定了缉获的情况，规定观察员可以在一定情况下扣押其有合理理由相信违反本法的任何物品。[4]

---

〔1〕 Davis R.，“Enforcing Australian Law in Antartica：The HSI Litigation”，*Melbourne Journal of International law*，Vol. 8，2006.

〔2〕 Article 16 of Antarctic Treaty Act 1980.

〔3〕 Article 16 of Antarctic Treaty Act 1980，Article 17.

〔4〕 Article 16 of Antarctic Treaty Act 1980，Article 18.

第六章

南极视察制度的法律问题与完善建议

南极视察制度包括了南极条约体系、其他国际条约、其他非政府国际组织规范性文件以及部分国家国内法的内容，换句话说，其作为一项履约监督制度存在法律和所谓“软法”的各种组成部分。在不同的机制背景下，不同种类的南极视察在不同的履约监督方面发挥着不同作用。然而，作为南极视察制度的组成部分，这些南极视察机制均具有一定的共性，在实践中均体现出一些法律问题，也可以针对其提出一些具有共性的完善建议。

本章共分为三节，第一节是各种南极视察之间的关系，明确本书介绍的各类南极视察，分析南极条约体系下的两种南极视察关系、南极条约体系下的南极视察与国内法南极视察的关系、南极区域其他国际组织的南极视察与其他南极视察的关系，厘清不同种类视察机制在法律和实践中的制度安排。第二节分析南极视察制度中普遍存在的法律问题，首先分析南极区域非政府组织南极视察的效力与效果，之后分析南极视察中普遍存在的管辖问题，然后分析南极视察中的专业化问题，最后介绍国内法规定中南极视察存在的理论争议。第三节提出南极视察制度的完善建议，针对视察独立性的问题，本书提出要设立“国际观察员候选名单”；针对视察过程中观察员行为的规制，本书提出要对视察行动进行监督，并要求观察员自我监督；针对视察的程序性问题，本书提出应将多国联合视察常态化；针对国际合作问题，本书提出要促进非政府组织发挥作用，促进南极法律体系的协调；最后针对南极视察制度的性质和发展方向，本书认为要构建南极区域独立的履约监督机构，并与全球层面的履约监督机制衔接。

第一节　各种南极视察之间的关系

南极视察作为一个整体的履约监督制度在南极区域治理中扮演着重要角色。由于基于不同的国际机制，不同的南极视察侧重点不尽相同，各种南极视察相对独立却并不绝对独立运转。在实践中，各种南极视察之间存在一定联系，一些规范性文件对其进行了规定，而大多数情况下这种联系并不清晰，并导致了一些问题。

一、南极条约体系下的南极视察

第三章和第四章提及的前两种视察分别是《南极条约》下的南极视察和南极捕捞视察，其国际法依据分别是《南极条约》第 7 条、《关于环境保护的南极条约议定书》第 14 条和《南极海洋生物资源养护公约》第 24 条，这两种视察均是南极条约体系下的视察。这两种视察在法律层面上的关系比较清晰，第一种视察的直接渊源是《南极条约》和《南极海洋生物资源养护公约》，管理方是《南极条约》下的南极条约协商会议，南极条约秘书处负责相关的行政事务；第二种视察的直接渊源是《南极海洋生物资源养护公约》，管理方是南极海洋生物资源养护委员会。视察内容上，由于这三个公约规定的内容不同，因而视察的对象、内容、标准也均不相同，因此这两种视察机制互相独立互不重叠，《南极条约》下的南极视察侧重于南极大陆上的各类设施的环保标准、非军事化、非核化，而后一种视察侧重于南大洋上和南极大陆港口的捕捞船只的捕捞工作是否符合捕捞配额，是否对海洋生物资源繁衍产生负面影响，二者具有不同的视察对象，组织和管理制度、视察方式均不相同。目前，中国进行过两次第一种南极视察，而没有资料表明中国进行过第二种南极视察。

虽然这两个南极视察相对独立运作，但是《南极条约》和《南极海洋生物资源养护公约》的关系并非完全独立。如上文所述，《南极海洋生物资源养护公约》的成员国即使不是南极条约协商国也不能违反《南极条约》的宗旨和原则，不仅要遵守其第 1 条和第 5 条。目前，根据南极条约秘书处的显示，纳米比亚并非南极条约当事方却是《南极海洋生物资源养护公约》的缔约国。若将来《南极条约》下的南极视察涉及纳米比亚在南极的活动，则非成员国的纳米比亚也需要承担相关的受视察义务。

二、南极条约体系下的南极视察与根据国内法的南极执法监督

国内法层面的南极视察机制可以分为三种规定模式，而国内法规定的南极执法监督又可以分为国内法层面的南极视察与南极监督，前者又被称为南极检查。而与南极条约体系下的南极视察存在关联的是国内法层面对南极条约体系的纳入、转化及补充规定。而根据国内法进行的南极执法监督虽然是完全国内法意义上的活动，但本书依然将所谓的南极检查归于南极视察机制，这是因为其行为模式完全与国际法层面的南极视察一

致，完全不具有国际性却只能采用国际视察的方式，而且这种国内南极执法监督的具体人员身份还可能与《南极条约》下南极视察的观察员重叠，换言之，进行国内法和国际法层面的南极视察的观察员可能同时进行两种视察，但国际法和国内法却对其"故意忽略"，这是由于南极特殊的法律地位所导致的。

南极条约体系下的两种南极视察与根据国内法的南极执法监督的关系体现在很多方面。首先，由于整个南极法律体系中对于观察员的称谓较为混乱，因而从国内法中甚至不能判定其规定的观察员选派或职责究竟指的是哪种观察员。如上文所述，南极条约体系下的两种南极视察对观察员就有好几种称呼，《南极条约》中的观察员被称为"Observer"，《南极海洋生物资源养护公约》中的观察员被称为"Observer"和"Inspector"，相关国家国内法将其称为"Inspector""Observer"甚至"Inspectorate"，且这些国内法中往往并不说明开展南极视察依据的是国内法还是国际法。在实践中可能会存在基于《南极条约》开展南极视察而派遣的观察员同时具有国内法身份的情况。这种国内法国际法观察员不分的结果令国际法层面受指派的观察员具有双重身份，对其本身就不具有的独立性产生了更大影响，而目前无论是实践中还是学界对其均没有任何规定和研究。

三、南极条约体系外国际组织的南极视察与其他南极视察

与南极条约下的国际视察相比，南极区域其他国际组织的南极视察内容庞杂，包括政府间国际组织、国际条约机构和非政府间组织的南极视察。由于这些南极视察并非一种，而是有大大小小不同的组织或机构组织，因而本身的关系就异常复杂。这些国际组织有些是政府间背景，进行的视察工作大致标准与现行国际法文件的规定大致相同，或直接参照其标准，因而争

议不大；还有一些国际条约机构，基于与国家或经济体签订的条约开展捕捞视察；更有一些国际组织纯属民间背景，立场激进且与官方组织多有对抗或冲突，这些组织的南极视察与其他种类的南极视察直接存在重叠或冲突。

目前，这种联系、重叠和冲突体现在以下方面。首先，一些非政府组织、政府间国际组织是《南极条约》及《南极海洋生物资源养护委员会》的观察员，有权旁听南极条约协商会议和南极海洋生物资源养护公约年度会议并参与会议讨论，对相关的视察报告进行讨论和评议。对于政府间国际组织和国际条约机构，开展的南极视察以捕捞视察为主，形成对《南极海洋生物资源养护公约》下捕捞视察的补充，依据的国际条约包括部分非南极条约体系成员国的捕捞大国或经济体。这些捕捞视察依据的捕捞份额、捕捞对象可能并不相同，但受视察的船只可能是相同的，这就造成了船只在一次捕捞过程中可能多次受视察，一方面扰乱了正常的工作秩序，另一方面也可能会导致不同视察组织的冲突。其次，一些非政府组织是南极区域高标准环境保护的推动者，往往作风彪悍、极端，开展南极视察的依据虽然是其规章制度，但可能并不会通知受视察方或得到被视察方许可，甚至可能进行强制视察并与对方爆发激烈冲突。在每年南极条约体系下的官方会议中，一些激进的非政府组织均会在场外组织抗议，甚至会对视察活动展开抨击、曝光。最后，目前一些协会性的非政府组织开展的南极视察实际上在履行南极条约体系下国际条约中的职能，比如旅游活动的开展与规制等。而南极条约体系下的视察却对这些问题有意识地回避，但目前非政府组织展开的这些视察并未在规范性文件中显示获得了南极条约体系的何种授权。

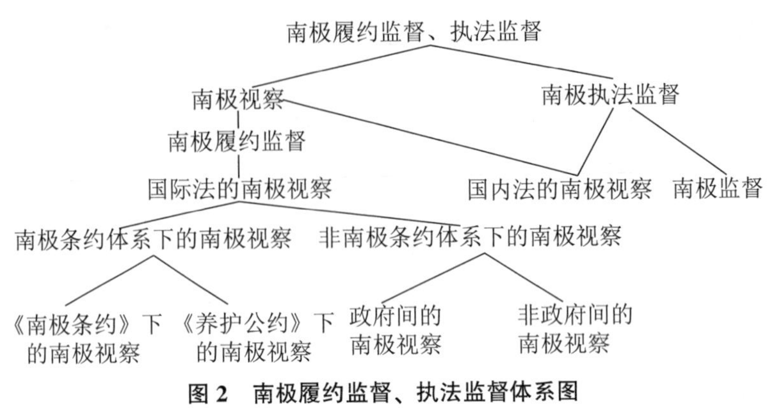

图 2　南极履约监督、执法监督体系图

第二节　南极视察制度中的法律问题

整个南极视察制度经历了 60 多年的发展历程，由单纯的《南极条约》下的南极视察机制发展为众多南极视察机制组成的南极视察制度。可以说，南极视察制度的发展具有很多偶然性，60 年以来，人类在南极区域活动的种类与数量与日俱增，而这 60 年也正好是人类科技发展进步的关键时期，这也是为什么整个南极治理的发展也开始于 20 世纪中叶。然而这种随着南极活动与南极治理发展而来的南极视察制度缺乏整体性的统筹安排，更多的是根据实际情况的应对性发展，因而无论是哪种视察机制，他们均存在一定问题并影响着视察效果。

一、南极区域非政府组织南极视察的效力与效果

南极区域非政府组织的南极视察在整个南极视察制度中占据重要地位，但实际上，其主管的各种非政府组织并非国际法主体。而这些非政府组织与政府间的国际组织又存在不同程度的联系，非政府组织在南极事务上施加的影响要大于其他的国

际事务，因而其地位也较为特殊。

（一）南极区域非政府组织与南极条约体系

与其他的南极视察相比，南极区域非政府组织的南极视察较为特殊。一般而言，非政府组织在大众看来具有极端、对抗的印象，但南极特殊的法律地位与地理条件使得南极区域的非政府组织成为南极治理的重要组成部分。在整个南极法律体系中，无论是主权国家还是其他政府间国际组织、条约机构，其与非政府组织关系相对缓和，非政府组织也成了众多官方组织的观察员，并参与到大大小小的会议中。在这种情况下，非政府组织通过官方途径提升了影响力，开展的南极视察获得了官方某种程度的背书，主权国家下的法人、自然人更可能接受视察。而反过来，在南极条约协商会议上，非政府组织也都会提交自己的视察报告。甚至目前在南极环境保护区中居于重要地位的《关于环境保护的南极条约议定书》就是绿色和平组织长期运动取得的。[1]对于南极区域非政府组织的南极视察与其他视察的关系，目前具有国际法效力的国际条约或其他规范性文件都没有进行安排，仅在个别网站上说明了观察员地位，这是由于本身非政府组织就不是国际法主体所导致的。非政府组织与政府间组织或国际条约机构间的模糊关系为双方进行合作提供了空间，政府间组织的南极视察在会议期间让非政府组织参与可以提高一定的专业性和监督性，同时也保障了自身视察可以得到非政府组织的认可；非政府组织通过官方途径参与会议讨论视察报告获得了展示的机会，有利于推进自身的理念。

---

〔1〕“1991-International Treaty saves the Antarctic from deadly threat”, https://wayback. archive - it. org/9650/20200402123755/http://p3 - raw. greenpeace. org/international/en/about/history/Victories-timeline/Antarctic-Treaty/ (Last visiting date: 15 March 2021).

但这种关系也存在许多问题。首先，南极条约体系下的国际条约机构对南极区域的非政府组织参与相关活动有一些明确规定，而非政府组织并不会明确其与国际组织或条约机构的关系；其次，非政府组织对南极条约体系下视察的参与以报告审议和会议讨论为主，目前没有资料显示其具体参与视察活动，而非政府组织开展的视察也没有与其他视察相遇；最后，非政府组织虽然在理念上对南极条约体系下的视察标准提出疑问，但目前并没有干扰其视察活动。

（二）南极区域非政府组织的视察效果

南极区域非政府组织的视察虽然不具有普遍的国际法效力，但视察往往会产生其他效果。首先，由于南极区域非政府组织并不受各方约束，执行的视察标准与其他视察显著有别。作为绿色和平组织运动的结果，《关于环境保护的南极条约议定书》就相对于《保护南极动植物议定措施》大幅提高了南极区域环境的保护标准，但绿色和平组织依然在捕鲸等捕捞活动中采取激进的保护标准。因此，这些非政府组织的南极视察更多地关注南极活动中的环境保护问题，各种标准给出的视察结果并不一样。其次，非政府组织开展的南极视察活动具有更强的使命感和责任感，相关人员不只将视察当作一项任务，其本身加入非政府组织就代表了其内心的理念和希望，因而视察过程中往往会毫不留情地曝光违法行为，即使当事方隐瞒也可能会被非政府组织查明并公开。最后，非政府组织并不具备国家级的资金支持，力量薄弱，在南极严酷的自然条件下面临着一些主权国家的敌视，比如日本就曾蓄意撞击绿色和平组织的“极地曙光号”〔1〕，这也是为何“绿色和平组织”组织的南极视察早已

〔1〕《环保组织南大洋“怒战”日本捕鲸船》，载 http://env.people.com.cn/GB/46856/50510/4018103.html，最后访问日期：2021年3月15日。

停止。

可以说，非政府组织视察虽然效力存在争议，但其视察活动的确起到了保护南极环境的效果，但由于自身理念激进且组织薄弱，其视察并未受到南极区域各方的重视。因此，非政府组织视察一定意义上成了其他南极条约体系下南极视察的补充和监督。

二、南极视察中法律责任的管辖

在《南极条约》下的南极视察和《南极海洋生物资源养护公约》下的南极视察中会涉及管辖权的问题。该管辖权问题并非仅仅是条约的效力问题，而是既包括对条约第三方的管辖也包括对视察活动中各级主体的管辖。[1]一般而言，涉及国际法的管辖问题往往是指条约效力，国际法的主体——国家和政府间国际组织也不包括具体的自然人、法人，国家责任也由国家而非具体的违法行为自然人、法人承担。然而，无论是哪种南极视察，发现的违法问题均由具体的自然人或个别法人产生，相关的国家可能存在违法行为，但具体行为依然为自然人或法人所为。而南极特殊的环境就要求违法行为须立即停止，相应人员的行为须被记录，相关证据也要被保留。但与其他的国际法制度相比，南极视察制度要求违法行为停止的紧迫性，因而上文中涉及的部分视察机制包括了观察员的执法行为，这种执法行为使得执法管辖与司法管辖相分离，执法层面的管辖临时性地交由国际观察员，而后其再通过联系违法行为人的国籍国

〔1〕 Vicuña, Francisco Orrego,"Port state jurisdiction in Antarctica: a new approach to inspection, control and enforcement", *Implementing the environmental protection regime for the Antarctic*, Springer, Dordrecht, Vol. 45, 2000.

的方式监督国家履行司法管辖并进行处理。[1]可以说，南极视察中的管辖问题某种意义上包括了应对违法行为的各方面内容，因而管辖问题也包括对观察员、其他人员、视察对象及国家层面的管辖。

（一）对观察员及其他人员的管辖

在《南极条约》下的南极视察中，观察员、科研人员以及他们的陪同人员均仅受其国籍国管辖，即主动属人管辖。而当管辖冲突时《南极条约》及其规范性文件并未规定细致的管辖冲突处理规则，仅要求各方通过协商解决。[2]目前，属人管辖不仅是南极条约体系下的普遍选择，也是南极条约体系外其他南极区域国际法文件的规定。当下南极区域均适用属人管辖，一些南极条约当事方也在国内法中确定了对属人管辖的适用。[3]目前南极区域的管辖原则以属人管辖为主，无论是科研人员及站点的其他行政人员，或是观察员或其他辅助人员，管辖权均属于国籍国。南极观察员在进行上述国际法层面的南极视察时，其视察的内容、对象并非其国籍国，法律渊源也并非国内法，如果发生观察员违法的情况只能交由观察员国籍国管辖，这并不合理。此外，《南极条约》的管辖协商机制并未解决实际中存在的管辖权问题，如在2000年，澳大利亚籍工作人员罗德尼·马克斯死于美国阿蒙森斯科特科考站就造成了新西兰与美国均提出管辖的情况，但该管辖纠纷延续至今对调查工作造成了严重

---

〔1〕 Vicuña, Francisco Orrego, "Port state jurisdiction in Antarctica: a new approach to inspection, control and enforcement", *Implementing the environmental protection regime for the Antarctic*, Springer, Dordrecht, Vol. 45, 2000.

〔2〕 Article 8 of Antarctic Treaty.

〔3〕 例如，美国《南极保护法案》中明确了一些南极活动属于民事或刑事违法行为，最高可被判处25 000美元罚款及一年监禁。美国财政部、商务部、运输部及内政部负责惩罚的执行。（Antarctic Conservation Act, The National Science Foundation.）

影响。[1]实际上，在没有发生具体案件时，观察员及其他人员均归于国籍国管辖并无争议，但若发生刑事案件或民事案件则主动属人管辖原则可能受到其他管辖原则的冲击，无论是南极主权声索国依据属地管辖原则还是受害方基于被动属人原则，彼时的管辖权纠纷难以通过协商解决。

（二）对视察对象的管辖

依据一般的国际法管辖原则，属地主义先于属人主义。但由于南极区域特殊的主权地位，因而南极区域的管辖权往往采用属人主义。具体而言，视察对象作为在南极区域活动且具有国际性和国别性的设施、人员等，其并不会受到南极区域主权声索国的管辖，而是直接受到其国籍国国内法的管辖。在南极视察上，视察对象的管辖权依然属于其国籍国，换句话说，若视察过程中发现相关方违反了相关国家承担的国际法义务，观察员并没有执法权，只能将违法内容记录在视察报告中，并在视察结束后向国际条约机构、国际组织及其国籍国报告。因此，视察过程中的视察对象均直接由其国籍国管辖，这也是为什么在这些国际条约中很少提及观察员的执法权以及视察对象的责任。

（三）对非南极条约当事方的管辖

按照一般的国际法原则，条约对第三方既无损也无益，即条约效力不涉及第三方。但是南极区域的其他活动主体也可能产生管辖权问题，这体现在以下几个方面：首先，一般而言，任何一种国际性的南极视察均无法视察非缔约方的活动，比如《南极条约》下的南极视察均无法视察非当事方的南极活动。根据南极条约秘书处的介绍，目前条约共有 53 个当事方，包括 29 个协商国和 24 个非协商国，这与其他世界性的国际公约和国际

〔1〕 Lamus, Fernando Villamizar, "Antarctic Treaty and Antarctic Territory Protection Mechanisms", (2013) 9, *Revista Chilena de Derecho*, Vol. 40, Issue. 2, pp. 461~488.

法制度相比成员并不多，其中的 29 个协商国均有权指派观察员开展视察，同样也会接受观察员的视察。但实际上目前南极活动的各方早已超过这些国家，在整个南极法律制度下甚至一些未参与任何南极区域国际条约国家的国民也可能以捕捞、旅游、科考等原因参与到南极活动中，若发生问题如何管辖在国际条约中并未进行规定。[1]其次，《南极海洋生物资源养护公约》和其他渔业组织的视察均涉及了非缔约方的 IUU 捕捞行为，在视察过程中会根据部分国别识别 IUU 渔船并纳入清单，但对其行为除了进行视察外并无任何实质性处罚措施，最终的管辖权依然为其船旗国。一些南大洋国家为防止相关渔船的捕捞行为影响本国渔船利益会通过扩大划定专属经济区的方式适用国内法对其进行驱离、扣押等，而过度执法、暴力执法问题又会受到其他各国甚至南极条约协商会议的批评。[2]这也是南极海域专属经济区划界问题的成因之一。最后，部分主权声索国实际上曾通过一些手段试图行使属地管辖权，比如宣称将南极领土并入本国，设置邮编、网页、电话区号等，或象征性地让本国公民在南极登记结婚、注册公司甚至生育，以证明其管辖权。[3]在南极视察活动中，由于目前对南极区域开发程度较低，各方活动的站点、范围均较小，建立科考站或其他设施前也均会通过国际组织通报，在视察过程中也极少产生法律责任，因此目前没有任何实践证明在视察中发现的问题会被相关主权声索国依照属地原则管辖，但这并不排除随着今后南极活动的增多和南

---

〔1〕 Lee, Martin Lishexian, "Case for World Government of the Antarctic, Gonzaga Journal of International Law", (2006) 9 *Gonzaga Journal of International Law*, pp. 73~95.

〔2〕 Lee, Martin Lishexian, "Case for World Government of the Antarctic, Gonzaga Journal of International Law", (2006) 9 *Gonzaga Journal of International Law*, pp. 73~95.

〔3〕 Lee, Martin Lishexian, "Case for World Government of the Antarctic, Gonzaga Journal of International Law", (2006) 9 *Gonzaga Journal of International Law*, pp. 73~95.

极区域利益冲突的尖锐而产生管辖权争议。

三、南极视察中的专业化

本书共涉及四种不同种类的南极视察，其中前两种在南极条约体系下的南极视察均涉及专业化问题。由于涉及的成员众多，为了保证南极视察的顺利开展就需要众多的机制安排以满足各方需要。然而，这也会牺牲视察的专业化，主要体现在以下两点。

（一）缺乏常规定期的视察机制

南极条约体系下的两种南极视察机制均未规定视察定期化。根据上文的总结，《南极条约》下的南极视察较为定期，通常每年一次，[1]但也出现过一年两次或该年度未进行的情况；[2]而《南极海洋生物资源养护公约》下的视察常年均可不定期展开，但根据上文可知至今其视察活动并不规律且进展缓慢。《南极条约》下的南极视察的提起完全由当事国自行进行，因而南极条约秘书处只对活动进行备案，具体视察的对象、内容均由视察国通过南极条约秘书处的信息交换电子平台与其他国家沟通，这些内容并不公开，但通过分析视察列表又可以看出这种通常每年一次的视察肯定存在一定的人为安排。而对于渔业视察，各国参与的积极性并不高，由于客观条件所限，常规定期的视察在目前根本不具备开展条件。在得到各成员国普遍支持之前，一个普遍定期的渔业视察无法开展。无论是政府间的南极视察还是非政府间的南极视察，其视察并不需要遵循一定的先例，这种视察也并非“例行公事”而是相关国家或组织的权利。缺乏常规定期视察一方面是视察活动本质所决定的，但另一方面

---

〔1〕 如1976年至1977年就由美国和阿根廷进行了两次检查。

〔2〕 如1981年至1982年就没有进行检查。

也影响了视察的效力，一些南极科考站被多次视察，而一些偏远不方便视察的站点却一直未被视察，而渔业视察更为混乱，许多 IUU 捕捞行为被发现已经说明了建立常规定期的渔业视察迫在眉睫。

（二）视察缺乏独立性

南极视察独立性是指建立独立的、不由主权国家所管辖的南极视察机构并派遣独立的观察员进行视察。无论是南极条约体系下的两种视察，还是其他国际性的视察，抑或是根据国内法展开的视察，其均不存在独立的视察机制，视察的组织、开展、审议等均由相关的行政机关负责。实际上，《南极海洋生物资源养护公约》曾试图建立一个独立的视察机构。在 1975 年《南极海洋生物资源养护公约》讨论期间，各方曾希望建立独立的南极环境保护机构进行视察，1990 年南极条约协商会议上，澳大利亚、比利时、法国、意大利也曾提议建立独立的环境视察机构，但因为涉及主权问题所以作罢。〔1〕《关于环境保护的南极条约议定书》正是绿色和平组织等非政府组织长期以来争取的结果，在 1991 年南极条约协商会议的条约签署过程中，南极和南大洋联合会就陈述道：“南极和南大洋联合会认为，一个正式的视察机构是必不可少的。南极和南大洋联合会认为只有一个独立视察机制得以建立才能实现议定书的全部效果。”〔2〕但至今南极条约体系也没有建立任何独立的视察机构，而后各方在南极条约协商会议和南极海洋生物资源养护公约年度会议中也

〔1〕 F. Orrego Vicunia, “The effectiveness of ATS regimes”, *Governing THE ANTARCTIC′, THE EFFECTIVENESS AND LEGITIMACY OF THE ANTARCTIC TREATY SYSTEM′*, (1996) 7, p. 175.

〔2〕 ASOC information of 12 November 1992, “‘Upon closer inspection’ and ECO (NGO newspaper) ‘Wanted for Antarctica’ ”, *the XVIII ATCM, STATE OF THE ICE, AN OVERVIEW OF HUMAN IMPACTS IN ANTARCTICA*, Vol. 5, 1994, p. 23.

再没有提及任何建立独立视察机构的设想。与其他国际法制度不同，南极视察的制度构建中涉及南极区域两方面的主权问题，一方面是视察活动对其他各方南极活动的影响，另一方面是南极视察的履约监督行为与南极主权声索国的领土声索，因而独立的视察机构会受到两方面的质疑。然而不论南极区域治理如何发展，目前南极治理依然依靠各主权国家及国际组织，目前的视察机制也并非完全由主权国家掌控且存在很强的国际合作性。

国内法规定南极视察内容本身并不属于国际法的范畴，然而，由于南极地区特殊的法律地位以及南极视察的履约监督性质，相关国家国内法对进行规定是普遍且符合逻辑的。国内法规定南极视察或其他执法监督方式有着深厚的法理基础，同时也具有着优点和缺点，其影响着国际法层面南极视察的效果，并对整个南极法律制度产生了影响。

四、国内法规定南极视察的理论争议

国内法规定南极视察和南极执法监督已经成为各国南极立法的共同表现，一方面可以对国际法中规定的南极视察进行有益补充，完善流程，提高效率；另一方面，明确南极视察的诸多流程也有益于展现国家对南极视察工作的重视，有利于在国际条约机构或国际组织中树立积极承担国际义务的良好形象。但由于学术界研究不足，其内部理论体系还比较混乱，存在一些理论争议需要厘清。

（一）南极视察的外延

根据上文分析，中国学界部分学者将南极执法监督分为国家视察、南极检查和行政监督，但由于目前后两种执法监督方式不存在任何的学术资料和实践，因而无法对其从中国国内法的层面进行分析，只能从理论和国外立法实践中进行分析。

上文总共介绍了澳大利亚、新西兰、南非、日本、加拿大五个国家的南极立法，这些国家作为开展极地活动较早、较多的国家有着比较完善的南极立法和悠久的南极立法史。在其国内立法中并未采取国家视察、南极检查和行政监督的三分法，而是将三者规定到南极立法的主体文件中，并配以相关国内行政法或刑法的规定。从本质上说，无论是南极视察还是所谓的南极检查或行政监督，均属于南极执法监督体系的组成部分，区别仅仅在于主体、内容以及法律渊源，均是权力机关对于南极活动的执法与监督，属于行政法层面的活动，可能还会涉及刑事犯罪层面。实际上，对于南极执法监督体系的三分法很大程度上是基于执法监督活动的主体不同，国家视察是国际法层面的视察活动，主体是代表国家的当事国；南极检查是国内法意义上的执法监督活动，主体是代表国家行政部门的人员，可能是监察机关，也可能是其他主管部门；行政监督也是国内法意义上的执法监督活动，主体是主管南极视察的部门中的管理人员，或是观察员中的领导。因此，中国依主体不同将南极执法监督体系三分并无错误，虽然对于南极检查和行政监督目前并无任何明确规定或实践，但从理论上这种分法并无错误。而其他国家将南极执法监督统称为南极视察也无问题，这是因为实质上这三种方式在国内法存在融合，边界并不明晰，甚至在一些国家主管单位都是一个，只不过是不同主体基于不同法律渊源而进行的执法监督行为，实质上也都是视察（或检查）。

因此，南极视察的外延既可以进行缩小解释，也可以进行扩大解释，包含的执法监督方式多少也并不影响其效果。

（二）国内法和国际法层面的南极履约和执法监督

一般而言，国际法制度与国内法制度存在明显的界限，以法律主体为区分即可。国际法主体主要是国家和政府间国际组织，不隶属于任何主权或实体，其之上不存在任何机构对其进行管理；而国内法主体则是在主权国家或实体下的各种公、私主体，包括自然人和法人等，其上存在一个主权或实体对其进行管理。南极执法监督制度作为一项行使管理职能的活动，其中的南极视察正是代表国家行使主权的方式，因而中国南极立法也将其称为“国家视察”，而所谓的“南极检查”和“南极监督”却由于法律主体的不同而被区别为国内法制度，现行的南极条约体系中并不存在，只有部分非政府间国际组织规定了视察期间代表团领导对观察员的监督，但这部分内容显然既不属于国际法也不属于国内法。

作为南极活动的主要主体，主权国家一方面开展了南极视察，另一方面也进行了诸如科研、捕捞等经济活动。而与一些抽象的国际法制度相比，南极视察需要由具体的自然人完成，其虽然代表主权国家，但在实际上会进行一些主权国家未授权的活动，因而无论是从国际法还是国内法层面，均应对观察员的行为进行约束，而执法监督活动也是从监督国家和监督个人两方面进行的，而国家责任与个人责任在某种意义上无疑是混同的。因此，对国际法主体的执法监督必然要求对行使国际法主体职能的个人或组织进行执法监督，从这种意义上讲，国内法和国际法层面的南极执法监督缺一不可。狭义上的南极视察保证了国际法主体对南极条约体系的遵守，而南极检查和南极监督保证了国际法主体的具体执行人员对南极条约体系的遵守，并增加了相关的行政或刑事处罚。事实上，通过不断完善国内法，弥补国际法层面南极视察的诸多缺陷，特别是在国际监督外更需要从国内法层面对违法行为进行处罚，这才是南极视察制度的重中之重。

(三) 国内法与国际法层面渔业视察的衔接

在渔业视察方面，国际法和国内法的规定也存在理论争议。根据上文所述，《南极海洋生物资源养护公约》下的南极视察第 24 条的视察与根据国内渔业法律规则进行的视察存在重叠和衔接问题，主要体现在三个方面：《南极海洋生物资源养护公约》下的南极视察中与国内法中渔业视察的衔接、《南极海洋生物资源养护公约》下的南极视察的区域与国内法管辖海域中开展国际和国内视察活动的衔接，以及作为《南极海洋生物资源养护公约》成员的主权国家单方面将其宣称海域排除南极海洋生物资源养护委员会管辖的情况。首先，根据上文所述，部分国家在其国内渔业管理法律规定中也规定了视察机制，通常在国家管辖海域的范围内依照国内法进行渔业视察，但部分情况下也存在驻船观察员在本国渔船上进驻远洋监督检查渔船捕捞行为的情况，此时其是在公海或其他类型海域进行依据国内法的渔业视察。在这种情况下发生了如上文所述的国内观察员在进行国内渔业视察活动时身兼《南极海洋生物资源养护公约》下的南极视察活动中国际观察员身份的情况，然而理论界和实务界对该问题并没有研究。其次，由于南极海域的特殊性，部分国家依据其主张的南极领陆已经进行了毗连区、专属经济区和大陆架的划界，这部分海域处于南极海洋生物资源养护委员会与相关成员国的双重管辖下；还有一部分相关国家在南大洋上拥有主权无争议的岛屿，因而有国家据此划定了毗连区、专属经济区和大陆架，这部分区域与南极海洋生物资源养护委员会区域存在重叠。在这种情况下，部分国家可能会在开展依据国内法渔业视察的情况与国际视察存在重叠，其涉及具体的管理制度安排。最后，如上文第三章所述，一些《南极海洋生物资源养护公约》的成员国排除了南极海洋生物资源养护委员会养护措施在其主权宣称海域内的适用。

第三节　南极视察制度的完善建议

南极视察制度作为南极区域的履约监督、执法监督制度具有特殊性，单纯的国内法或国际法安排均不可以进行直接适用，而各种南极视察机制的内部联系又相对复杂，因而上述法律问题的存在具有必然性。南极视察制度的发展和完善需要渐进式、持续性地开展，在南极视察制度现有的机制下，针对部分尖锐的问题和缺陷进行解决与完善具有一定可行性和必要性。具体而言，针对上文提到的一系列问题，通过实现观察员国际化、加强自我监督、多国视察常态化并加强国际合作的方式，可以缓解目前南极视察中的一些问题。

一、设立“国际观察员候选名单”

国际观察员候选名单指的是各国首先对观察员进行国内选拔，选拔后将名单报送相关的条约机构或国际组织，再由其进行汇总，每次视察活动进行前，由相关国家对报送名单中的观察员进行遴选并展开视察工作。遴选机制顾名思义即需要经过筛选，对于观察员的人员具有一些条件限制，但也可以通过该方法增强视察的专业性，更加公平。

（一）国内遴选机制

《南极条约》下的南极视察观察员均为当事国国民，而观察员选派的具体标准、程序均由当事国掌控。不同国家视察代表团的组成也不尽一致，有的国家以管理南极事务或者外交事务的行政人员政府官员为主；[1]而新西兰就有一个环境评估审查团（Environmental Assessment Review Panel，EARP），其中有一个专家组就由外交和贸易部长直接管理，其中有专家组成员就会被选入视察组进行视察。[2]当事国作为南极条约体系的成员自然不会任意派遣观察员进行视察，所以无论其国内有无具体规章条例作为观察员选派的指导，均有一套具体的标准以遴选其认为适当的人选作为观察员。目前，建立国内遴选机制并非要求各国建立统一的观察员选派标准和程序，而是要求各国以立法或其他规范性文件的形式进一步完善该机制以提高观察员的素质、水平。

（二）从国内遴选到国际遴选

建立独立的履约监督机构在南极区域尚需时日，但可以将国内遴选机制扩大到国际层面，设立一个“国际观察员候选名单”（International Pool of Inspectors）。《南极海洋生物资源养护公约》下的南极视察建立了“观察员系统”，其他种类的南极视察机制也可以参照其建立，各国可以将遴选的观察员名单报送给国际组织或条约机构，将其纳入该“候选名单”。进行视察时由条约机构或国际组织从中选派观察员以保证视察人员符合标准，这样既实现了主权国家指派观察员又在一定程度上实现了视察的相对独立性，其他国家也可以了解观察员的更多信息以保证合理范围内的监督。国际观察员候选名单制度在保证各国

---

〔1〕 比如中国在2015年进行检查时的人员组成为外交部时任部长助理孔铉佑以及外交部、原国家海洋局和中央外办的人员。参见《中国代表团成功开展南极视察》，载 http://www.fmprc.gov.cn/web/wjdt_674879/wjbxw_674885/t1328941.shtml，最后访问日期：2021年3月15日。

〔2〕 “New Zealand Antarctic Institute”, New Zealand Parliament, http://www.parliament.nz/resource/en-nz/51SCFDT_EVI_00DBSCH_ANR_66643_1_A465022/3109e5fa38075a18896370771cc3ca8be896538b (Last visiting date: 15 March 2021).

主权的基础上，适度增加国际机构的独立性和观察员的中立性，可以更好地保证观察员严格开展视察活动，促进各国更为严格地选拔观察员。

二、设立观察员自我监督机制

观察员自我监督机制是观察员依照自身的行为守则对自身行为合法性的确认。南极视察作为履约监督机制，本身就具有监督性，但作为监督方的本体，视察行动过程中的代表团以及视察中具体的观察员也需要受监督，这种监督既可以来自受视察方，也可以来自第三方、国际组织或条约机构以及观察员中的纪律监督人员。

（一）对视察行动的监督

南极视察活动本身为履约监督行为，而对于南极视察本身也需要进行监督。目前，现有的南极视察制度下对视察行动的监督存在以下几种：第一，根据国内法的规定，相关国家直接派出监督人员，对在南极的一切活动，包括视察活动本身进行监督；第二，在代表团内部进行人员等级划分，部分观察员负责监督其他观察员活动；第三，相关受视察人员根据视察规定，对观察员的违法行为进行举报、起诉。但这几种对视察行动的监督存在于不同的南极视察中，部分监督行为是纯粹的国内法安排。而在国际法层面，现有公约中对于视察的监督机制并不完善。比如根据《关于环境保护的南极条约议定书》第 14 条第 2 款 b 项，观察员也可以不由进行视察活动的国家指派；而第 14 条第 4 款也规定了征询意见制度，鼓励非政府组织对视察活动不符合公约的情况进行批评。但经过几十年的实践，南极条约体系并没有将监督机制继续完善，也没有完全制定出一个视察制度外的监督机制。在视察活动中，环境影响评估（Environmental Impact Assessment）工作仅由进行视察活动的代表团完成，没有任何监督机制进行保障。

（二）观察员自我监督机制

在整个南极履约监督、执法监督体系下存在不同的制度，除本书涉及的南极视察制度外还存在南极监督，即在南极活动的自然人或法人，成员内部存在自我监督机制以实现自我管理、规制。而观察员自我监督机制即代表团内部应存在专门的监督人员以对观察员的行为进行监督。由当事方进行国内南极视察时选派相关的监督人员，既负责国内南极视察的监督工作，也负责其他几种南极视察的监督工作，来专门视察组员或团队行为有无违反相关国内法或国际法的视察。以南极旅游国际经营者协会（International Association of Antarctic Tour Operators，IAATO）为例，该协会的正式成员和临时成员在进行旅游行为时该协会要求其成员派出一名观察员跟队，该观察员负责评估旅游行为对环境的影响情况并撰写视察报告向南极旅游国际经营者协会秘书处报告，该报告会在审查成员资格时被参考，但这种视察的对象和具体条款均为各个成员自己主导制定并实施。

三、多国联合视察常态化

目前已知的多国联合视察存在于《南极条约》下的南极视察中，南极生物资源养护委员会的渔业视察也在一定意义上存在多国联合视察的情况，但国际化程度较低，主要以主权声索国和发达国家为主。这些南极视察中，多国联合视察均不是常态化。

（一）南极视察的多国化趋势

根据南极秘书处网站的显示，自 1961 年《南极条约》生效以来共进行了 59 次视察，其中有 15 次是多国联合视察，最早的一次多国联合视察是 1988 年至 1989 年新西兰与英国的联合视察，最近一次为澳大利亚和智利的联合视察。总体而言，多国联合视察涉及的视察内容多于一国进行的视察，如 2012 年至 2013 年荷兰、西班牙与英国的联合视察就视察了包括中国长城站在内的 15 个科考站，5 艘船只，3 个保护区以及 1 个残骸。[1]而一国视察大多只涉及某一区域集中的站点而不前往较远的其他地区。自 2011 年至 2012 年俄罗斯与美国的联合视察之后，多国联合视察的次数明显增多，视察的对象明显比之前丰富，但 2015 年起，又进行了几次单独视察，可见多国联合视察并没有常态化。2015 年中国进行的视察就是一国进行而且仅仅视察了 6 个他国科考站。

（二）多国联合视察的优点

首先，多国联合视察一般会扩大代表团的人数限制，进而增加视察内容，提高视察过程的严格性。其次，多国联合视察可以促进视察国之间的国际合作，一些在国际事务上对立的国家在南极事务上可以保持合作，有利于缓解国际紧张局势。此外，多国联合视察可以促进代表团内部监督，观察员分组混编可以促进不同国籍的观察员互相合作。多国联合视察常态化可以促进视察效果并有利于各国进一步合作，实现更强的监督

〔1〕 Station · King Sejong Station [Korea (ROK)] · "Arctowski" Polish Antarctic Station (Poland) · Arturo Prat (Chile) · Base Científica Antártica Artigas (BCAA) (Uruguay) · Bellingshausen (Russian Federation) · Carlini (ex Jubany) (Argentina) · Comandante Ferraz (Brazil) · Eco-Nelson (Czech Republic) · Esperanza (Argentina) · Estación Científica Antártica Ruperto Elichiribehety (ECARE) (Uruguay) · Gabriel González Videla (Chile) · Great Wall Station (China) · Palmer (United States) · Presidente Eduardo Frei Montalva (Chile) · Refugio Meteorología Cruls (Brazil) Ship/Vessel · MV Corinthian II (United States) · MV Ocean Diamond (United States) · MV Plancius (Netherlands) · MV Silver Explorer (United States) · SY Paradise (France) Protected Area · HSM 56 - Waterboat Point Hut · HSM 61 - Port Lockroy (United Kingdom) · HSM 71-Whalers Bay Other · Bahia Paraíso Wreck (Argentina)

作用。

四、各方在南极视察中的合作

针对南极区域存在国际视察、国内视察和非政府组织视察的特点，建立联系和协调机制，推进非政府组织参与南极视察，并推动国内南极视察与国际南极视察的合作，这有利于全面实现南极视察的效力和监督作用。

（一）现有南极法律体系下的联系与协调机制

现有的南极法律体系基本上以《南极条约》为核心，以现有的南极条约体系其他国际条约为辅助，外加其他有关的国际法文件和国内法文件。南极条约协商会议作为南极区域权威的国际条约机构曾试图梳理各组织和机构之间的关系。根据2003年南极协商会议的措施1［Measure 1（2003）-ATCM XXVI-CEP VI，Madrid］第2条，南极条约秘书处在南极条约协商会议的指导和监督下……③促进和协调缔约方之间就《南极条约》和《关于环境保护的南极条约议定书》要求的信息交流途径进行沟通；④酌情与“南极条约”系统的其他内容和其他有关国际机构和组织进行必要的协调和联系。[1]目前，南极条约体系下的国际条约机构与其他有关的国际组织互为对方观察员的现象较为普遍，而且双方的年度会议均会邀请对方参与。但在南极视察上，各方还相对独立，没有相关的合作机制。

（二）非政府组织参与南极条约体系下的南极视察

《南极条约》下的南极视察由于具有强烈的官方色彩，因而在数十年的视察报告中极少提及当事国对条约义务的违反，视察报告中的负面内容仅仅是写明存在哪些不足以及提出一些改进

［1］ Measure 1（2003）-ATCM XXVI-CEP VI，Madrid，ARTICLE 2 Functions 1，2.

方案，这些内容是否违反条约义务并不明确。虽然在1998年至1999年德国与英国的联合视察[1]以及2000年至2001年挪威[2]的视察报告中提到了具体违反条约义务的条文，但这毕竟是少数。《南极条约》下的南极视察往往具有外交任务属性，来访观察员除了具有履约监督职能外还存在国家交流、访问的效果，因而受视察方也会将严肃、专业的履约监督工作政治化、外交化，使视察报告中充斥着合影、致谢等，影响了视察活动的效果，这在某种意义上背离了视察的初衷。为了加强视察的严肃性和效率，可以让非政府组织在参与会议讨论之外派员一同参与视察活动以起到监督作用。

（三）国内南极视察与国际南极视察的合作

南极海洋生物养护委员会的管理区域包括部分主权国家的所辖海域。为防止相关国家因消极参与视察、天气恶劣或其他因素导致视察覆盖范围的缺失，可以要求所有在公约区域内进行捕捞的渔船均载有本国国内的观察员，或要求相关国家在公约区域内载有南极海洋生物资源养护委员会的观察员。这一方面确保相关捕捞渔船遵守本国的渔业法律规定，另一方面也确保其遵守南极海洋生物资源养护委员会的养护措施，并便于更快速地找到无牌照渔船的位置。在公约区域，进行捕捞的渔船相较其他海域较少，因而与其获取的利益相比，载有观察员所增加的成本微不足道。对于国际科学视察机制，鉴于科学观察员对公约区域内IUU捕捞汇报的增加，维持两种视察机制制约了对于IUU捕捞行为的规制，应该将两个机制合并，观察员在

---

〔1〕 Report of a Joint Inspection Under Article Ⅶ of the Antarctic Treaty by United Kingdom and German Observers JANUARY 1999.

〔2〕 Report of the Norwegian Antarctic inspection under Article Ⅶ of the Antarctic Treaty and Article 14 of the Protocol on Environmental Protection to the Antarctic Treaty JANUARY 2001, p. 10.

发现违法行为时可以立即采取措施制止并进行记录。南极视察制度的完善需要考虑其是否易于实施，当前南极区域治理已经超越了国家、政府间国际组织规制的范畴，无论是非政府组织还是非南极条约体系的域外国家均可能成为南极治理的主体，因而需要各方的配合才能实现。通过现在的制度安排可以进一步提高南极视察的效率，在今后的过程中，南极视察可以随着整个南极法律制度的系统化实现更专业、高效。

五、推动国际法履约监督制度发展

与整个南极区域法律制度类似，南极视察制度依然处于动态发展进程中。作为南极区域的履约监督机制，南极视察制度不但具有其他国际法履约监督机制的特点和实现途径，而且在未来可能受到新产生的履约监督机制的影响而发展。具体而言，南极视察制度虽然脱胎于一系列已有的国际法履约监督机制，但已经在南极区域形成了自身的运作体系，具有足够的基础以建立独立的履约监督机构，并与全球层面的履约监督机制衔接。

（一）独立的履约监督机构

南极视察制度依靠一系列国际组织，特别是南极条约体系下的国际条约机构。由于这些组织和机构规模相对较小，更多依托成员内部的行政体系，因而不存在独立的履约监督机构。相较于上文提及的国际劳动法、国际环境法中存在的独立履约监督机构，南极视察制度至今未建立受制于国际条约机构或组织的履约监督机构，其视察的协调、开展均由机构或组织本身进行。

具体而言，在几种不同的南极视察机制下，其他国际组织和国际条约机构，特别是非政府组织开展的南极视察建立独立履约监督机构的意愿不太具有紧迫性。这些组织本身为独立的专业组织，开展视察的过程本身起到了对政府间国际组织的监督作用，且本身规模更小，因而目前也不存在要求其建立履约监督机构的呼吁。因不具有履约监督机构而产生的一系列问题更多地发生于南极条约体系下的南极视察机制中。随着视察开展的逐渐常规、完善，一些直接与履约监督效果相关的问题就会显现，而建立独立的履约监督机构则可以有效解决该问题。

（二）与全球层面的履约监督机制衔接

与南极视察制度相比，联合国人权理事会和国际原子能机构下的履约监督机制均属于联合国体系下的专门组织或条约机构，其不同程度上依托联合国机制。这些履约监督机制在针对不履约的情况时有着丰富的处置手段，可以将争议提交国际司法机构进行裁判，甚至最终可以通过联合国安理会进行武装解决。目前，传统国际公法层面的司法裁判机构以国际法院和国际海洋法法庭为主，而武装冲突解决违反国际义务的情况在国际组织层面仅存在联合国的集体安全机制。根据对南极视察制度的全方位分析，目前与南极有关的国际案件极少，而澳大利亚诉日本捕鲸案即涉及南极区域的视察制度，只不过该案件最终不了了之，日本也最终通过“退约”的方式表示不再遵守捕鲸限额的相关义务。南极视察制度作为非联合国体系的国际法制度完全可以与联合国建立更紧密的联系以提高自身的权威性，这对于南极视察制度的未来发展方向具有一定实际意义。

结 论

南极视察是与南极相关的国际法、国内法文件规定的以实现南极环境保护、资源合理利用、和平使用为目的的履约、执法监督活动，其要求相关的国家、国际组织、自然人、法人在南极活动中遵守相关规定，否则将承担相关的法律责任。南极视察制度最早被规定在《南极条约》第7条，其是指南极条约协商国派出观察员对当事方在南极地区的设施及行为有无违反《南极条约》进行的视察行为。通过研究南极视察的中文翻译和各国际条约中的作准文本可知，南极视察活动包括了检查和报告两种行为，因而南极视察实际上是南极检查和报告活动，但由于目前国内主管机关已采取“南极视察”的称谓，并将进行南极视察的人员称为“观察员”，人员组成的团体称为“代表团”，因而本书采纳了国家主管机关的一般称谓。通过研究南极视察制度的整体可以发现南极视察具有众多特征，要素大致可以被归纳为视察的对象、依据及人员。作为一项国际法下的履约监督制度，南极视察本身源于国际武装冲突法中的履约监督机制，并吸纳了其他国际法制度下的履约监督机制，结合南极区域发展的特性逐步形成了一整套南极视察制度。

作为国际法中履约监督机制的一种，南极视察也具有深厚的理论基础，无论是国际法理论上还是国际法的现实需求均要求南极视察的存在，并且南极视察与其他履约监督机制还可以相互借鉴。南极视察作为国际法履约监督机制的一种，效力源于国际法的法律性，而主权国家的自愿承诺构成法律性的成因，承诺后必须遵守国际义务，出现违约情况则承担国际责任，这是立法、司法、执法、守法在国际法层面完整性的体现；南极视察作为南极区域制度，由和平原则和环境保护原则所决定。整个南极视察制度的存在保障了保护南极环境各制度的效果，实现了南极资源有效利用，为整个履约监督制度提供了发展思路。在南极区域治理中，不同种类的南极视察机制承担了不同治理层面的履约监督职能，有效促进了对南极环境的切实保护，及对南极资源的合理利用，对国际法的整体发展产生了推动作用。依据不同的分类标准可以将南极视察分为不同类型，南极视察存在国际法和国内法两方面的法律依据，国际法方面包括南极条约体系下现行有效的国际条约及一系列规范性文件，此外还包括其他南极区域及在南极区域适用的国际条约和规范性文件；国内法依据包括各国国内的南极立法。南极视察国际法和国内法并非截然分开，南极履约监督和执法监督本身是国际法和国内法层面的表现，因而才衍生出南极检查和南极监督机制。

《南极条约》下的南极视察是整个南极视察制度的核心，视察的依据包括条约下的规定及南极条约协商会议通过的一系列有关南极视察的“决定”“措施”“决议”，其中“视察清单”规定了该种南极视察的具体视察内容，包括科考站、载具、其他场地、特殊区域及南极活动，实际上，其是由单纯的军事视察逐渐演变为环境视察。视察的开展主要包括决定视察主体、开展视察工作、评估履约情况三部分，其中协商国可以直接决定视察并选派观察员，代表团仅进行视察并撰写视察报告，一些典型的视察报告可以看出视察的特点和问题，报告将最终提交并在南极条约协商会议讨论。该种南极视察存在视察形式与性质的冲突，其中一些规范性文件的效力还有待确认，作为国内南极立法的转化和纳入，部分国家还未通过南极立法，而且无论是条约还是规范性文件，其中并未提到法律责任的内容。但其依然有效保护了南极环境，开创了南极视察制度并维护了南极局势的稳定。

《南极海洋生物资源养护公约》下的南极视察独立于《南极条约》，主要关注南极海洋生物资源养护，以实现南极渔业捕捞有序开展为宗旨。该种南极视察经过多年讨论才被最终确立，是将国内捕捞视察的国际应用，并将信息收集和履约监督的职能进行了区分，单独设立了“国际科学视察机制”和“南极海洋生物资源养护委员会视察系统”。视察的法律依据包括条约依据、具有法律拘束力的养护措施依据及规范性文件依据。在国际科学视察机制下，一系列规范性文件规定了指派、接收观察员的义务，进行视察时观察员要进行信息收集并视察、报告，视察时要遵守相关纪律否则将承担法律责任，同时，相关文件也规定了对观察员的救助责任。在南极海洋生物资源养护委员会视察系统下，指派观察员存在一定标准，观察员的职能和义务也被相关文件细致规定，缔约方、捕捞方等权利义务也均被规定，该系统将视察分为“海上视察”和“港口视察”，并规定了违反条约义务和具体人员对抗视察的法律责任。该种南极视察由于内容复杂经历了长久的讨论才被最终建立，但实践中遇到的问题更多，甚至近 30 年来并未进行过太多实践，此外，公约内容及效力存在固有缺陷，作为开放的区域，公约区域边界管理也存在困难。

除两种南极条约体系的南极视察以外，在南极条约体系外的国际法和国内法中也存在一些南极视察机制。其中，国际性的南极视察主要是南极区域的国际组织或条约机构进行的南极视察，包括政府间国际组织、条约机构、非政府间国际组织等，其与南极条约体系紧密关联，注重不同具体领域的南极活动，并实现了对南极条约下国际条约机构的监督。本书以南太平洋区域渔业管理组织为例，对其进行的南极视察进行了分析，实现了对《1995 年协定》的直接适用。因而整个全球的渔业视察机制发展脉络及架构得以明晰，国内法层面的渔业视察被《南极海洋生物资源养护公约》所借鉴，《联合国海洋法公约》下的《1995 年协定》借鉴了相关内容，而后其他的渔业组织又将相关规则直接适用。国际性的南极视察具有更高的专业性和监督能力，但同时也由于其本身的效力和适用范围而作用有限。国内法中的南极视察存在三种规定模式，包括对国际法南极视察的转化、补充细化及规定独立的南极视察，其背后是主权国家对于自身南极活动的要求或南极主权的声索。

南极视察制度依然存在着一些问题和不足，这些问题的存在影响着南极视察的效果。各种南极视察机制之间的关系在法律上缺乏明确的规制，这反映了南极区域治理缺乏规范性而是以应对性为主。同时，南极视察制度中还存在一些普遍性的法律问题，典型表现是南极区域非政府组织的南极视察并无国际法效力，但实践中无可争议地产生了很大影响，如何在南极治理中明确其地位是一个重点。南极视察中法律责任涉及众多管辖权问题，但南极视察制度将对观察员及其他人员的管辖权完全交由其所属国，部分南极视察机制也没有规定南极活动违反条约义务的国家责任，此外，部分条约还涉及对第三方行为的约束，突破了条约的相对性。同时，南极视察也需要向专业化方向发展，以提高南极视察的效率。而在国内法层面，南极视察的外延需要被明确，南极履约监督与执法监督作为南极治理的一体两面需要理论层面的厘清。基于此，可继续完善南极视察制度的以下几个方面：应设立“国际观察员候选名单”、观察员自我监督制度，并让多国联合视察常态化，倡导各方在南极视察上的合作。

南极视察制度至今已经有60年的历史，其存在保障了南极法律制度的实施，保障了国际条约或倡议内容的实现。与地球上其他人类开发活动的地区相比，南极地区的环境一直被保护得较好，这与南极视察制度的存在是分不开的。南极视察制度还成了各国、各国际组织相互合作交往的平台，共同处理南极事务，保护南极地区环境，这成为促进国际合作、增进国际友谊的重要桥梁。虽然南极视察制度还存在一定的完善空间，但不可否认，它起到了监督南极活动、保护南极环境的作用。上升到国际履约监督制度层面，目前国际法层面履约监督制度虽然逐步建立，但却依然缺乏一个统一、基础性的理论体系。本书虽然以南极视察为题，但实际希望以南极视察制度的研究为“案例”，对其理论基础和实践问题、效果进行归纳，并演绎出整个国际法履约监督制度层面的理论，并将其作为其他国际法履约监督机制的发展方向，最终在国际法各个领域形成一套各方认可、行之有效的履约监督机制，并最终实现国际法更强的权威性、有效性，对世界乃至地球外法律安排的发展提供支持。对我国而言，随着中国在南极活动中种类、数量的增长，更多的国际目光关注到了中国的南极活动，对南极视察制度进行系统和深入的研究，不仅有利于更好地规范中国的南极活动，也有利于提升中国在南极事务决策中的话语权，更有利于在新的国际法制度构建中发挥主导作用。

参考文献

一、中文文献

1. 马呈元主编:《国际法》，中国人民大学出版社 2019 年版。
2. 王铁崖主编:《国际法》，法律出版社 1995 年版。
3. 林灿铃:《国际环境法》，人民出版社 2004 年版。
4. 郭培清、石伟华编著:《南极政治问题的多角度探讨》，海洋出版社 2012 年版。
5. 刘惠荣、刘秀:《南极生物遗传资源利用与保护的国际法研究》，中国政法大学出版社 2013 年版。
6. 位梦华、郭琨编著:《南极政治与法律》，法律出版社 1989 年版。
7. 邹克渊:《南极矿物资源与国际法》，北京大学出版社 1996 年版。
8. 陈力等:《中国南极权益维护的法律保障》，上海人民出版社 2018 年版。
9. 陈玉刚、秦倩:《南极：地缘政治与国家权益》，时事出版社 2017 年版。
10. 何柳:《门户国家经验视角下中国参与南极治理的问题及策略研究》，武汉大学出版社 2018 年版。
11. 潘敏:《国际政治中的南极：大国南极政策研究》，上海交通大学出版社 2015 年版。
12. 郭红岩:《论南极活动管理的国际法制度》，载中国海洋法协会主办:《中国海洋法年刊 2016》，中国民主法制出版社 2018 年版。
13. 郭红岩:《澳大利亚南极活动行政许可制度》，载孔庆江主编、林灿铃执行主编:《国际法评论》(第9卷),清华大学出版社2019年版。
14. 郭红岩:《论南极条约体系和海洋法公约体系的关系》,载中国海洋法协会主办:《中国海洋法年刊2020》,知识产权出版社2020年版。
15. 林灿铃、杜彩云:《环境伦理之于国际环境立法》,载《比较法研究》2019年第6期。
16. 林灿铃:《国际环境法实施机制探析》,载《比较法研究》2011年第2期。
17. 何驰:《国际法上的非政府组织:理论反思与重构》,载《中外法学》2020年第3期。
18. 陈力:《美国的南极政策与法律》,载《美国研究》2013年第1期。
19. 郭红岩:《论南极条约体系关于南极争端的解决机制》,载《中国海洋大学学报(社会科学版)》2018年第3期。
20. 郭红岩:《南极活动行政许可制度研究——兼论中国南极立法》,载《国际法学刊》2020年第3期。
21. 刘惠荣等:《"南北极国际治理的新发展"专论》,载《中国海洋大学学报(社会科学版)》2019年第6期。
22. 刘惠荣:《海洋战略新疆域的法治思考》,载《亚太安全与海洋研究》2018年第4期。
23. 刘惠荣、胡小明:《主权要素在BBNJ环境影响评价制度形成中的作用》,载《太平洋学报》2017年第10期。
24. 刘惠荣:《解读南极条约中的生态与科学》,载《人与生物圈》2017年第Z1期。
25. 刘惠荣、董跃:《中国海洋权益法律保障视野中的极地问题研究》,载《中国海洋大学学报(社会科学版)》2010年第5期。
26. 龚迎春:《试论〈南极条约〉体系确立的环境保护规范对各国的效力》,载《外交学院学报》1990年第3期。
27. 邹克渊:《南极矿物资源与南极环境的法律保护》,载《政法论坛》1991年第3期。
28. 胡德坤、唐静瑶:《南极领土争端与〈南极条约〉的缔结》,载《武汉大学学报(人文科学版)》2010年第1期。

29. 刘惠荣、刘秀:《国际法体系下南极生物勘探的法律规制研究》，载《中国海洋大学学报（社会科学版）》2012 年第 4 期。
30. 邹克渊:《在南极矿物资源法律中的视察制度》，载《法学杂志》1989 年第 6 期。
31. 周菲:《德国参与南极事务的历程与特点及其启示》，载《德国研究》2015 年第 2 期。
32. 徐世杰:《浅析南极条约协商会议工作机制及影响》，载《海洋开发与管理》2004 年第 3 期。
33. 袁泽庆:《美俄南极视察为哪般》，载《人民日报（海外版）》2012 年 2 月 4 日。
34. 陈力:《论南极海域的法律地位》，载《复旦学报（社会科学版）》2014 年第 5 期。
35. 陈力:《南极治理机制的挑战与变革》，载《国际观察》2014 年第 2 期。
36. 陈力:《美国的南极政策与法律》，载《美国研究》2013 年第 1 期。
37. 阙占文:《论南极环境损害责任制度》，载《江西社会科学》2011 年第 3 期。
38. 王惠:《论南极环境损害责任制度之紧急事态导致的责任》，载《南京财经大学学报》2009 年第 3 期。
39. 慕亚平:《论南极的法律地位》，载《法律科学（西北政法学院学报）》1989 年第 2 期。
40. 叶晓丹:《南极环境损害责任制度探析》，载《江南大学学报（人文社会科学版）》2004 年第 6 期。
41. 李薇薇:《南极环境损害责任制度的新发展》，载《法学评论》2000 年第 3 期。
42. 高威:《南北极法律状况研究》，载《海洋环境科学》2008 年第 4 期。
43. 邹克渊:《南极全面保护的法律思考》，载《中外法学》1991 年第 4 期。
44. 陈力、屠景芳:《南极国际治理：从南极协商国会议迈向永久性国际组织》，载《复旦学报（社会科学版）》2013 年第 3 期。

45. 朱瑛、薛桂芳、李金蓉:《南极地区大陆架划界引发的法律制度碰撞》,载《极地研究》2011 年第 4 期。
46. 邹克渊:《国际海洋法对构建人类命运共同体的意涵》,载《中国海洋大学学报(社会科学版)》2019 年第 3 期。
47. 刘斌:《南极大陆架的国际法学探析》,载《海洋开发与管理》2010 年第 5 期。
48. 顾婷:《南极旅游:现实挑战与法律应对》,载《政治与法律》2010 年第 3 期。
49. 阮振宇:《南极条约体系与国际海洋法:冲突与协调》,载《复旦学报(社会科学版)》2001 年第 1 期。
50. 张林:《南极条约体系与我国南极区域海洋权益的维护》,载《海洋开发与管理》2008 年第 2 期。
51. 邹克渊:《南极条约体系与第三国》,载《中外法学》1995 年第 5 期。
52. 邹克渊:《南极条约体系及其未来》,载《中外法学》1990 年第 1 期。
53. 孙尚楼:《南极条约及南极条约体系》,载《中学地理教学参考》1994 年第 6 期。
54. 邹克渊:《南极法——国际法中的又一新分支》,载《法学杂志》1991 年第 4 期。
55. 刘惠荣、陈明慧、董跃:《南极特别保护区管理权辨析》,载《中国海洋大学学报(社会科学版)》2014 年第 6 期。
56. 王曦、陈维春:《南极环境保护法律制度之浅见》,载《武大国际法评论》2005 年第 0 期。
57. 吴宁铂:《澳大利亚南极立法体系及其困境》,载《边界与海洋研究》2017 年第 2 期。
58. 李仁真:《关于加快推进南极活动立法的思考和建议》,载《边界与海洋研究》2017 年第 1 期。
59. 董晓婉、陈力:《南极海域 IUU 捕捞的国际法规制》,载《复旦国际关系评论》2017 年第 2 期。
60. 屠景芳:《南极视察机制探究》,载《复旦国际关系评论》2017 年第 2 期。

61. 何志鹏、姜晨曦:《南极海洋保护区建立之中国立场》,载《河北法学》2018 年第 7 期。

62. 白佳玉、隋佳欣:《人类命运共同体理念视域中的国际海洋法治演进与发展》,载《广西大学学报(哲学社会科学版)》2019 年第 4 期。

63. 陈力:《南极海洋保护区的国际法依据辨析》,载《复旦学报(社会科学版)》2016 年第 2 期。

64. 陈力:《论南极条约体系的法律实施与执行》,载《极地研究》2017 年第 4 期。

65. 董跃:《我国〈海洋基本法〉中的“极地条款”研拟问题》,载《东岳论丛》2020 年第 2 期。

66. 余敏友、陈盼盼:《论〈港口国措施协定〉对非法、不报告和不管制捕鱼的管控》,载《中国海洋大学学报(社会科学版)》2020 年第 2 期。

67. 王冠雄:《打击非法捕鱼措施之探讨:欧盟的实践》,载《边界与海洋研究》2018 年第 5 期。

68. 黄硕琳、邵化斌:《全球海洋渔业治理的发展趋势与特点》,载《太平洋学报》2018 年第 4 期。

69. 王甜、唐议:《港口国措施对治理 IUU 捕捞的有效性及〈港口国措施协定〉对我国的影响分析》,载《上海海洋大学学报》2017 年第 5 期。

70. 刘乃忠:《规制国际 IUU 捕鱼行为的港口国措施分析》,载《海洋开发与管理》2010 年第 7 期。

71. 李良才:《管制 IUU 捕捞的国家措施研究——挪威经验及借鉴》,载《渔业经济研究》2010 年第 1 期。

72. 李良才:《管制 IUU 捕捞的国家责任问题研究》,载《河北农业科学》2009 年第 1 期。

73. 吴宁铂:《CCAMLR 规制 IUU 捕鱼的措施评估与反思》,载《极地研究》2019 年第 1 期。

74. 许浩:《管制 IUU 捕捞的渔业法对策》,载《海洋开发与管理》2009 年第 8 期。

75. 赵勇:《国际法发展新趋势与非政府组织的参与》,载《海峡法学》2019 年第 4 期。

76. 王婉潞:《南极治理机制的类型分析》,载《太平洋学报》2016年第12期。
77. 何志鹏:《以诺为则:现代性国际法的渊源特质》,载《当代法学》2019年第6期。
78. 许柳雄、岳冬梅、朱国平:《美国渔业观察员计划对我国的启示》,载《安徽农业科学》2009年第1期。
79. 王溪:《精彩的海鸟图鉴——〈南大洋海鸟鉴别——登临渔船科学观察员指南〉书评》,载《海洋开发与管理》2018年第12期。
80. 吴峰、戴小杰:《对鱼类分类课程在远洋渔业观察员培训中的几点思考》,载《高教学刊》2016年第8期。
81. 缪圣赐:《印度洋地区的渔业观察员训练班课程开讲了》,载《现代渔业信息》2011年第7期。
82. 缪圣赐:《EU的共同渔业管理厅在2009年中实施五个共同监视计划》,载《现代渔业信息》2009年第8期。
83. 缪圣赐:《俄罗斯为远东地区配备最新的渔业监视船》,载《现代渔业信息》2009年第7期。
84. 缪圣赐:《为了在太平洋地区杜绝IUU渔业美国与汤加签订了共同乘坐监视船进行监视的协定》,载《现代渔业信息》2010年第3期。
85. 肖永平:《"长臂管辖权"的法理分析与对策研究》,载《中国法学》2019年第6期。
86. 周凤翱、丛丹:《国际原子能机构核保障制度及其立法对我国的启示》,载《华北电力大学学报(社会科学版)》2015年第5期。
87. 周钰涵:《国际核不扩散机制的建立及其局限性研究》,载《南方论刊》2017年第11期。
88. 赵勇:《国际法发展新趋势与非政府组织的参与》,载《海峡法学》2019年第4期。
89. 刘宏松、钱力:《非政府组织在国际组织中影响力的决定性因素》,载《世界经济与政治》2014年第6期。
90. 熊李力:《论非政府专业国际组织在中国的影响力》,载《太平洋学报》2010年第4期。

91. 黄世席:《非政府间国际组织的国际法主体资格探讨》，载《当代法学》2000 年第 5 期。

92. 饶戈平:《论全球化进程中的国际组织》，载《中国法学》2001 年第 6 期。

93. 彭忠波:《非政府国际组织的法律人格探析》，载《武大国际法评论》2007 年第 1 期。

94. ［美］A. M. 克拉克、王国荣:《论非政府国际组织在国际社会中的影响》，载《国际政治研究》1996 年第 1 期。

95. 陈力:《论我国南极立法的适用范围》，载《复旦学报（社会科学版）》2020 年第 3 期。

96. 蒲昌伟:《作为国际法实施新机制的不遵约机制新探》，载《哈尔滨师范大学社会科学学报》2016 年第 4 期。

97. 王明国:《遵约与国际制度的有效性：情投意合还是一厢情愿》，载《当代亚太》2011 年第 2 期。

98. 凌晓良等:《透过南极条约协商会议文件和议案看南极事务》，载《中国软科学》2009 年第 S2 期。

99. 薛伊文:《浅议国际条约在法律英语中的语言特点——以〈联合国国际货物销售合同公约〉为例》，载《现代语文（语言研究版）》2015 年第 7 期。

100. 吴慧、张欣波:《国家安全视角下南极法律规制的发展与应对》，载《国际安全研究》2020 年第 3 期。

101. 董跃:《国际海事司法中心建设应当关注的若干海洋权益问题》，载《人民法治》2017 年第 5 期。

102. 刘惠荣、齐雪薇:《设立南极海洋保护区的法律困境与出路：兼谈中国的应对》，载《海洋开发与管理》2021 年第 4 期。

103. 刘唯哲:《〈联合国海洋法公约〉对南极海域争端的影响与启示》，载《中华海洋法学评论》2020 年第 3 期。

104. 李雪平:《人类命运共同体理念的南极实践：国际法基础与时代价值》，载《武大国际法评论》2020 年第 5 期。

105. 易卫中:《论后巴黎时代气候变化遵约机制的建构路径及我国的策

略》，载《湘潭大学学报（哲学社会科学版）》2020 年第 2 期。
106. 朱利江：《试论各国议会参与联合国人权普遍定期审议》，载《法治研究》2017 年第 2 期。
107. 曹胜辉、徐杰：《条约监督机制与条约义务的履行》，载《外交学院学报》2000 年第 2 期。
108. 谭艳：《禁止核武器条约：特征、目的和意义》，载《国际法研究》2020 年第 3 期。
109. 胡高辰：《全面禁止核试验条约遭遇特朗普政府冲击》，载《世界知识》2020 年第 15 期。
110. 谭艳：《禁止核武器条约：特征、目的和意义》，载《国际法研究》2020 年第 3 期。
111. ［美］乔治·佩科维奇、孙硕、张国帅：《禁止核武器条约：接下来做什么》，载《国际安全研究》2018 年第 1 期。
112. 郭晓兵：《不扩散核武器条约 50 年回顾：得失、挑战与出路》，载《世界知识》2020 年第 11 期。
113. 陶文钊：《苏联解体后美俄管理核武器扩散的经验与启发》，载《国际关系研究》2018 年第 5 期。
114. 马迁：《WTO 争端执行的“合理期限”：问题及对策建议》，载《郑州大学学报（哲学社会科学版）》2011 年第 2 期。
115. 魏庆坡：《美国宣布退出对〈巴黎协定〉遵约机制的启示及完善》，载《国际商务》（对外经济贸易大学学报）2020 年第 6 期。
116. 何志鹏、魏晓旭：《武装冲突中国家责任的归因标准探究》，载《社会科学战线》2021 年第 3 期。
117. 汤蓓：《规则制定与联合国维和部队武力使用》，载《世界经济与政治》2015 年第 3 期。
118. 张骏：《守成则无以拂远的困局——浅议“天下”观念与当代国际法秩序的兼容性》，载《历史法学》2016 年第 10 期。
119. 王帆：《中国视角：朝核问题现状及解决途径》，载《和平与发展》2020 年第 1 期。
120. 马晶：《美朝新加坡峰会后的半岛局势：现状、挑战与应对》，载《东疆学刊》2020 年第 1 期。
121. 林利民、程亚克:《有关朝核前景的若干焦点问题评析》，载《现代国际关系》2020 年第 3 期。
122. 刘天聪:《拜登政府将怎样对待朝鲜》，载《世界知识》2021 年第 2 期。
123. 阮建平、方旭峰:《历史与社会视域下朝鲜拥核动机再探析》，载《延边大学学报（社会科学版）》2019 年第 6 期。
124. 张慧智:《特朗普政府对朝核问题的危机管理及前景研判》，载《东北亚论坛》2020 年第 3 期。
125. 刘德斌:《国家形态与国际领导权》，载《复旦国际关系评论》2020 年第 2 期。
126. 赵思洋:《自由主义国际思想：从国际关系理论回到思想史》，载《史学月刊》2021 年第 1 期。
127. 焦一强、王四海:《美俄退出〈中导条约〉及其对欧洲安全与地缘政治的影响》，载《俄罗斯研究》2020 年第 5 期。
128. 林红:《"失衡的极化"：当代欧美民粹主义的左翼与右翼》，载《当代世界与社会主义》2019 年第 5 期。
129. 彭岳:《中美贸易战的美国法根源与中国的应对》，载《武汉大学学报（哲学社会科学版）》2020 年第 2 期。
130. 梁西:《国际法的社会基础与法律性质》，载《武汉大学学报（社会科学版）》1992 年第 4 期。
131. ［英］郑斌:《国际法的渊源：国际习惯法和条约》，李斐南译，载《环球法律评论》1986 年第 1 期。
132. 骆礼敏:《国家承诺的可信性：理论争议和一个新的视角》，载《当代亚太》2016 年第 6 期。
133. 孙志强、韩召颖:《国家战略选择的影响因素探析——信息不对称、行为体偏好与承诺可信性》，载《未来与发展》2016 年第 11 期。
134. 冯相昭等:《从国家自主贡献承诺看全球气候治理体系的变化》，载《世界环境》2015 年第 6 期。
135. 尹继武:《国际安全困境的缓解逻辑：一项理论比较分析》，载《教学与研究》2021年第1期。
136. 梁卓:《武装冲突中人道主义援助的国家同意问题: 解释争议、发展动向及其启示》, 载《国际法研究》2021年第1期。
137. 黄小喜:《论主权国家承诺约束自身行动的国际法问题》, 载《大家》2012年第11期。
138. 顾微微、徐慎丽:《从契约到条约看私法理念对国际法的影响》, 载《南通大学学报(社会科学版)》2005年第4期。
139. 何志鹏:《漂浮的国际强行法》, 载《当代法学》2018年第6期。
140. 王庆海、李晓楠、姚玉红:《与国际法上条约必须遵守原则相悖的研究》, 载《社会科学战线》2010年第3期。
141. 王勇:《论中国对条约提具的保留及其总体完善对策》, 载《社会科学研究》2014年第2期。
142. 邱在珏:《不平等条约与"条约必须遵守"原则》, 载《河北法学》1984年第1期。
143. 任虎:《国际强行法和普遍义务关系之争论及其辨析》, 载《中国政法大学学报》2021年第1期。
144. 高波:《国际法中一般法律原则有效性之司法维度分析》, 载《哈尔滨学院学报》2010年第9期。
145. 刘志云:《国际法的"有效性"新解》, 载《现代法学》2009年第5期。
146. 孙畅:《全球环境关系中国际法的有效性考辨——种国际制度理论的视角》, 载《华东政法大学学报》2011年第5期。
147. 王明国:《机制碎片化及其对全球治理的影响》, 载《太平洋学报》2014年第1期。
148. 韩逸畴:《国际法中的"反事实推理": 作用与局限》, 载《现代法学》2018年第1期。
149. 曲双石、谭琦:《国际组织效率评价模型分析》, 载《IMI研究动态》2016年合辑。
150. 罗杭:《国际组织决策的智能体计算实验——以欧盟成员构成演变与决策机制变革为例》, 载《世界经济与政治》2020年第7期。

151. 葛淼:《全球化下的国际法主体扩张论》，载《政法学刊》2018 年第 6 期。
152. 史春玉:《代议制政府作为一种混合政体——评〈代议制政府的原则〉》，载《政治思想史》2020 年第 3 期。
153. 刘贞晔:《全球治理时代全球利益与国家利益的调适》，载《社会科学》2015 年第 1 期。
154. 初冬梅:《西方政治地理学对边界问题的研究》，载《中国边疆史地研究》2017 年第 3 期。
155. 张巧运:《民族—国家的边界、中心和关系——从〈想象的共同体〉看民族主义的困境和消解之道》，载《民族学刊》2016 年第 1 期。
156. 刘衡:《论强制仲裁在国际争端解决中的历史演进》，载《国际法研究》2019 年第 5 期。
157. 赵骏、谷向阳:《国际法中“权威学说”功能的流变与当下意义》，载《太平洋学报》2020 年第 7 期。
158. 赵宁宁:《对当前澳大利亚南极政策的战略解析及其借鉴》，载《华东理工大学学报（社会科学版）》2017 年第 6 期。
159. 李学峰等:《南极特别保护区体系：现状、问题与建议》，载《生态学杂志》2020 年第 12 期。
160. 李寿平:《人类命运共同体理念引领国际法治变革：逻辑证成与现实路径》，载《法商研究》2020 年第 1 期。
161. 林灿铃:《国际法的“国家责任”之我见》，载《中国政法大学学报》2015 年第 5 期。
162. 冯东兴:《朝鲜停战中的中立国监察委员会》，载《东北师大学报（哲学社会科学版）》2015 年第 1 期。
163. 林灿铃:《边境地区环境问题的法治之道》，载《政法论丛》2017 年第 2 期。
164. 张培豪:《“共同而有区别的责任”原则的利益困境》，载《领导科学》2014 年第 14 期。
165. 李勋:《试论国际环境法的国际合作原则》，载《湖南师范大学社会科学学报》2001 年第 S2 期。
166. 邹惠:《论国际环境法的基本原则》，载《环境保护》2009 年第 4 期。

167. 寇丽:《共同但有区别责任原则：演进、属性与功能》，载《法律科学（西北政法大学学报）》2013 年第 4 期。
168. 刘惠荣、姜茂增:《论风险预防原则在南极环境管理中的适用》，载《极地研究》2015 年第 2 期。
169. 施余兵、陈奥鑫:《构建“渐进式”的南海渔业执法合作》，载《海南大学学报（人文社会科学版）》2020 年第 4 期。
170. 孙文文等:《区域渔业管理组织关于建立 IUU 捕捞渔船清单养护管理措施的比较》，载《上海海洋大学学报》2021 年第 2 期。
171. 刘艳红、黄硕琳:《公海渔业制度的发展及我国的公海渔业权益》，载《海洋湖沼通报》2009 年第 1 期。
172. 赵宁宁:《南非参与南极事务的利益关切与政策选择》，载《西亚非洲》2017 年第 6 期。
173. 梁怀新:《日本的南极战略评析》，载《国际研究参考》2018 年第 10 期。
174. 马呈元:《国际犯罪及其责任》，中国政法大学 2001 年博士学位论文。
175. 宋冬:《论〈巴黎协定〉遵约机制的构建》，外交学院 2018 年学博士学位论文。
176. 蒋力啸:《全球治理视角下国际法遵守理论研究》，上海外国语大学 2018 年博士学位论文。
177. 卓振伟:《国际遵约中的身份困境：解释南非对国际刑事法院的政策演变》，国际关系学院 2018 年博士学位论文。
178. 张弛:《国际法遵守理论与实践的新发展》，武汉大学 2012 年博士学位论文。
179. 王惠茹:《国际法院判决遵行问题研究——机制、困境与完善》，吉林大学 2020 年博士学位论文。
180. 李宝林:《信任与遵守：〈不扩散核武器条约〉无核缔约国的核政策研究》，复旦大学 2011 年博士学位论文。
181. 蒲芳:《国家同意原则视角下的侵略罪管辖权问题研究》，华东政法大学 2019 年博士学位论文。
182. 牟文富:《论核不扩散条约下的国家责任》，复旦大学 2009 年博士学位论文。
183. 张雪:《国家与政府间国际组织的互动关系研究》，吉林大学 2019 年博士学位论文。

二、译著

1. [英] 奥本海著，詹宁斯修订:《奥本海国际法》，王铁崖等译，中国大百科全书出版社 1998 年版。
2. [荷] 格劳秀斯著，[美] 弗朗西斯·W. 凯尔西等英译:《战争与和平法》(第 1 卷)，马呈元译，中国政法大学出版社 2018 年版。
3. [美] E. 博登海默:《法理学：法律哲学与法律方法》，邓正来译，中国政法大学出版社 2004 年版。
4. [美] 汉斯·摩根索:《国家间政治：权力斗争与和平》，北京大学出版社 2006 年版。
5. [美] 塞缪尔·亨廷顿:《文明的冲突与世界秩序的重建》，周琪译，新华出版社 2018 年版。
6. [美] 塞缪尔·亨廷顿:《变化社会中的政治秩序》，王冠华等译，上海人民出版社 2017 年版。
7. [美] 弗朗西斯·福山:《历史的终结与最后的人》，毛俊杰译，广西师范大学出版社 2015 年版。

三、外文文献

1. Alan D. Hemmings, Donald R. Rothwell, Karen N. Scott, *Antarctic security in the twenty-first century: legal and policy perspectives*, Routledge Press, 2012.
2. Gianfranco Tamburelli, The Antarctic legal system: *the protection of the environment of the polar region*, Giuffre Press, 2008.
3. Samuel P. Huntington, *The Clash Of Civilizations: And The Remaking of World Order*, Simon & Schuster, 2002.
4. Beck, Peter J. , *The International Politics of Antarctica* (Routledge Revivals). Routledge, 2014.

5. Francioni, Francesco, Tullio Scovazzi eds, *International law for Antarctica*, Martinus Nijhoff Publishers, 1996.

6. Vidas, Davor eds, Implementing the environmental protection regime for the Antarctic, Vol. 28, *Springer Science & Business Media*, 2000.

7. Elliot, Lorraine, *International environmental politics*: *protecting the Antarctic*, Springer, 1994.

8. Klotz, Frank G. , *America on the ice*: *Antarctic policy issues*, DIANE Publishing, 1998.

9. Bastmeijer, Cornelis Johannes, Kees Bastmeijer, The Antarctic environmental protocol and its domestic legal implementation, Vol. 65, *Kluwer Law International BV*, 2003.

10. Fogarty, Ellie, *Antarctica*: *assessing and protecting Australia's national interests*, *Lowy Institute for International Policy*, 2011.

11. Myhre, Jeffrey D. , The Antarctic Treaty System: politics, law and diplomacy, *Routledge*, 2019.

12. Berkman, Paul Arthur, *Science into policy*: *Global lessons from Antarctica*, Academic Press, 2002.

13. Kock, Karl-Hermann eds, *Understanding CCAMLR's approach to management*, Hobart, CCAMLR, 2000.

14. Birnie, Patricia W. , Alan E. Boyle, *International law and the environment*. 1994.

15. Shelton, Dinah, *International environmental law*, Brill Nijhoff, 2004.

16. Alvarez, José E. , *International organizations as law-makers*, Oxford University Press, 2005.

17. Schachter, Oscar, *International law in theory and practice*, Brill Nijhoff, 1991.

18. Kelsen, Hans, *Principles of international law*, The Lawbook Exchange, Ltd. , 2003.

19. James Simsarian. "Inspection Experience Under the Antarctic Treaty and the International Atomic Energy Agency", *The American Journal of International Law*, Vol. 6, 1966.

20. Lamus, Fernando Villamizar, "Antarctic Treaty and Antarctic Territory Protection Mechanisms", *Revista Chilena de Derecho*, Vol. 4, 2013.

21. Bastmeijer, C. J., "Implementing the Antarctic Environmental Protocol: Supervision of Antarctic Activities", *Tilburg Foreign Law Review*, Vol. 11, 2004.

22. Luard, Evan, "Who Owns the Antarctic", *Foreign Affairs*, Vol. 6, 1984.

23. Auburn, Francis, "Conservation and the Antarctic Minerals Regime", *Ocean Yearbook*, Vol. 9, 1991.

24. Joyner, Christopher C., "Antarctic Minerals Negotiating Process", *American Journal of International Law*, Vol. 8, 1987.

25. Joyner, Christopher C., "Japan and the Antarctic Treaty System", *Ecology Law Quarterly*, Vol. 16, 1989.

26. Finkelstein, Lawrence S., "Arms Inspection", *International Conciliation*, Vol. 34, 1963.

27. Bederman, David J., "Antarctic and Southern Ocean Coalition's Convention on Antarctic Conservation", *Georgetown International Environmental Law Review*, Vol. 4, 1991.

28. Martin Lee Lishexian, "Case for World Government of the Antarctic", *Gonzaga Journal of International Law*, Vol. 9, 2006.

29. Scott, Ronald W., "Protecting United States Interests in Antarctica", *San Diego Law Review*, Vol. 26, 1989.

30. Essen, Alfredvander, "Protection de l'Environemnt dans l'Antarctique", Revue Belge de Droit International, *Belgian Review of International Law*, Vol. 18, 1985.

31. Pannatier, Serge, "La protection du milieu naturel antarctique et le droit international de l'environnement", *European Journal of International Law*, Vol. 7, 1996.

32. Labouz, Marie-Francoise, "Politiques Juridiques de l'Environment Antarctique, de la Convention de Wellington au Protocole de Madrid", *Revue Belge de Droit International / Belgian Review of International Law*, Vol. 25, 1992.

33. Vicuña, Francisco Orrego, "Port state jurisdiction in Antarctica: a new approach

to inspection, control and enforcement", *Implementing the environmental protection regime for the Antarctic*, Springer, Dordrecht, Vol. 25, 2000.

34. Jabour, J. , "National Antarctic programs and their impact on the environment", *Health of Antarctic Wildlife*, Springer, Vol. 21, 2009.

35. Cockrill, W. Ross, "Antarctic pelagic whaling; the role of the veterinary surgeon in the whaling industry, with special reference to standards of inspection in the production of whalemeat for human consumption, and some notes on the pathology of the Baleen whales", *The Veterinary record 63. 7*, Vol. 11, 1951.

36. Hoyt, Edwin C. , "The lawyer's role in treaty-making: a review: Philip C. Jessup and Howard J. Taubenfeld, Controls for outer space and the Antarctic analogy Louis Henkin, Arms control and inspection in American law", *Journal of Conflict Resolution*, Vol. 4, Issue. 2, 1960.

37. Boczek, Boleslaw A. , "The Soviet Union and the Antarctic Regime", *American Journal of International Law*, Vol. 4, Issue. 78, 1984.

38. Hanevold, Truls, "Inspections in Antarctica", *Cooperation and Conflict*, Vol. 2, Issue. 6, 1971.

39. Bender, Philip, "A state of necessity: IUU fishing in the CCAMLR zone", *Ocean & Coastal LJ*, Vol. 13, 2007.

40. Green, Julia, David Agnew, "Catch Document Schemes to Combat Illegal, Unreported and Unregulated Fishing: CCAMLR's Experience with Southern Ocean Toothfish", *Ocean Yearbook Online*, Vol. 1, Issue. 16, 2002.

41. Gascon, Virginia, Rodolfo Werner, "CCAMLR and Antarctic krill: ecosystem management around the Great White Continent", *Sustainable Dev*, L. & Pol'y, Vol. 7, Issue. 14, 2006.

42. Molenaar, Erik Jaap, "CCAMLR and southern ocean fisheries", *The International Journal of Marine and Coastal Law*, Vol. 16, Issue. 3, 2001.

43. Baird, Rachel, "CCAMLR initiatives to counter flag state non-enforcement in Southern Ocean fisheries", *Victoria U. Wellington L. Rev*, Vol. 36, 2005.

44. Turner, Jacquelyn, Julia Jabour, Denzil Miller, "Consensus or not Consensus: That is the CCAMLR question", *Ocean Yearbook Online*, Vol. 1, Issue. 22,

2008.

45. Rayfuse, Rosemary, "Enforcement of high seas fisheries agreements: Observation and Inspection under the Convention for the Conservation of Antarctic Marine Living Resources", *The International Journal of Marine and Coastal Law*, Vol. 13, Issue. 4, 1998.

46. Cordonnery, Laurence, "Environmental protection in antarctica: Drawing lessons from the ccamlr model for the implementation of the madrid protocol", *Ocean Development & International Law*, Vol. 29, Issue. 2, 1998.

47. Miller, Denzil, Eugene Sabourenkov, David Ramm, "Managing Antarctic marine living resources: the CCAMLR approach", *The International Journal of Marine and Coastal Law*, Vol. 19, Issue. 3, 2004.

48. Cordonnery, Laurence, Alan D. Hemmings, Lorne Kriwoken, "Nexus and Imbroglio: CCAMLR, the Madrid protocol and designating Antarctic marine protected areas in the southern ocean", *The International Journal of Marine and Coastal Law*, Vol. 30, Issue. 4, 2015.

49. Fabra, Adriana, Virginia Gascón, "The Convention for the Conservation of Antarctic Marine Living Resources, CCAMLR) and the ecosystem approach", *The International Journal of Marine and Coastal Law*, Vol. 23, Issue. 3, 2008.

50. Jabour, J. A., "The Utility of Official Antarctic Inspections: Symbolism Without Sanction? ", *Exploring Linkages between Environmental Management and Value Systems: The Case of Antarctica*, 2013.

51. Tamm, Sune, "Peace vs. compliance in Antarctica: inspections and the environment", *The Polar Journal*, Vol. 8, Issue. 2, 2018.

52. Sollie, Finn, "The political experiment in Antarctica", *Bulletin of the Atomic Scientists*, Vol. 26, Issue. 10, 1970.

53. Raustiala, Kal, Anne-Marie Slaughter, "International law, international relations and compliance", *Princeton Law & Public Affairs Paper*, Vol. 2, 2002.

54. Maggs, Tom, "Australia makes flying inspections", *Australian Antarctic magazine*, Vol. 18, 2010.

55. Sabourenkov, E. N., E. Appleyard, "Scientific observations in CCAMLR fish-

eries - past, present and future", *CCAMLR Science*, Vol. 12, 2005.

56. Agnew, David J., "The illegal and unregulated fishery for toothfish in the Southern Ocean, and the CCAMLR catch documentation scheme", *Marine Policy*, Vol. 24, Issue. 5, 2000.

57. Larrain Prieto, Cristina. M., "El Tratado Antártico, vehículo de paz en un campo minado", *Revista Universum (in Spanish)*, University of Talca, Vol. 19, Issue. 1, 2004.

58. Rüdiger Wolfrum, "Means of Ensuring Compliance with and Enforcement of International Environmental Law", *Recueil des Cours*, 1998.

59. Andrew Guzman, "A Compliance-Based Theory of International Law", *California Law Review*, 2002.

60. Jonas Tallberg, "Paths to Compliance: Enforcement, Management, and the European Union", *International Organization*, Vol. 56, Issue. 3, 2002.

61. Oppenheim, Lassa, "International law: a treatise", *Longmans, Green and Company*, Vol. 1, 1920.

62. Frederic Kellogg R., "Oliver Wendell Holmes Jr. and Legal Logic", University of Chicago Press, 2019.

63. Monika Jagfeld, Parzival, "The World Government", *Epidemiology and Psychiatric Sciences*, Vol. 29, 2020.

64. J. H. Gebhardt, "Pacta Sunt Servanda", *The Modern Law Review*, Vol. 2, Issue. 10, 1947.

65. Yusuf Özer, "The Changing Character of War: Hybrid War in Theory and Practice", *Güvenlik Bilimleri Dergisi*, Vol. 1, 2018.

66. Bogdandy, Armin Von, Venzke I., "Beyond Dispute: International Judicial Institutions as Lawmakers", 2011.

67. Charles Foster, "Ectoparasiticides and the precautionary principle", *Veterinary Record*, Vol. 4, Issue. 188, 2021.

68. Stephens A., "The extended continental shelves of sub-Antarctic Islands: implications for Antarctic governance", *Polar Record*, Vol. 4, Issue. 46, 2010.

69. Wang W., "An Analysis of Types of Antarctic Governance Regime", *Pacific*

Journal, 2016.

70. Iii S. , "Sea Turtle Conservation; Fishing Gear Inspection Program", 2014.

71. Carnero－Guzman Genaro Gonzalo, Bouazza Abdelmalek, Gates Will P. , Rowe R. Kerry, McWatters Rebecca, "Hydration/dehydration behaviour of geosynthetic clay liners in the Antarctic environment", *Geotextiles and Geomembranes*, Vol. 1, 2021.

72. Aparna Venkatesan, James Lowenthal, Parvathy Prem, Monica Vidaurri. "The impact of satellite constellations on space as an ancestral global commons", *Nature Astronomy*, Vol. 4, 2020.

73. M. Deflem, "International Law Enforcement", Blackwell Publishing Ltd, 2014.

74. R. Lefeber, "The Exercise of Jurisdiction in the Antarctic Region and the Changing Structure of International Law: The International Community and Common Interests", *Netherlands Yearbook of International Law*, Vol. 21, 2009.

75. Adams, Peter, Peterborough, etc. , "Canada, the Antarctic and the Madrid Protocol", *Arctic*, 2003.

76. Hemmings, A. D. , "Antarctic Treaty System", National Academy Press, 1986.

77. Riddle M. J. , "The Antarctic Treaty System and Wildlife Health: Disease Awareness, Prevention and Response", *Springer Berlin Heidelberg*, 2009.

78. Jabour J. , Carlsen J. , "International Association of Antarctica Tour Operators (IAATO) ", *Earth Sciences*, 2008.

79. Stonehouse, Bernard, "IAATO: an association of Antarctic tour operators", *Polar Record*, Vol. 28, Issue. 167, 1992.

80. Landau D. , Splettstoesser J. , "Management of Tourism in the Marine Environment of Antarctica: The IAATO Perspective", *Tourism in Marine Environments*, 2007.

81. Davis P. B. "Antarctic visitor behaviour: Are guidelines enough", *Polar Record*, Vol. 31, Issue. 178, 1995.

82. Haase D. , Lamers M. , Amelung B. , "Heading into uncharted territory? Exploring the institutional robustness of self－regulation in the Antarctic tourism sector", *Journal of Sustainable Tourism*, Vol. 4, Issue. 17, 2009.

83. C. Lüdecke, "Gorgeous landscapes and wildlife: the importance and danger of antarctic tourism", *Estudios Hemisféricosy Polares*, Vol. 1, 2010.

84. Schiffman H. S. , "The South Pacific Regional Fisheries Management Organization (SPRFMO): an improved model of decision-making for fisheries conservation", *Journal of Environmental Studies and Sciences*, Vol. 3, Issue. 2, 2013.

85. Koehler H. , "Introductory Note-South Pacific Regional Fisheries Management Organization", *International Legal Materials*, 2007.

86. Penney A. , Clark M. , Dunn M. , "A descriptive analysis of New Zealand bottom trawl catch & effort in the proposed convention area of the South Pacific Regional Fisheries Management", 2007.

87. Ng K. , Wong J. , "The South East Asian Federation of Organizations for Medical Physics (SEAFOMP): Its history and role in the ASEAN countries", *Biomedical Imaging and Intervention Journal*, Vol. 4, Issue. 2, 2008.

88. Pankaz, Das, Rezoan, et al. , "Incorporating Taiwan in International Fisheries Management: The Southern Indian Ocean Fisheries Agreement Experience", *Milcom*, Vol. 1, 2018.

89. Xiong M. S. , Fan W, Tang F. H. , et al. , "Overview of South Indian Ocean Fisheries Agreement and the countermeasures of pelagic fishery in China", *Fishery Information & Strategy*, 2016.

90. Bederman D. J. , "Antarctic and Southern Ocean Coalition's Convention on Antarctic Conservation", Geo. intl Envtl, Vol. 1, 2013.

91. Gallic B. L, Cox A. , "An economic analysis of illegal, unreported and unregulated (IUU) fishing: Key drivers and possible solutions", *Marine Policy*, Vol. 30, Issue. 6, 2009.

92. Rothwell D. R. , "Sovereignty and the Antarctic Treaty", *Polar Record*, Vol. 46, Issue. 236, 2009.

93. Jackson A. , "Antarctica Without Borders", Issues, Vol. 100, 2012.

94. Marcus Haward, et al. , "Australia, the Antarctic Treaty and the Law of the Sea", *Australian Journal of Maritime & Ocean Affairs*, 2010.

95. Davis R. , "Enforcing Australian Law in Antartica: The HSI Litigation", *Melbourne Journal of International law*, Vol. 8, 2006.

96. Schreider A. A. , Bulychev A. A. , Galindo-Zaldivar J. , et al. "Geochronology of the American-Antarctic Ridge", *Oceanology*, Vol. 46, Issue. 1, 2006.

97. Hattersley-Smith R. , "The Antarctic Treaty Regime: Law, Environment and Resourcesby Gillian D. Triggs; Antarctica: The Next Decade. Report of a Study Groupby Anthony Parsons", *Geographical Journal*, Vol. 154, Issue. 1, 1988.

98. Milne S. , "The Japanese 'Special Declaration': Threat to the Rule of International Law in the Antarctic", *Environmental and planning law journal*, Vol. 36, Issue. 2, 2019.

99. Devine D. J. , "Implementing the Convention on the Regulation of Antarctic Mineral Resource Activities 1988: Options relating to the identification of operators in South African law", 1988.

100. Rolland S. E. , "Whaling in the Antarctic (Australia v. Japan: New Zealand Intervening) ", *The American Journal of International Law*, Vol. 108, Issue. 3, 2014.

101. Sands P. , Galizzi P. , "Documents in International Environmental Law: Convention for the Conservation of Antarctic Seals", 2004.

102. British Antarctic Survey, "Conservation: Convention for the Conservation of Antarctic Seals", *Journal of Applied Physics*, Vol. 93, Issue. 10, 2002.

103. Joyner R. , "The Convention on the Regulation of Antarctic Mineral Resource Activities. An Attempt to Break New Ground", *Springer Verlag*, Vol. 2, 1991.

104. Yoshida Y. , "The adoption of the Convention on the Regulation of Antarctic Mineral Resource Activities: Background, development and some issues", *Antarctic Record*, Vol. 32, Issue. 3, 1988.

105. L. Cordonnery, "Implementing the Protocol on Environmental Protection to the Antarctic Treaty: Future applications of geographic information systems within the Committee for Environmental Protection", *Journal of Environmental Management*, Vol. 4, Issue. 56, 1999.

106. W. M. Bush, "Australian environmental legislation and the Antarctic: the

meeting of international and domestic law and politics", 1999.

107. C. J. Bastmeijer, "The Antarctic environmental protocol and its domestic legal implementation", *Journal of Parenteral Science & Technology*, 2003.

108. A. M. Slaughter, Burke-White W., "The Future of International Law Is Domestic (or, The European Way of Law) ", *Harvard international law journal*, Vol. 47, Issue. 2, 2006.

109. M. Lehmann, "The Role and Prospects of International Law in Financial Regulation and Supervision", *Journal of International Economic Law*, Vol. 13, Issue. 3, 2010.

110. M. Nishimura, "The Law of Arms Control: International Supervision and Enforcement", *Journal of Conflict and Security Law*, Vol. 7, Issue. 2, 2002.

111. Burnett, Erin, Mahon Jr, et al., "Monitoring Compliance with International Labor Standards", *Challenge*, 2001.

112. F. D. Gaer, "A Voice Not an Echo: Universal Periodic Review and the UN Treaty Body System", Human Rights Law Review, Vol. 7, Issue. 1, 2007.

113. J. Whiteman, Nielsen C., "Lessons from Supervisory Mechanisms in International and Regional Law", *Journal of Refugee Studies*, Vol. 3, Issue. 26, 2013

114. Duffy A., "Expulsion to Face Torture? Non-refoulement in International Law", *International Journal of Refugee Law*, Vol. 20, Issue. 3, 2008.

115. Tao Y., "On the Normative Structure of International Human Rights Treaties Monitoring Mechanisms and Its Legal Challenges", *The Journal of Human Rights*, Vol. 4, 2019.

116. Kamminga M. T., "5 Principles of international environmental law", *Environmental Policy in An International Context*, Vol. 1, Issue. 6, 1995.

117. Louka E., "International Environmental Law: Compliance and Governance Mechanisms", 2006.

118. Salisbury, Daniel., "Trade controls and non-proliferation: compliance costs, drivers and challengesa", *Business & Politics*, Vol. 15, Issue. 4, 2013.

119. J. Simpson, "Core Non-Proliferation Regime Problems - Non-Compliance and Universality", *John Wiley & Sons*, 2002.

120. Mibae, Taisuke, "The North Korean Issue: Points to Be Considered at This Juncture", *Harvard Asia Pacific Review*, Vol. 9, Issue. 2, 2008.

121. S. Akhtar, "National Responsibility and Global Justice", *Ethics & International Affairs*, Vol. 23, Issue. 3, 2009.

122. P. S. Berman, "From International Law to Law and Globalization", *Social Science Electronic Publishing*, Vol. 43, Issue. 2, 2005.

123. O. Aginam, "Bio-terrorism, human security and public health: Can international law bring them together in an age of globalization", *Medicine and law*, Vol. 24, Issue. 3, 2005.

124. E. Benvenisti, M, Hirsch, "The Impact of International Law on International Cooperation: Compliance with international norms in the age of globalization: two theoretical perspectives", 2004.

125. T. Muthke, K. Holm - Mueller, "National and International Benefit Transfer Testing with a Rigorous Test Procedure", *Environmental & Resource Economics*, Vol. 29, Issue. 3, 2004, .

126. Kashefi, Sirus, "Legal Anarchism: Does Existence Need to Be Regulated by the State", 2016.

127. Marc A. Levy, et al, "The Study of International Regimes", *European Journal of International Relations*, Vol. 1, Issue. 3, 1995.

128. Alexandrov S. A., Sohn L B., "Self-Defense Against the Use of Force in International Law", *American Journal of International Law*, Vol. 91, Issue. 4, 1996.

129. Yackee J. W., "Pacta Sunt Servanda and State Promises to Foreign Investors Before Bilateral Investment Treaties: Myth and Reality", *Fordham international law journal*, Vol. 32, Issue. 8, 2008.

130. Deflem M., "Global Rule of Law or Global Rule of Law Enforcement? International Police Cooperation and Counterterrorism", Annals of the American Academy of Political & Social Science, Vol. 603, Issue. 1, 2006.

131. A. V. Bogdandy, Venzke I., "International Judicial Institutions as Lawmakers", *German Law Journal*, 2011.

132. F. P. Miller, A. F. Vandome, J. Mcbrewster, "Military activity in the Ant-

arctic", *Motto*, 2010.

133. J. Su, "The 'Peaceful Purposes' Principle in Antarctica and the Stability of Its Peaceful Status", *Social Science Electronic Publishing*, Vol. 24, 2010.

134. Villamizar, "Peaceful use of the Antartica as Ius Cogens Norm", *Magallania*, Vol. 42, Issue. 1, 2014.

135. Goyne, Rohan, "Mission to Kerguelen: An Australian military operation in the sub-Antarctic Islands in 1941", Sabretache, Vol. 55, Issue. 3, 2014.

136. Redding D. A., "Preventing Cold War: Militarization in the Southernmost Continent and the Antarctic Treaty System's Fading Effectiveness", *Progress in Cardiovascular Diseases*, Vol. 57, Issue. 2, 2014.

四、参考网站

1. 《中国代表团成功开展南极视察》，载 http://www.fmprc.gov.cn/web/wjbxw_673019/t1328941.shtml.

2. "Commission for the Conservation of Antarctic Marine Living Resources", CCAMLR, https://www.ccamlr.org/en/organisation/about-ccamlr.

3. "Peaceful use and Inspections", ATS, http://www.ats.aq/e/ats_governance.htm.

4. "1991-International Treaty saves the Antarctic from deadly threat", Green Peace International, http://www.greenpeace.org/international/en/about/history/Victories-timeline/Antarctic-Treaty/.

5. "List of Inspections under Article VII of the Antarctic Treaty and Article 14 of the Protocol on Environmental Protection", ATS, http://www.ats.aq/devAS/ats_governance_listinspections.aspx .

6. "Report of United States Observers on Inspection of Antarctic Stations 1963-64 Austral Summer Season", http://www.ats.aq/devAS/ats_governance_listinspections.aspx.

7. "Report of The Australian Observer Team in Antarctica Under Article VII of The Antarctic Treaty Report on Zhong Shan Station February 1991", ATS, ht-

tp://www. ats. aq/devAS/ats_governance_listinspections. aspx.

8. “Antarctic Treaty Inspections Programme Report 2014-15”, ATS, http://www. ats. aq/devAS/ats_governance_listinspections. aspx.

9. “Text of the CCAMLR System of Inspection”, CCAMLR, https://www. ccamlr. org/en/document/publications/ccamlr-system-inspection.

10. “Service portal for inspectors”, CCAMLR, https://www. ccamlr. org/en/compliance/service-portal-inspectors.

11. “Port Lockroy has no running water and the function of museum and souvenir shop for tourists should be considered”, Antarctic and Southern Ocean Coalition, https://www. facebook. com/antarcticsouthernocean/.

12. “1991-International Treaty saves the Antarctic from deadly threat”, http://www. greenpeace. org/international/en/about/history/how-we-save-antarctica.

13. “IAATO Observer Checklist for Associate, B1) Members Ship-based operations with Landings”, ATS, http://www. ats. aq/devAS/ats_governance_listinspections. aspx.

14. “What is IAATO, Objectives”, IAATO, http://iaato. org/objectives.

15. “Report of the International Association of Antarctica Tour Operators 2006-2007 Under Article III, 2) of the Antarctic Treaty”, ATS, http://www. ats. aq/devAS/ats_governance_listinspections. aspx.

16. 《中国成为第三大南极旅游国 评论称政策待松绑》, 载 http://www. chinanews. com/gj/2014/06-11/6267754. shtml.

17. New Zealand”, ATS, http://www. ats. aq/devAS/ats_governance_listinspections. aspx.

18. “New Zealand Antarctic Institute”, New Zealand Parliament, http://www. parliament. nz/resource/en-nz/51SCFDT_EVI_00DBSCH_ANR_66643_1_A465022/3109e5fa38075a18896370771cc3ca8be896538b.

五、规范性文件及报告资料

（一）视察报告

南极条约秘书处网站下 1963-1964 美国、1990-1991 澳大利亚、1998-

1999 英国德国、2000-2001 挪威、2014-2015 英国 捷克、2015-2016 中国等视察报告。

（二）南极条约秘书处、南极海洋生物资源养护委员会网站下规范性文件

1. Antarctic Inspection Checklists 1995.
2. Antarctic Inspection Checklists 2010.
3. Checklist for inspections of Antarctic Specially Protected Areas and Antarctic Specially Managed Areas.
4. Checklist for Visitor's In-field Activities.
5. Decision 2（2019）-ATCM XLII-CEP XXII.
6. Decision 7（2013）-ATCM XXXVI-CEP XVI.
7. Resolution 1（1996）-ATCM XX.
8. Annex to D5（2016）-Information Exchange Requirements.
9. Antarctic Treaty database-Decision 2（2019）-ATCM XLII-CEP XXII.
10. Antarctic Treaty database-Decision 7（2013）-ATCM XXXVI-CEP XVI.
11. ATCM Multi-Year Strategic Work Plan（2018）.
12. ATCM Rules of Procedure（2016）.
13. Decision 7（2013）-ATCM XXXVI-CEP XVI.
14. Measure 1（2003）-ATCM XXVI-CEP VI.
15. ATCM XXVI A Review of Inspections Under Article 7 of the Antarctic Treaty and Article 14 of its Protocol on Environmental Protection, 1959-2001（Joint Paper with United Nations Environment Programme）.
16. ATCM XXVII Tourism Accreditation and Inspection Under the Antarctic Treaty .
17. ATCM XXXIII Antarctic Ship-borne Tourism and Inspections Under Article VII of the Antarctic Treaty and Article 14 of the Protocol on Environmental Protection.
18. Review of the Implementation of the Madrid Protocol Inspections by Parties
19. CCAMLR System of Inspection.
20. CCAMLR Scheme of International Scientific Observation.
21. CCAMLR-Convention-Area-Map.

22. Conservation Measure 10-02 (2016).

23. Conservation Measure 10-03 (2015).

24. Conservation Measure 10-03 (2019).

25. Information on CCAMLR and its links to the Antarctic Treaty.

26. Observer sampling requirements for Dissostichus spp.

27. Report of the Standing Committee on Observation and Inspection (SCOI).

28. SCIC-0406 Reports of at-sea inspections submitted in accordance with the CCAMLR System of Inspection 2003-04.

29. Scientific Observers Manual -2011.

30. Scientific Observer's Manual -Finfish Fisheries -Version 2020.

31. Scientific Observer's Manual-Krill Fisheries-Version 2020.

(三) 其他国际条约机构及国际组织的规范性文件

1. IAATO 2015-16 figures and info sheet.

2. IAATO Observer Checklist for Associate.

3. IAATO Annual Report 2006-2007.

4. ASOC CCAMLR Report FINAL.

5. ATCM XXVII Tourism Accreditation and Inspection Under the Antarctic Treaty.

6. A Review of Inspections Under Article 7 of the Antarctic Treaty and Article 14 of its Protocol on Environmental Protection, 1959-2001.

7. Antarctic Ship - borne Tourism and Inspections Under Article VII of the Antarctic Treaty and Article 14 of the Protocol on Environmental Protection.

8. Greenpeace and Antarctica.

9. Licence to Krill: The Little-Known World of Antarctic Fishing.

10. Annual Commission Report 2018.

11. Annual Compliance Committee Report 2018.

12. SEAFO At Sea Inspection.

13. SEAFO Convention Area Map.

14. SEAFO Port Inspection Report.

15. SEAFO_ E-Longline_ Form_ v2_ 2015.

16. SEAFO_ E-Pot_ Form_ v2_ 2015.

17. SEAFO_ E-Trawl_ Form_ v1.

18. Arrangement between SIOFA & CCAMLR.

19. Conservation and Management Measure establishing a Port Inspection Scheme (Port Inspection).

20. SIOFA Agreement.

21. Call-for-Proposals-for-OPAE-28Mar2019.

22. CMM-3-04.

23. CMM-11-2015-Boarding-and-Inspection-FormattedMay2019.

24. CMM-16-2019-5 Mar 2019.

25. Convention-web-12-Feb-2018.

26. fifao-UN_ CONTINENT2_ rfb-RFB_ SPRFMO.

27. Process-for-Tender-Evaluation-of-OP-Accreditation-Evaluator-28-Mar2019.

28. UN-Fish-Stock-Agreement.

(四) 部分国家南极立法及规范性文件

1. Antarctic Treaty Act 1980.

2. Antarctica Environmental Protection Act 1994.

3. Antarctic Treaties Act No. 60 of 1996.

4. 《南極地域の環境の保護に関する法律》.

5. Antarctic Environmental Protection Act No. 20 of 2003.

6. Christchurch-rail-passenger-station-report-of-the-independent-review-of-the-environmental-assessment-process-feb-1992.

7. Review of the Implementation of the Madrid Protocol Inspections by Parties, Article 14.

后　记

从 2011 年到 2021 年，在中国政法大学国际法学院度过十年。与国际法结缘始于 2012 年秋天，学院在逸夫楼 5086 室组织学生和院里老师进行了见面交流，刚刚学了一些国际关系知识的我就向老师请教了“怎样理解国际法和国际政治之间关系”这一问题，林灿铃老师笑着对我说，“国际法看规则”，之后伸出拳头继续说，“国际政治就比力量”，深入浅出的话语令人折服。此后几周的固定交流使我逐渐认识了郭红岩老师、高健军老师和兰花老师。2013 年秋季，我开始学习国际法课程。时光荏苒，还记得我在之后的国际法研讨课、案例课上长篇大地论演讲，也记得作为国际环境法课程班的班长，自己去银行换了一堆一毛钱纸币给同学购书找零。

十年国际法学院学习生活的点点滴滴终生难忘，没有老师们的支持我无法走上国际法的研究之路。在此，我要感谢我的引路人——郭红岩老师，没有郭老师将我引入南极法律研究领域，就没有我的这篇博士学位论文。在硕士到博士的求学期间，我参加了郭老师所有的南极法研究项目和海洋法研究项目。长时间的学习固然辛苦，却也令我学到了很多知识。郭老师在南极相关问题中的长期研究，令其对南极环境紧急状况责任、南极活动行政许可问题和其他海洋问题有着独到的认识。

她洞悉南极问题的本质，基于一手资料和实践为我提供了一系列学术支持，并耐心为我修改文章。可以说，没有郭老师的支持，就没有这篇论文的整体架构和理论核心。感谢林灿铃老师、金哲老师教我国际环境法、环境伦理学，让一个个基本原则和理念在我的脑海里生根发芽。高健军老师、李居迁老师和朱利江老师都是我的榜样，高老师告诉我们“获得和提高能力比单纯学知识更重要”，这句话我一直铭记在心；李老师曾教导我们“PhD 就要在哲学领域有所建树，要深入学习法哲学”，这也促使我在国际法和法学理论上下功夫；朱老师总是平易近人，语言风格年轻亲近，但讲起课来扎实在理。张力老师告诫我们要脚踏实地、低调沉稳。兰花老师提示我要将论文的理论研究放在国际法的“履约监督”方面。我虽与刘冰玉老师、吴盈盈老师认识时间不长，但二位老师也教会了我太多，让我知道一个青年学者应该一丝不苟、踏踏实实。

我还要郑重感谢国家海洋极地管理和研究部门相关领导及老师对我的支持，没有您们的支持，这篇论文就成了“纸上谈兵”。国家海洋局极地考察办公室以及自然资源部海洋发展战略研究所的领导、老师给了我大力支持，不仅在可行的情况下为我提供科研资料，还给予我机会参与研究项目，因为各位领导、老师的支持，我才获取了大量的一手资料，使这篇论文更加充实。

光阴似箭，日月如梭。转眼间学生时代已经结束，感谢领导、老师包容我的无知、幼稚，更感谢各位领导、老师无私地给予我发展、成长的空间；感谢学术界给予我机会的《学习与探索》《国际政治研究》等审稿、编辑老师给了我动力让我继续在国际法的学术海洋中徜徉，告诉了我如何做一名合格的学者；

感谢亲人为我提供的无私支持和帮助，让我从胡同杂院走向大学，走向国际法，走向极地法的前沿。我一定努力前行，不负韶华，为极地法学研究贡献自己的最大力量！

冯 翀

2024 年 3 月